도서출판 대장간은
쇠를 달구어 연장을 만들듯이
생각을 다듬어 기독교 가치관을
바르게 세우는 곳입니다.

대장간이란 이름에는
사라져가는 복음의 능력을 되살리고,
낡은 것을 새롭게 풀무질하며, 잘못된 것을
바로 세우겠다는 의지가 담겨져 있습니다.

www.daejanggan.org

Copyright ©1997 John Driver

Originally published in English under the title ;
   Image of the Church in Mission
      by John Driver
         Published by Herald Press, Scottdale PA 15683, USA
All rights reserved.

Uesd and translated by the permissions of Herald Press.
Korea Edition Copyright © 2015, Daejanggan Publisher. in Daejeon, South Korea

교회의 얼굴

지은이	존 드라이버 John Driver
옮긴이	전남식 이재화
초판발행	2015년 4월 8일
펴낸이	배용하
책임편집	배용하
등록	제364-2008-000013호
펴낸곳	도서출판 대장간
	www.daejanggan.org
등록한곳	대전광역시 동구 삼성동 285-16
편집부	전화 (042) 673-7424
영업부	전화 (042) 673-7424전송 (042) 623-1424
분류	교회론	성서연구
ISBN	978-89-7071-348-9 03230

이 책의 한국어 저작권은 Herald Press와 계약한 대장간에 있습니다.
기록된 형태의 허락 없이는 무단 전재와 복제를 금합니다.

 값 14,000원

교회의 얼굴
성서에서 찾은 12가지 교회의 이미지

존 드라이버 지음
전남식 이재화 옮김

Image of the Church in Mission

John Driver

HERALD PRESS

나에게 처음으로 선교적 교회의 비전을
나눠 주신 부모님을 추모하며 이 책을 드립니다.

차 례

추천 서문 – 윌버트 쉥크(Wilbert R. Shenk) • 9

추천의 글 – 지성근, 이진오 • 13

옮긴이의 글 • 15

저자 서문 • 18

서론

1. 기독교국가체제(크리스텐덤)에서의 교회의 이미지 • 25
2. 선교하는 백성: 성서적 기록 • 33
3. 교회와 선교: 콘스탄틴의 유산 • 49

선교적 교회에 대한 성서의 이미지

◆ 순례 이미지 ◆

1장. 그 길 • 61

2장. 임시 체류자 • 72

3장. 가난한 사람들 • 86

◆ 새로운 질서 이미지 ◆

    4장. 하나님 나라 • 105

    5장. 새로운 창조 • 120

    6장. 새로운 인류 • 136

◆ 백성 이미지 ◆

    7장. 하나님의 백성 • 155

    8장. 하나님의 가족 • 170

    9장. 목자와 양떼 • 186

◆ 변혁 이미지 ◆

    10장. 소금, 빛 그리고 도시 • 207

    11장. 영적인 집 • 221

    12장. 증언 공동체 • 237

결론. 교회는 선교다

    변혁 공동체 • 253

참고문헌 • 275

추천 서문

윌버트 R. 쉥크 _ 풀러신학대학교
『선교의 새로운 영역』의 저자

　20세기가 저물어 가는 시점에서, 그리고 예수 그리스도 이후 두 번째 천년의 끝 자락에서 그리스도인들의 기독교의 현실에 대한 성찰은 시의적절한 일일 뿐만 아니라 꼭 해야 할 일이라 생각합니다. 특히 다양한 관점이 필요하기에 이런 작업을 수행할 적기가 아닐까 싶습니다. 지난 수 세기 격동의 시기를 거치면서, 문화는 더욱 다양해졌고 교회에도 지대한 변화가 일어났습니다.

　기독교 역사상 유럽 한가운데서 시작된 선교 운동은 외부로 뻗어나가 서구 바깥에까지 교회의 급성장을 가져왔습니다. 서구에서는 부흥 운동이 일어났고, 끊임없이 조직상의 보완이 있었지만, 전체적인 흐름은 긍정적이지 못했습니다. 내부로부터의 부정부패와 외부로부터의 도전이 교회를 끊임없이 괴롭혔습니다. 신학과 교회의 부패는 근대에 이르러서도 일관된 위협 요인이 되었습니다. 근대 문화에서 세속화와 반종교적 이념들이 교회에 정면으로 도전장을 내밀었습니다. 아시아, 아프리카와 라틴 아메리카의 수많은 교회는 이제 겨우 한 세대나 두 세대밖에 지나지 않았는

데도 젊음의 활기를 즐기고 있지만, 유럽과 북미의 교회들은 지친 기색이 역력하며, 제도적으로도 성장이 저하된 듯합니다.

존 드라이버의 『교회의 얼굴』은 우리의 역사적 순간, 특히 서구 교회의 상황을 인식하고 설득력 있게 저술된 책입니다. 그는 교회 갱신을 위해 열정적으로 변론하고 있습니다. 그는 라틴 아메리카와 유럽에서 지난 40년간의 사역을 자신이 제기하는 논지를 더욱 분명하게 만드는 계기로 삼았습니다. 이 성서 연구는 폭넓은 역사적, 문화적 캔버스 위에 그려졌습니다. 드라이버는 가장 기본적인 갱신을 주장하고 있습니다. 몇 가지 요지는 아무리 강조해도 지나치지 않을 것입니다.

그는 결정적인 방법론을 선택하였습니다. 드라이버는 조직신학적 범주를 사용하거나 성서학자들이 선호하는 접근법을 사용하여 교회에 대해 또 다른 연구를 제공해 줄 수도 있었을 것입니다. 하지만, 그는 이러한 선택을 거부하였고, 결과적으로 우리는 오랜 시간 동안 필요했던 선구적인 연구를 얻을 수 있게 되었습니다. 드라이버의 오랜 다문화 경험은 그로 하여금 '방법론에 대한 의심'을 품게 하였습니다. 모든 방법론에는 문화적인 부담을 지니고 있습니다. 수 세기 동안 경제와 정치를 지배한 문화에서 발달한 방법론은 권력을 지지함으로 균형을 잃기 마련입니다. 그러한 문화적 차단막에서 벗어나도록 도우려고 드라이버는 이미지를 사용해 교회를 연구하기로 선택했습니다.

첫째, 성서는 교회의 정의가 무엇인지 제시하거나 교회의 정의를 이해하기 위한 교리적 근거를 제공하고 있지 않습니다. 대신 성서는 이미지와 이야기narrative를 의지해 교회의 의미를 드러내고 있습니다. 둘째, 이미지라는 상징적 언어는 풍부하고도 다양한 의미를 이끌어 냅니다. 성서는 교회에 대해 거의 백여 가지의 다른 이미지를 사용해서 위대한 그림들처럼 무궁무진한 의미로 가득 찬 복합적인 그림으로 발전시키고 있습니다. 이러한 접근법을 선호하는 세 번째 이유는 이미지가 보편적 호소력과 유효성을 지니고 있기 때문입니다. 이러한 이미지들은 무한 변환이 가능한 것들입니다. 이미지를 사용하는 것이 우리 모두의 문화적 편견과 사각지대를 드러내기도 하지만, 반면에 우리 시대와 문화에서 성서적 메시지의 상황화를 재고해 보도록 초대하기도 한다.

이 연구방법은 급진적radical입니다. 존 드라이버는 오래도록 '뿌리' radix, 즉 문제의 근원에 매달려서 제자도를 위한 하나님의 의도가 무엇인지를 파헤치는데 헌신해 온 사람입니다. 이 책에서는 교회의 이미지에 대한 성서적 의미와 기능을 회복하는 동시에 그동안 하나님의 더욱 완전한 뜻을 은폐시켜 왔던 잘못된 해석과 악습을 낱낱이 보여주고 있습니다. 서구사회의 교회는 고차원적인 혼합주의로 몸살을 앓고 있습니다. 신학적인 깊이가 있는 그리스도인조차도 종종 무의식적으로 둘 중 한가지 방식으로 그들 자신과 세상 간의 긴장을 최소화하려고 합니다.

첫 번째 나디난 반응은 세상과 타협하거나, 세상을 수용하려는 행위로 나타났습니다. 또 다른 접근법은 세상으로부터 도피하거나 질문을 회피하려는 시도로 나타났습니다. 두 가지 반응은 하나님께서 교회에 부여하신 언약적 책임을 회피하는 행위입니다. 우리는 두 가지 반응을 모두 거부해야 합니다. 선교에 대한 성서적 비전은 선포하는 내용을 몸으로 구현하고 보여주는 백성을 상정하거나 요청합니다. 현대의 개인주의화와 전문화라는 주제는 선교와 복음화라는 핵심본질에 대한 이해를 심각하게 왜곡하고 말았습니다.

그 후 우리의 삶과 세상을 향한 하나님의 선교를 통해서만 표현할 수 있는 기독교적 제자도에 대한 저항할 수 없는 도전에 직면하고 있습니다.

추천의 글

지성근 목사 _ IVF 일상생활사역연구소소장

미셔널교회 즉 교회의 선교적 본질을 이야기할 때 레슬리 뉴비긴이나 데이비 보쉬만큼이나 중요하게 생각하여야 할 이들은 알란 크라이더나 윌버트 쉥크와 같은 메노나이트 선교학자들이다. 메노나이트 선교사이자 신학자인 저자 역시 신구약에 걸친 다양한 교회의 이미지를 통해 교회의 선교적 본질을 추적하고 동시에 그 왜곡의 역사로서의 콘스탄틴체제를 고발함을 통해 이 논의에 일조하고 있다.

역사적 콘스탄틴을 경험하지 않고도 충분히 콘스탄틴체제의 폐해를 답습하고 있는 한국교회, 의식 있는 그리스도인이라면 반드시 주목하고 읽어야 할 책이다. 동시에 진정한 모습의 미셔널 교회는 어떤 모습일지 그 이미지를 어디로 부터 얻어야 할지를 가르쳐 주는 값진 책이다.

추천의 글

이진오 목사 _ 더함공동체교회

교회를 뭐라고 설명할까? 성서는 교회를 우리들이 이해할 수 있는 다양한 "이미지"로 설명한다. 교회사에서도 교회는 다양한 이미지로 설명되었다. 구원받는 백성들의 공동체로서 "방주", 알곡과 가라지가 함께 자라는 "들판", 급기야 세속 사회와의 접촉점 속에서 "제국", "봉건 영주", "민주 국가", "기업", "클럽" 등으로 설명되었고, 그 속성을 따라 세속화 되었다.

저자는 교회를 선교하는 곳이라 정의한다. 그리고 이를 12가지 이미지로 설명한다. 그가 제시하는 12가지 교회 이미지를 따라가다 보면 우리는 순례자로서, 백성으로서, 변혁적 공동체로 살아가는 교회를 만나게 된다.

옮긴이의 글

"교회가 자정 능력을 상실했다"는 말은 이미 80년대 말, 90년대 초반부터 들어오던 소리였습니다. 이런 경고의 목소리가 들려온 지 벌써 20년이 훌쩍 지났지만, 교회의 상황은 개선은커녕 오히려 더욱 심각해만 가고 있습니다. 20대, 30대 젊은이들이 교회를 떠나고 있고, 덩달아 어린이, 청소년들도 교회에서 사라지고 있습니다. 도대체 무엇이 문제일까요? 하나님께서 친히 예수 그리스도의 피 값으로 세운 교회가 이토록 순식간에 걷잡을 수 없이 쇠퇴하는 이유는 무엇일까요? 어디서부터 잘못된 것일까요? "그러나 너에게 나무랄 것이 있다. 그것은 네가 처음 사랑을 버린 것이다. 그러므로 네가 어디에서 떨어졌는지를 생각해 내서 회개하고, 처음에 하던 일을 하여라. 네가 그렇게 하지 않고, 회개하지 않으면, 내가 가서 네 촛대를 그 자리에서 옮기겠다."계2:4,5 이 구절은 에베소교회를 향한 메시지입니다. 그냥 메시지가 아니라 경고의 메시지입니다. 그들은 '처음 사랑'을 버렸습니다. 예수 그리스도를 향한 사랑이요, 그분이 사랑하셔서 친히 성육신한 세상을 향한 사랑을 버렸습니다. 사람을 있는 모습 그대로 사랑하는 방법을 상실했습니다. 그리고 돈과 권력, 사회적 지위 등으로 사랑의 대상을 바꾸어 버렸습니다. 예수님은 우리의 가난하고 연약한 이웃 가운데 머물러 계시는데, 우리의 교회는 그들을 외면하고 있습니다.

1세기 당시 예수님은 가난한 사람들 가운데 사셨고, 그분은 가난하셨습니다. 초기 기독교 사회에서 예수님의 이름은 가난한 사람들을 상징했습니다. 사회적 약자들, 소외 계층이 대부분이었고, 일부 부유층의 사람들도 예수를 믿으면서 자신들이 누려온 기득권을 포기하였습니다. 그 당시에 그리스도인들이 예수님의 이름으로 모였다는 것은 곧 그들이 가난한 사람들의 공동체를 의미했습니다. 예수의 이름으로 모인 두세 사람이라는 소수자minority의 공동체 가운데 예수는 거하십니다. 그분은 늘 그러하셨습니다. 그때나 지금이나 그분은 늘 변함없으신 분입니다. 가난하고 힘없는 두세 사람의 작은 공동체에서 그들과 함께, 그들을 위해 사셨습니다. 그것이 바로 교회였습니다.

이 책의 저자 존 드라이버는 성서 속에서 사용된 교회의 다양한 이미지를 분석함으로써, 교회의 정체성을 드러내고자 했습니다. 그가 분석한 교회의 원 이미지, 교회의 얼굴은 우리가 몸담은 교회와 비교해 볼 기회를 제공해 주고 있습니다. 성서에 나타난 교회의 얼굴과 우리의 교회의 민낯은 어느 정도 일치하며, 어느 정도 차이를 보이고 있는지를 상세하게 보여 주는 것입니다.

교회가 콘스탄틴 체제로의 전환Constantine Shift 이후부터 심각한 문제를 일으키기 시작했습니다. 교회가 무한 욕망을 향해 질주하는 제국이라는 열차에 편승하고 말았습니다. 그러면서 '가난한 자로서의 교회' church as the poor는 부유한 교회가 되었습니다. 두세 사람, 두세 가정이 모여 삶을 나누었던 소수 공동체는 대중이 모이는 '메가 처치'로 전환되었습니다. 박해를 받던 입장에서 이교도를 비롯해 심지어 신조나 신앙 고백이 다른 사람들을 박해하기 시작하였습니다. 본래 교회는 제국에 거하면서도 하나님 나라를 추구하는 사람들의 모임이었습니다. 그러나 콘스탄틴 이후부터는 제국과 하나님 나라가 일치하는 세상을 꿈꾸었습니다. 제국 혹은 국가가 교회를 보호해 주는 곳이라 믿으며 제국과 국가의 이데올로기를 지지하는 제국의 교회, 국가를 위한 교회가 되고 말았습니다.

최근 '가나안 성도' 현상이 두드러지는 이유는 바로 교회가 자신의 얼굴을 상실하고, 부와 권력을 추구하는 제국의 가면을 쓰기 때문이 아닐까요? 복음의 진리 대신 맘몬이라는 부와 권력을 추구하다 보니 결국 젊은 사람들이 교회를 떠나는 것입니다. "아무도 두 주인을 섬기지 못한다…. 너희는 하나님과 맘몬을 아울러 섬길 수 없다."마6:24 두 주인을 동시에 섬기다가 드러난 탐욕스런 우리의 부끄러운 민낯에 실망한 우리의 형제자매들이 교회를 떠나고 있습니다. 그러나 그들 속에는 여전히 연약한 자의 모습으로, 연약한 사람들과 함께 머물고 계신 예수 그리스도를 향한 열정은 그대로 남아 있습니다.

번역자로서 부족한 사람이 이렇게 귀한 책을 번역하면서 오히려 저자의 의도를 왜곡하거나 혹은 본뜻을 충분히 전달하지 못하는 것은 아닐까 하는 염려가 마음 깊은 곳에 자리하고 있습니다. 이 책을 읽으면서 부족한 부분이 있다면 그것은 저자가 아닌 번역자의 부족한 실력과 서툰 문장력 탓이오니 질책을 아끼지 마시기 바랍니다. 또한, 이 책의 완역을 오랜 시간 기다려 주신 대장간 출판사 배용하 형제님께 진심으로 감사와 죄송한 마음을 전합니다. 한 가지 덧붙인다면, 부족한 저를 목사로 인정하고, 성서에서 그리는 교회를 회복하기 위해 다양한 실험을 하는 저의 목회에 전폭적으로 신뢰를 보내주는 꿈이있는교회 형제자매님들께 진심으로 감사드립니다. 아울러 부디 가슴에 교회를 사랑하는 모든 분에게 이 책이 도움 되길 간절히 바랄 뿐입니다.

대전 효동, 꿈이있는교회에서 전남식

저자 서문

교회를 허락해 주신 하나님께 감사한다. 교회 이야기에는 진정 위대한 에피소드들이 담겨 있다. 가톨릭 전통은 관상기도 모델을 만들어 냈다. 수많은 성자는 무욕적인 섬김을 펼쳤고, 가난한 자들과 고통당하는 자들과 연대하는 것으로 예수를 따랐다. 가톨릭교회는 용기 있는 평화와 정의의 사도들을 육성해 왔다.

개신교 전통은 은혜에 기초한 종교개혁의 승리에 고무되어 새로운 영적 생명력과 비전으로 수많은 사람에게 영감을 불어넣었다. 수 세기에 걸쳐, 가톨릭과 개신교는 하나님나라의 복음이 인간을 노예 상태로부터 해방하는 운동을 태동시켰다. 복음은 교회의 삶과 선교에 급진적인 갱신을 가져왔던 것이다.

그러나 가톨릭 국가크리스텐덤뿐만 아니라 개신교조차도 역사 대부분에서 교회를 이기적인 구원 공동체요, 교회 자체를 목적으로 여겨왔던 것이 사실이다. 이러한 현상은 교회의 삶과 선교로의 부르심 사이의 극명한 분리를 야기했다. 선교에 대한 관심이 일 때마다 이 일은 종종 변두리, 즉 교회 구조 바깥에 있는 그리스도인들의 몫이었다. 가톨릭에는 선교사회가 있다. 개신교에는 선교부가 있다.

교회와 선교의 분리는 가톨릭보다는 기독교 국가체제 내의 기존 개신교 집단에서 훨씬 노골적으로 드러났다. 교회는 선교가 없이도 존재했고, 선교는 교회 밖에서 수행되었으며, 그 결과 교회의 빈곤과 선교의 왜곡이 발생하고 말았다. 구원의 소식을 전파하는 교회의 소명을 저버렸고, 선교적 실천은 시들었으며, 변혁의 힘은 심각할 정도로 약해졌다.

성서에서 '하나님의 백성'은 이 세상에서 하나님의 선교를 감당하라는 부르심에서 유래하였다. 하나님의 백성은 인류를 회복할 하나님의 계획에서 핵심적인 자리를 차지하였다. 교회는 하나님의 나라를 선포할 도구다. 그뿐만 아니라 하나님 나라의 가시적이고도 구체적인 모형이다. 교회는 "인류 역사의 한가운데 심겨져서 우주의 궁극적 회복을 가리키는"행 3:21 하나님의 "시험구"experimental plot다. 메시아 공동체는 선교할 때 주께서 그러하셨던 것처럼, 타자를 위해 자신의 생명을 기꺼이 드림으로 참 생명을 찾을 수 있다. "자기 목숨을 얻으려는 사람은 잃을 것이요, 나를 위하여 자기 목숨을 잃는 사람은 목숨을 얻을 것이다."마10:39

교회는, 부르심의 본질상 선교하는 곳이어야 한다. 이것이 바로 이 책의 주제다. 교회는 하나님의 구원 계획을 경험하고 전달하는 인간 공동체다. 종종 성서적 이미지에 영감을 받은 교회의 정체성이 실종되는 일이 발생했다. 곧이어 교회의 비전은 건조해지고, 선교활동은 왜곡되며, 모든 창조물을 위한 하나님의 구원 목적을 따라가지 못하게 된다.

성서는 아주 다양한 은유를 사용해 교회의 정체성과 선교를 명확하게 이해하도록 해준다. 이미지란 강력한 시각적 효과를 전달한다. 그것은 초기 기독교 공동체를 특징짓는 정체성의 의미를 반영한다. 또한, 이미지는 교회에 영감을 불어넣어 주고 존재 이유에 맞는 삶을 살아가도록 도전한다. 우리가 사용하는 이미지는 우리의 현재 모습을 반영한다. 또한, 우리의 미래를 결정짓는다.

이어지는 각 장은 성서에 나타난 열두 가지 교회 이미지에 대한 신학적-역사적인 연구를 담고 있다. 이러한 이미지는 성서에 등장하는 하나님의 백성을 위한 광범위한 은유를 나타내도록 선택된 것들이다. 순례자 이미지를 비롯해 새로운 질서 이미지, 백성이라는 널리 알려진 이미지와 변혁적 공동체로서의 교회 이미지를 포함한다.

  이 책에 대한 구상은 1980대 초반, 스페인의 급진 기독교 공동체 네트워크에서 사역하면서 시작되었다. 연구를 위해 선택한 이미지들은 이 기독교 공동체가 더욱 진실한 교회의 삶과 선교에 대한 복음 전도적 표현을 추구하면서 유익했던 것으로 판명된 메타포들을 포함하고 있다. 그 후 수년 동안 연구와 저술 대부분은 우루과이 몬테비데오Montevideo에 있는 중앙메노나이트 성서연구회Centro Menonita de Estudios Biblicos에서 이루어졌다. 그 중 많은 부분은 그 센터의 학생들과 나누었던 주제들이었다.

  마침내 라틴아메리카 아나뱁티스트 신학대학Seminario Anabautista Latino-americano의 초청으로 교회론을 가르쳤던 1990년대 중반 이 책의 구상이 결실을 보기에 이르렀다. 그 결과 초대교회와 사회적 정황이 유사한 중앙아메리카의 형제·자매들과 나눔의 기회를 얻을 수 있었다. 나는 그들의 열정적인 반응에 힘입어 이 구상을 완성할 수 있었다. 여기에 사용된 이미지들은 특별히 파나마의 다리엔만灣의 토착민 신자들의 상상력을 고무시켰다. 그들의 세계관은 현대 선구 기독교 국가에서 지배적인 전통적 이해보다 훨씬 성서적 관점에 가깝다.

  이 책의 주요 부분은 성서의 이미지를 문학적인 문맥에서뿐만 아니라 고대 이스라엘과 1세기 메시아 공동체의 사회역사적 정황에서 해석한 성서연구로 구성되어 있다. 이러한 견지에서 볼 때 이 이미지들은 우리 시대의 교회생활과 선교를 이해하는 데 있어서나 구상하는데 아주 적절한 작업이라 할 수 있겠다. 특히 그리스도인들이 초대 교회의 경험과 유사한 상황에서 살면서 복음을 전하는 곳에서는 더욱 적절한 작업이 아닐까.

아래의 시는 과테말라의 시인 줄리아 에스퀴벨Julia Esquivel이 쓴 것이다. 그녀의 깊이 있는 기독교적 확신과 그녀의 고국 땅에서 그리스도와 그의 나라의 대의에 대한 그녀의 예언자적 헌신 탓에 줄리아 여사는 거의 십 년 이상 망명생활을 해야만 했다. 이 시는 비전을 심어주고, 성찰을 요청하며, 우리의 상상력을 일깨워주고 행동을 고취하는 데 있어서 이미지의 저력을 제대로 보여주고 있다. 그녀가 전달하는 은유와 이미지는 대단히 강력하다. 주로 합리적인 설명과 논리에 의존한 단순한 산문체는 종종 영감을 불어넣거나 변혁을 이끌어 내는 열정이 빠져있기 때문이다.

교회
순결한 처녀여
그대는 남편을 기다리는구나
간절한 마음으로 깨어 있는
봉한 샘이요
긴장을 늦추지 않는 그 마음
달처럼 아름답도다.
장녀여

애인들에게 둘러싸여 있구나
그 여인이, 그녀의 입술에서
그녀를 애절하게 사랑하는 그 여인이
바알의 이름을
영원토록 없앨 것이다.
처녀, 창녀
우리 안에 아주 깊이 자리하고 있으니
가난한 사람들과 어떤 관계를 맺느냐에 따라
예수를 선택할 것인가, 그를 반대할 것인가가 결정되나니

— 줄리아 에스퀴벨, *The Certainty of Spring*
워싱턴 D.C.: EPECA, 1993

서 론

1장_ 기독교 국가체제Christendom에서의 교회의 이미지

2장_ 선교하는 백성: 성서적 기록

3장_ 교회와 선교: 콘스탄틴의 유산

1 · 기독교 국가체제에서의 교회의 이미지

성서는 우리에게 교회에 대한 간결한 사전적 정의를 제공해 주지 않는다. 대신, 하나님의 백성이라는 보충적 이미지를 묘사하고 있을 뿐이다. "하나님의 백성"이란 말은 신약신약성서에서 사용된 교회에 대한 중요한 메타포 중 하나이다.

명저 『신약성서 속에 나타난 교회의 이미지』참고문헌을 보라에서 폴 미니어Paul Minear는 교회의 핵심 정체성과 역할을 규명하기 위해 거의 백여 가지 이상의 이미지를 제시해 주고 있다. 이미지는 상상력을 전달해 주는 데 있어서 강력한 수단이다. 이미지를 통해 교회가 교회의 본질을 어떻게 이해했는지를 반영해 준다. 아울러 이미지를 통해 하나님의 백성이라는 부르심에 걸맞은 존재가 되라고 도전한다. 교회가 자기 이해를 위해 사용하는 이미지들은 대체로 교회가 실제로 어떤 존재가 되어야 할지를 결정한다.

신약성서는 단순히 산문체를 사용하지 않고 오히려 그림, 유비와 이미지로 가득 차 있다. 나아가 신약의 이미지 사용법은 구원 역사에서 견고하게 뿌리를 내린 것이다. 신약의 저자들은 삶의 의미와 교회의 선교를 전달하기 위해 끊임없이 구약성서에서 이미지들을 찾았다. 실질적으로 신약성서에서 사용된 교회와 관련된 모든 이미지는 구약 이야기와 이 모양 저 모양으로 관련을 맺고 있다.

은유적 언어는 추상적 언어보다 강력하고도 창의적인 전달 능력을 갖추고 있다. 마찬가지로 사도들도 신약성서에서 교회의 기본적인 정체성과 역할을 선포할 때 같은 이미지를 사용하고 있다. 이미지란 이처럼 교회가 자기 이해를 전달할 때 사용된다. 또한, 그것들은 진정한 의미의 교회의 정체성과 선교적 사명을 창조하는데, 강력한 힘으로 작용한다. 이러한 이미지들은 구원 역사에서 있었던 구체적인 경험에 근거하고 있다. 삶의 진정성이 약해지면, 이미지도 그 의미를 상실하고 추상화되기 쉽다. 그래서 이미지는 그것들의 형성 배경formative setting, 그 이미지의 기원이 되는 사회적·종교적 정황 속에서 이해해야 한다. 그런 후에야 비로소 이미지는 하나님의 백성과 모든 인류를 구원하려는 하나님의 구원 계획의 근원으로 돌아가도록 하나님의 백성을 부르시는 강력한 원천이 된다.

거의 이천 년 역사 속에서 후기 신약성서 교회post-NT church는 본래의 기독교 공동체가 인식하고 있었던 정체성을 제대로 인식하지 못했다고 할 수 있다. 교회는 종종 신약성서의 이미지를 사용할 때 비성서적 비틀기로 자기 이해를 왜곡하여 전달했다.

3세기 초반, 교회는 신앙훈련을 할 때 교회 안의 문제에 직면해야만 했다. 지도자들은 교회를 정결한 동물들뿐 아니라 부정한 것들을 태웠던 노아의 방주에 비유했다.창6-8장 성서의 이미지에 대한 그러한 오용으로 교회는 교회 구성원들의 부도덕한 생활을 묵인하게 하였다. 이것은 거룩한 백성, "거룩한 나라"벧전2:9라는 교회의 신약의 비전과 전혀 딴판이었다.

4세기에 접어들자 콘스탄틴의 우회detour에서부터 문제가 발생했다. 교회는 더는 박해받는 소수자가 아니었다. 로마제국 아래서 교회는 인정받

앉을 뿐만 아니라 인기 있는 종교가 되었다. 따라서 교회는 자신을 알곡과 가라지가 마지막 때까지 함께 자라는 들판으로 인식했다.마13:24-30, 36-43 이때부터 또다시 "들판은 교회가 아니라 세상"으로 이해했던 사도적 공동체와는 전혀 다른 교회이미지를 만들어 내고 말았다.13:38

애석하게도 기독교 교회는 성서의 이미지를 왜곡하여 그 배경과 원 의도와 멀어지게 만드는 역사를 가지고 있다. 이러한 이미지들은 교회가 자기 이해를 왜곡하도록 재구성되었던 것이다. 교회의 이미지는 본래 하나님의 은혜로 교회가 어떤 모습이 되어야 할지를 보여주는 그림인데 말이다.

하지만, 여전히 훨씬 더 큰 문제가 도사리고 있었다. 교회는 종종 자기 이해를 위한 주된 이미지를 신약성서가 아니라 세속 사회로부터 이끌어냈다. 심지어 교회는 전통에서 이미지를 빌려 자기정체성과 역할을 명시하였다. 그러나 이러한 이미지들은 원래의 문맥에서 떨어져 나온 것이며, 원래의 의도에서 왜곡된 것이었다.

4세기 콘스탄틴으로의 권력이동 때문에 교회는 로마 제국에서 모델을 찾기 시작했다. 점진적이면서도 전반적으로 무의식적인 과정을 거쳐, 교회는 로마 정부의 관료제를 본떠 교회의 계급제도를 형성하기 시작했다. 교회의 수장은 "교회의 황태자"[1] 라고 불리기 시작했다. 로마의 주교는 로마 황제의 주요 경쟁자로서 황제의 세속적 권력과 특권을 모방했다. 교회는 제국 이미지를 빌려 교회의 자기정체성을 형성하였고, 그때부터 교회는 치명적인 타격을 받아, 그 후 결코 온전한 모습을 회복하지 못했다.

중세에는 교회는 봉건 영주 모델을 빌려 자기 이해를 형성하였다. 결국, 11세기에 이르러 교회는 독일의 전체 토지의 1/3 이상을 장악하기에 이르

---

[1] 역주-"교회의 황태자"(princes of the church)란 가톨릭에서 '추기경'을 가리킨다. 그들은 역사적으로 로마제국에서 황태자의 특권을 가지고 있었다.

렀다. 따라서 교회는 자신을 봉건 영주로 이해했던 것은 당연한 일이었다. 교회의 사제들은 봉건 영주가 되었고, 교회는 봉건사회와 뒤섞여 들어갔고, 이것은 윤리와 실천에서 나타났다.

이 기간에 안셀름Anselm은 형벌만족설penal-satisfaction을 발전시킴으로 속죄설을 이해했다. 이 이론은 봉건 영주 관점에 토대를 둔 것으로, 죄를 짓는 사람의 지위고하에 따라 범죄에 등급을 매겼다. 만족설은 하나님의 손상된 명예를 보상하는데 필수적인 것으로 여겨졌다. 안셀름의 영향은 오늘날까지도 계속해서 이어지고 있다. 라틴 아메리카에서는, 기독교 교회가 봉건 형태의 사회 구조로부터 출현하고 있다. 교회의 자기 이해는 여전히 속죄에 대한 봉건적 이미지의 결과 때문에 어려움을 겪고 있다.

개신교가 왕성한 선교활동을 펼친 시기는 제국주의적 확장이 팽배하던 시기였다. 북반구의 개신교 지배 권력은 제3세계 전역을 통치하였다. 예상하는 바와 같이, 제국주의적 모델은 교회의 선교적 사명뿐만 아니라 교회의 본질에 대한 자기 이해를 그럴듯하게 윤색하고 말았다.

교회의 문명개척 모델은 교회의 선교를 위해 적합하면서도 동시에 핵심 부분처럼 보였다. 문명을 개척한다는 것은 문자 그대로 도시를 세우는 것이다. 하지만, 성서는 그것을 아브라함과 그의 영적인 후손들창11-12의 특징이라기보다는 바벨의 특징으로 규정하고 있다. 성서적 비전에서 보면, 하나님께서 새로운 창조를 통해 종말론적 도시인 새 예루살렘을 세우실 것이다.계21-22

그러나 교회는 당대의 세속적 모델에 발맞추어, 교회 전체가 자기 입맛대로 제국의 건축가로 자리매김하고 말았다. 그 시대에 출현한 선교 기관들은 외무부에 해당하는 교회기관이 되었다. 교회 상호 간의 관계는 모자 관계 혹은 더욱 직설적으로 말해 식민지-피식민지 관계였다. 메트로폴리스"어머니 도시-국가"에 위치한 교회들은 국외의 교회들을 자구교회로 인식했다. 이와 같은 제국주의적 이미지는 무의식적으로 북반구에 있는 교회의 자기 정체성을 형성하는 데 크게 이바지했다. 지난 150년간, 교회는 타자를 지배하는 방식으로 선교 사업을 수행하곤 하였다. 일부 그룹은 아직도 이 비전을 고집하고 있다.

북미의 식민지 시대에는 교회들이 민주적인 사회 조직 모델로부터 개념을 차용했다. 그런 이미지는 교회의 자기 이해를 형성하는데 커다란 영향을 끼쳤다. 교회는 사회 계약에 근거해 회원권을 취득하는 자발적 사회 형태를 취했다. 교회가 민주주의 모델에서 차용한 조직 요소들은 의사 결정, 견해차 조정, 권력 균형, 대표자 선출, 투표, 지도자 선발, 기금 모금과 자유 수호 등을 위해 시의회 방식을 도입하였다. 일부 그룹에서는 지금도 여전히 개신교를 민주적 방식으로 간주하고 있다.

더욱 최근의 북미 교회들은 기업의 비즈니스 모델을 자기 이해를 위한 주요 이미지로 빌려 쓰고 있다. 서서히 경영 기법이 교회 행정에 확실한 영향을 끼쳤다. 수익과 손실이라는 상업적 용어로 회중의 실적을 평가한다. 교회 프로그램은 한편으로는 경쟁적으로 거리의 회중의 시선을 빼앗으려고, 다른 한편으로는 고객교회 구성원을 만족하게 하려고 운영된다.

복음 전도 전략이나 기술은 상업적 영업 캠페인에서 모델로 삼는 것들과 놀라울 정도로 유사하다. 대중의 욕구에 의해 복음을 포장하고 판매하는 방식을 결정한다. 이 모델을 따르면, 교회의 사역은 신약성서고전12-14장 등에서 나타난 것처럼 더는 카리스마적이지 않다. 과거에는 교회가 하나님의 은사를 받은 공동체로 인식되었다. 그러나 이제 교회는 하나님의 기업을 운영하는 데 없어서는 안 될 요소로 경영진과 실무진이 자리를 차지하였다.

교회가 자신의 정체성과 역할을 이해하기 위해 빌린 이미지들은 성서 속에 뿌리내린 전통에서가 아니라 오히려 주변 사회로부터 빌려온 것들이다. 교회사를 돌이켜 보면, 교회는 위에서 제시한 이미지들을 통해 결정지었다. 게다가, 우리는 수많은 이미지를 확장함으로 현재의 교회의 모습이 어떠해야 할지 상상한다.

독특성에 대해 일부 교회는 상냥함"동네에서 가장 친밀한 교회"과 편안하고도 고무적 분위기"좋은 사람들을 만날 수 있다"를 고취해야 한다고 주장한다. 그들은 자신의 정체성과 역할을 컨트리클럽 모델에서 빌려온다. 많은 교회의 주된 에너지는 사람이든 전자 매체를 통해서든 시청자에게 영향을 미치는 방향으로 기울어져 있다. 그들은 연예 기획 사업으로부터 빌려 온 이미지에 의존하고 있다.

많은 교회는 이러저러한 유형의 심리치료를 받는 집단으로부터 상상력을 부여받기도 한다. 어떤 교회들은 공식적인 하고 있는 성경공부가 아주 유명하기 때문에 그 자체가 교회의 목적이 되기도 한다. 그들은 교육 현장에서 모델을 발견한 것이다. 일부 교회들은 그들이 실시하고 있는 프로그램으로부터 판단하건대, 자신들을 싼 가격으로 생필품을 고를 수 있는 슈퍼마켓이나 카페테리아로 여기는 것 같다. 또 일부는 구조대 관점에서 자신의 삶과 선교를 인식하고 있으며, 보다 최근에는 기독교 십자군, 선거 캠페인 혹은 해방 운동으로 인식하고 있다.

성서의 기록과 기독교 역사를 통해 우리는 교회의 정체성과 역할을 이해하려면 이미지들이 필요함을 상기하게 된다. 그렇지만, 교회는 세속 문화로부터 이미지들을 빌려 쓰려는 유혹을 끊임없이 받아왔음을 웅변적으로 보여주었다. 교회는 또한 성서의 이미지가 갖는 의미를 비틀어서 교회의 삶과 선교적 사명을 더욱 쉽게 획득하려는 유혹을 받는다. 두 경우 모두 교회가 채택한 이미지들은 단순히 교회의 생활과 선교를 왜곡시켰거나 충실하지 못했음을 보여준다.

만일 교회생활과 선교라는 교회의 고유성을 회복하려면 상상력을 발휘하고 고취하기에 충분한 이미지를 확보해야만 한다. 세속 사회로부터 가져온 모델들은 끊임없이 교회를 적의 손아귀에 넘겨주고 말았다. 심지어 성서적 이미지조차도 종종 교회가 사도적 신실함에 맞는 방향성을 재설정하는 데 실패하곤 하였다. 교회는 그러한 방식으로 이미지들을 이해함으로써 자신이 몸담은 지배적인 에토스에 의해 길들었다.

성서적 이미지는 전통이나 오늘날 행해지는 교회의 관습에서 벗어나 새롭게 읽히고 해석되어야 한다. 새로운 읽기는 성령께서 우리에게 주시는 선물이다. 이미지는 자신을 쳐서 복종하는 신앙공동체의 정황 속에서 해석되어야 한다. 왜냐하면, 이곳이야말로 하나님의 뜻을 가장 완전하게 분별할 수 있는 곳이기 때문이다.요7:17 우리는 의식적으로 콘스탄틴의 악성 바이러스를 제거하려는 시도를 감행해야 하며, 의식적으로나 무의식적으로 서구 "기독교"의 현실을 바라보아야 한다.

성서에서 하나님의 구원 계획의 최종 목적은 만물의 변혁이라 할 수 있다. 성서적 비전은 무엇보다도 하나님의 백성들이 현실 속에서 새로운 현실을 살아내도록 부르신다. 반사회적이면서도 강압적 폭력과 지배욕과 경제적 탐욕으로 얼룩진 부패한 사회 체제는 현실 속에서 대조사회를 이루지 못하도록 치명적인 공격을 감행한다. 대조사회가 존재한다는 단순한 사실만으로도, 새로운 사회 그 자체는 옛 구조에 대한 효과적인 공격을 감행해 세상을 변화시킨다. 교회는 새로운 사회로, 무료로 운행되는 수많은 화려한 프로그램보다도 훨씬 효과적으로 기능 할 수 있다.로핑크:95; 참고문헌을 보라

교회사에서 교회는 끊임없이 신약을 자신의 행동 수준의 관점에서 해석하려는 유혹을 받아왔다. 교회는 복음을 진지하게 받아들이는 것이 불가능하다고 생각했기 때문에 종종 초대교회 증언의 분명한 어조를 누그러뜨려 왔다. 이것은 교회의 해석학에 대한 슬픈 주석이다.

사실, 교회의 성서적 이미지는 세상 속에서 하나님의 대조 사회가 되기로 헌신한 교회만이 근본적으로 이해할 수 있다. 우리는 성서의 이미지를 본래의 순수한 의도로 해석하라는 부름을 받았다. 소박한 단순함은 하나님 나라의 특징이며 가치관이다. 옥죄어 오는 세상의 도치된 가치 체계로부터 탈출하기 원한다면 이것은 필수불가결한 일이다.

교회의 성서적 이미지에 대한 본 연구는 교회가 참다운 정체성과 역할을 이해하기 위해 가야 할 길의 길잡이가 되어줄 것이다. 본 연구가 초점을 맞추는 이미지들은 신약 공동체가 자기 이해를 명시하기 위해 사용한 백여 가지 이미지로부터 가져온 표본에 불과하다. 만일 성령의 능력에 우리 자신을 열어 놓는다면, 순례, 새로운 질서, 백성됨과 변혁의 은유들이 우리의 상상력을 심도 있게 자극할 수 있을 것이다. 그것들은 우리가 하나님의 변혁 공동체로서 더욱 본래의 삶과 선교적 사명에 방향을 재설정할 수 있는 도구가 될 것이다.

2 · 선교하는 백성: 성서의 이야기

성서의 구원 역사는 본질적으로 믿음으로 살아가는 하나님 백성의 이야기이다. 이것은 공동체 신앙의 이야기이자 하나님의 구원 계획에 대해 반응하는 선교 이야기이다. 하나님의 백성이 수행해야 할 선교는 하나님의 구원 계획, 즉 거룩함으로 부름 받은 하나님의 대조 공동체contrast-community 속에 깊이 뿌리내리고 있다.

아브라함을 부르시다

성서 이야기는 창조, 다시 말해 하나님의 형상을 담지하고 있는 인간 공동체의 형성을 정점으로 시작하고 있다. 원시 공동체는 남자와 여자로 이루어졌다. 하지만, 잠깐만 들여다보아도 하나님께서 계획하셨던 인류는 하나님과 그의 피조물과의 교제의 단절로 말미암아 곧 퇴색하고 말았다. 하지만, 죄가 죽음을 가져왔을지라도, 그 이야기는 미래에 대한 소망으로 막을 내린다. 인류의 생명은 지상에서 지속할 것이기 때문이다. 창3:20

타락의 드라마는 가인과 아벨 이야기에서도 재연된다. 그러나 이 비극적인 에피소드 역시 소망에 대한 언급과 함께 막을 내린다. 가인은 하나님의 가시적인 은혜의 표를 받는다.창4:15-16 노아 이야기는 심판의 한가운데서 펼쳐지는 하나님의 자비하심의 상징이다. 결국, 바벨탑 이야기에서 권력에 대한 인류의 탐욕이 절정에 다다른다. 아이러니하게도 타락한 인류는 피했어야 할 문제의 씨앗을 만들고 말았다. 도시를 세우고 자신의 이름을 날리고, "온 땅에 흩어지지" 않으려던창11:4 인류는 사실상 그들의 운명을 이미 예고하고 있었다.11:8 세상을 지배하려는 인간의 시도는 혼돈으로 막을 내렸다.

타락, 가인의 악, 그리고 홍수와 같은 인류의 반역을 상징하는 이전의 모든 이야기는 희미하나마 희망으로 막을 내렸다. 하나님은 인류 공동체를 창조하면서 보여주셨던 그분의 본래 목적을 저버리지 않으셨다. 그러나 희망은 바벨탑 이야기에서 찾을 수 없었으며, 부정적인 언급으로 구원 이야기의 첫째 장이 마무리된다.

아브라함의 소명 이야기는 정확하게 문맥상 절망적 상황 한가운데서 자리매김하고 있다. 사실 새로운 믿음의 백성을 창조하려던 계획은 인류의 반역에 대해 하나님께서 하셨던 말씀이요 은혜의 행위였다. 아브라함의 소명 속에서 하나님은 새로운 구원 계획, 즉 그분의 이름을 간직한 백성을 창조하셨다. 하나님 백성의 삶 속에서 희망은 타락한 창조 세계를 위해 재정립된다.

만일 우리가 성서가 말하는 백성됨과 선교의 의미를 이해하려면, 하나님께서 구체적으로 새로운 구원 계획을 만들어 가신다는 것이 무슨 의미인지 이해해야만 한다. 하나님의 성품을 반영하며, 비록 불완전할지라도 그분의 구원 계획을 보여주는 백성이 있어야만 한다. 우리는 근본적으로 하나님께서 의도하신 백성으로 돌아가지 않고는 성서적 관점의 선교를 회복할 수 없다.

주님께서 아브람에게 말씀하셨다. "너는, 네가 사는 땅과, 네가 난 곳과, 너의 아버지의 집을 떠나서, 내가 보여 주는 땅으로 가거라. 내가 너로 큰 민족이 되게 하고, 너에게 복을 주어서, 네가 크게 이름을 떨치게 하겠다. 너는 복의 근원이 될 것이다…. 땅에 사는 모든 민족이 너로 말미암아 복을 받을 것이다." 창12:1-3

지배 권력에 의해 바벨에서 인간 사회를 창조하려는 무모한 시도는 혼돈으로 막을 내리고 말았다. 하나님은 굳건한 믿음으로 그분께 순종하려는 사람들에게 공동체를 주셨다. 하나님께서 주시는 공동체야말로 모든 인류를 위한 하나님의 복이다. 성서적 관점에서 복이란 축복한다는 단순한 의미 그 이상의 것을 포함한다. 하나님의 축복은 그분의 권세와 생명의 실제적인 의사소통으로 인식된다. 초기 이스라엘에서, 복은 물질적인 것과 영적인 참살이well-being의 담지자bearer로서 나타난다. 구체적으로 말하면 자기 백성을 다스리시는 하나님의 통치가 복이며, 그 속에서 하나님의 온전한 구원이 자연의 풍성함과 풍요로움 속에서 경험되며, 평화와 정의로 특징되는 사회적 관계 가운데서 표현된다.

하나님의 백성들은 그분의 새로운 피조물이다. 아브라함의 부르심 속에서 새로운 역사가 시작되었다. 분명한 사실은, 인류의 한가운데서 하나님의 백성이 새로운 대안으로 나타난다는 것이다. 이것은 옛 세계와의 급진적인 단절을 내포한다. "너는, 네가 살고 있는 땅과, 네가 난 곳과, 너의 아버지의 집을 떠나"라는 아브라함에게 주어진 부르심은 단순히 지리적 변화 그 이상을 의미한다. 그것은 갈대아의 "다른 신들"과 대조되는 "주 이스라엘의 하나님"에 대한 인식을 내포하고 있다. 수24:2

이 사람들은 갈대아 사람들의 후예였습니다. 일찍이 그들은 메소포타미아에서 살았습니다. 그곳에서 그들은 갈대아 땅에서 조상들이 섬기던 신들을 따르지 않았습니다. 그들은 자기 조상들의 생활 관습을 떠나서, 하늘의 하나님, 그들이 새롭게 알게 된 하나님을 섬기기 시작했습니다…. 유딧 5:6-8

따라서 아브라함의 부르심은 종교적, 도덕적 차원을 수반하였다. 우르Ur는 고대 세계에서 농경, 산업, 상업과 종교적 업적의 중심지였다. 주 이스라엘의 하나님을 따르려고 그들은 우르와 그들이 섬기던 신들을 떠나 하나님의 인도하심 아래 순례의 삶을 살도록 부름을 받았다. 간단히 말해, 그 부르심은 갈대아 사회와 가치관에 대해 윤리적으로 그리고 영적으로 순응하지 말라는 부르심이었다.

이스라엘의 하나님을 안다는 것은 그분의 본성에 일치하여 모든 삶과 가치관을 재정립하는 것이었다. 하나님께서 아브라함을 부르신 것은 대조 사회를 이루라는 초청인 셈이었다. 하나님의 백성이 갖는 정체성은 하나님의 은혜와 섭리로부터 나온다. 의심할 여지없이 바로 이 지점에서 바벨탑과 그들의 후예들과 극명하게 대비된다. 혼돈은 항상 지배 권력과 이러한 지배 체제를 영속화하기 위한 권력을 이기적으로 행사하는 것을 수반한다. 이스라엘이 하나님의 대조 사회로서 자신의 독특한 정체성에 대한 비전에 집중하기만 하면, 이스라엘은 선교적 사명을 온전히 감당함으로써 이 땅에 사는 모든 민족이 복을 받게 될 것이다.

출애굽-시내산

고대 이스라엘의 삶에서 출애굽-시내산 경험은 하나님의 구원 목적이 확연해지는 또 다른 지점이다. 주님께서 이스라엘 민족을 위해 모세에게 말씀하셨다.

이제 너희가 정말로 나의 말을 듣고, 내가 세워 준 언약을 지키면, 너희는 모든 민족 가운데서 나의 보물이 될 것이다. 온 세상이 다 나의 것이다. 그러므로 너희는 내가 선택한 백성이 되고, 너희의 나라는 나를 섬기는 제사장 나라가 되고, 너희는 거룩한 민족이 될 것이다. 출19:5-6a

당신들은 주 당신들의 하나님의 거룩한 백성이요, 주 당신들의 하나님이 땅 위의 많은 백성 가운데서 선택하셔서, 자기의 보배로 삼으신 백성이기 때문입니다. 주님께서 당신들을 사랑하시고 택하신 것은, 당신들이 다른 민족들보다 수가 더 많아서가 아닙니다. 오히려 당신들은 모든 민족 가운데서 수가 가장 적은 민족입니다. 그런데도 주님께서는 당신들을 사랑하시기 때문에, 당신들 조상에게 맹세하신 그 약속을 지키시려고, 강한 손으로 당신들을 이집트 왕 바로의 손에서 건져내시고, 그 종살이하던 집에서 이끌어 내어 주신 것입니다…. 그러므로 당신들은 오늘 내가 당신들에게 내리는 명령과 규례와 법도를 잘 지켜야 합니다. 신7:6-8,11

이집트에서 400년간 체류했음에도 불구하고 아브라함의 후손들의 독특성은 그들이 이집트 사회 속으로 흡수되지 않도록 해주었다. 고대 히브리인들의 특성이라 할 수 있는 "카리스마적 원리"가 동화assimilation에 저항할 수 있도록 해주었다. De Dietrich:46 그들은 하나님의 은혜로 말미암아 생존뿐만 아니라 신실하게 살아가도록 부름 받은 백성이다. 그들의 특징은 자신들이 섬기는 하나님의 인장stamp을 간직하고 있다는 사실이다. 그렇게 함으로써 그들은 대조사회, 즉 영속적인 나그네이자 거류민이 될 수 있다.

이스라엘은 자신의 정체성을 하나님의 은혜로운 선택 때문이라고 이해했다. 시간이 지나면서 그들은 특별한 신분과 특권에 의한 신적인 선택을 오해하게 된다. 그러나 아브라함의 소명에서 이미 살펴보았던 것처럼, 선택은 섬김, 즉 선교적 사명이었다. 이것은 또한 출애굽기 19:5-6과 신명기 7:6-11에 암시되어 있다. 하나님의 구속의 은혜에 대한 반응으로, 이스라엘은 하나님의 "모든 백성 가운데서 선택하신 소유"가 되도록 그분이 자기 백성과 더불어 세우신 언약 관계를 견고히 붙들기를 기대하였다.

위 구절에서 "나의 보물"이라고 번역된 성서의 용어는 전 재산을 찾아 특별한 목적으로 기부하기로 계획된 재산을 언급한다. De Dietrich:54 이것은 다음 구절을 설명해주고 있다. "온 세상이 다 나의 것이다."출19:5c 이스라엘은 하나님의 특별한 소유로 선택받았고, 이는 자신의 공로가 아니라 모든 민족을 향한 하나님의 구원 계획과 관련되어 있기 때문이다. 이스라엘의 정체성은 뭇 백성과 구별되는 민족이 되도록 모든 민족 가운데서 택함을 받았다는 사실에 달렸으며, 따라서 그것이야말로 모든 민족을 위해 하나님의 구원 계획의 신실한 표징이 될 수 있다.

이스라엘의 성격을 규정하는 거룩함은 자랑할 만한 근거가 되지 않는다. 오히려 그것은 구체적인 영적, 사회적 형태의 부르심이다. 이스라엘이 하나님과의 관계로 말미암아 다른 나라들과 구별된다면,2) 그것은 모든 인류를 위한 하나님의 목적의 효과적인 표징이 될 것이다. 이것은 단지 하나님께서 그들을 시내산에서 구별하셨기 때문만이 아니다. 언약을 통해 하나님께서 자기 백성의 정체성을 세우신다고 말하는 것이 더욱 정확할 것이다. 이스라엘이 고백하는 바와 같이, 하나님께서 백성 아닌 자들을 백성으로 만드셨다.신26:5-9; cf. 호2:23 하나님의 백성은 "뭇 백성"과는 확연하게 대조될 때 유효하다.

이 구절은 이스라엘의 행동이 뭇 백성으로부터 이스라엘을 택하시고 이

---

2) 이것의 의미는 "거룩하다"로 번역된 성서적인 용어다. 이 용어의 본래 다른 민족들과 관습으로부터 "분리되었다"는 뜻이거나 그들로부터 "떨어져 나왔다"를 의미하는 것이 분명하다(Craigie: 179쪽).

집트로부터 그들을 구원하신 야훼의 성품과 행위와 일치해야 한다는 사실을 강조하고 있다. 하나님의 거룩한 백성이 된다는 것은 이스라엘과 뭇 백성을 구별하게 하는 구체적인 사회적 명령을 고수해야 함을 의미한다. 이스라엘의 거룩함은 본질적으로 두 가지 토대에 달렸다. 첫째, 그것은 하나님의 선택하신 사랑 때문이다. 둘째는, 이스라엘의 거룩함의 실체는 하나님의 언약적 은혜의 선물이 가져다주는 사회적 질서에 합당하게 살아가느냐에 달렸다. 이것은 다른 나라들과는 극명하게 대조되는 사회적 질서를 의미한다. "나 주가 거룩하니 너희도 나에게 거룩한 사람이 되어야 한다. 나는 너희를 뭇 백성 가운데서 골라서, 나의 백성이 되게 하였다."레 20:26

왕정

여호수아서는 약속의 땅을 차지하고 이스라엘 가문별로 땅을 분배하고 세겜에서의 모세의 언약을 갱신하는 장면으로 종결된다. 이 구절에서 두 가지가 두드러지게 나타난다. 첫째는 자기 백성을 위한 하나님의 구원 계획에 대한 확실한 강조이다. 하나님은 아브라함을 부르셨다. 하나님은 이집트 노예로부터 이스라엘을 해방하셨다. 그리고 하나님은 자기 백성에게 땅을 주셨다.

둘째, 그 언약이 자기 백성을 위해 베푸신 야훼의 선물이라 할지라도, 그것을 받아들이고 순종하는 일은 그들의 자유로운 선택에 달려 있었다. 수24:15,22 여호수아 24장에서 기술하는 언약 갱신 의식은 그 땅에 거주하고 있었던 다른 부족 가운데서 보여준 이스라엘의 필수불가결한 선교적 증언이었다. 언약 갱신은 공식적 구조로, 이를 통해 새로운 민족이 하나님의 백성으로 통합되었다. 혹자는 이 의식이 이스라엘에서 연중행사였을 것이라고 믿고 있다. Bright:149-150, 164-165

그러나 뭇 나라와 구별되는 이스라엘의 비전, 즉 열방에 대한 표징 구실을 하는 대조 사회로서 이 비전은 그리 오래가지 못했다. "다른 나라와 같이" 왕을 요청하던 이스라엘의 요구는 분명히 불신앙의 첫 걸음이자 하나님의 주권적 통치를 거부하는 행위였다. 하나님께서 카리스마적 지도력사사기와 예언서에서 나타났듯이을 소유한 사사들을 통해 백성을 통치하던 시대에서 왕정으로의 전환이 발생한 것이다. 이것은 엄청난 결과를 가져올 수 있는 변화였다.3) "이제 모든 이방 나라들처럼, 우리에게 왕을 세워 주셔서, 왕이 우리를 다스리게 하여 주십시오"삼상8:5,20라는 반복되는 구절 속에는 비애감pathos이 서려 있다. 이스라엘의 존재 이유가 아브라함의 부르심과 출애굽-시내산 경험에 뿌리를 두고 있으며, 이 독특성이 열방의 축복이 되려는 것임을 고려할 때 이러한 비애감은 더욱 놀라울 따름이다. 왕정이 기반을 다진 후라도, 이스라엘에서 끊임없는 개혁을 통해 이스라엘의 왕권을 전혀 다른 모습으로 만들려고 노력해야 했다.신17:14-20

다윗은 개인적으로 이스라엘에서 왕이 된 것에 대한 비애감과 모순을 표현하고 있다. 그의 파란만장한 삶은 인간적인 장점과 약점이 뒤섞여 있었다. 그러나 다윗왕은 이스라엘에 이방 나라의 정치를 끌어들였다. 아브라함과 시내산 언약의 관점에서 보면, 군주제의 역사는 슬픈 이야기이다. 솔로몬의 통치는 이스라엘의 왕이 보여서는 안 될 것을 보여준 전형이 되었다.참조. 신17:14-20 "다른 나라들처럼" 왕을 요구하던 하나님의 백성들은 실제로 그들 주변의 다른 나라와 같이 되고 말았다.

사무엘이 경고한 바와 같이 하나님 백성들의 왕들은 제국의 꿈을 가진 전쟁의 군주가 되고 말았다. 그들은 황실의 계획을 지원하기 위해 참을성의 한계를 넘어서 그들에게 군사적 목적과 세금을 위해 신하로 삼았다. 이

---

3) 성서 본문에서는 왕권이 지닌 신학적, 윤리적 의미의 평가가 완전히 일치하는 것은 아니다. 예를 들어, 삼상8장; 10:17-24; 12장; 신17:14-20을 삼상9:1-10; 16장과 비교해 보라.

스라엘 왕들은 자기 백성의 목자가 아닌 억압자로 전락하고 만 것이다.삼상8:10-18 하나님 백성이 출애굽 이전에 경험했던 폭력과 압제는 군주제 아래에서 그들에게 다시 출몰하게 된 것이다. 그리고 시내산 언약이 하나님 백성에게 보장했던 평화와 정의는 인간의 탐욕과 이기적인 권력을 움켜쥠으로써 산산이 부서지고 말았다. 이제 이스라엘은 모든 이방 날들과 같이 되고 말았다. 이제는 더는 다를 바가 없는, 이 땅의 다른 민족들 축복의 통로로 이바지할 수 없게 되었다.

예언자적 비전

이것은 이스라엘의 위대한 예언자들이 출현한 시나리오라 할 수 있다. 이방 나라들 한가운데서 중단된 대조사회 백성들에게 하나님의 메시지를 가져온 사람들이 바로 예언자들이었다. 그들은 임박한 심판을 통해 경고하였다. 하지만, 그들은 또한 심판 너머의 소망, 즉 하나님의 의와 평화의 통치를 회복하는 것에 토대를 둔 소망의 비전을 나누었다. 아브라함과 맺었던 고대의 언약이라는 주제를 선택함으로써 예언자들은 회복된 백성의 신실함을 통해 온 열방에게 미칠 하나님의 의로운 통치가 가져다줄 축복을 알고 있었다. 이것이 바로 이 땅의 백성들과 민족들 가운데서 새롭고도 매우 눈에 띄는 방식으로 세워지는 "주님의 성전이 서 있는 주님의 산"에 관한 비전으로, 하나님 백성의 특징인 의와 평화, 그리고 은혜로운 구원의 언약적 관계 때문에 모여들 것이다.

> 그날이 오면,
> 주님의 성전이 서 있는 주님의 산이
> 산들 가운데서 가장 높이 솟아서,
> 모든 언덕을 아래로 내려다보며, 우뚝 선 것이다.

민족들이 구름처럼 그리로 몰려올 것이다.

민족마다 오면서 이르기를

"자, 가자. 우리 모두 주님의 산으로 올라가자.

야곱의 하나님이 계신 성전으로 어서 올라가자.

주님께서 우리에게 주님의 길을 가르치실 것이니,

주님께서 가르치시는 길을 따르자" 할 것이다.

율법이 시온에서 나오며,

주님의 말씀이 예루살렘에서 나온다.

주님께서 민족들 사이의 분쟁을 판결하시고,

원근 각처에 있는 열강 사이의 갈등을 해결하실 것이니,

나라마다 칼을 쳐서 보습을 만들고 창을 쳐서 낫을 만들 것이며,

나라와 나라가 칼을 들고 서로를 치지 않을 것이며,

다시는 군사 훈련도 하지 않을 것이다.

사람마다 자기 포도나무와

무화과나무 아래 앉아서, 평화롭게 살 것이다.

사람마다 아무런 위협을 받지 않으면서 살 것이다.

이것은 만군의 주님께서 약속하신 것이다.

미4:1-4; 참조. 사2:1-4; 슥8:20,22

그의 환상에 따르면 나라마다 칼을 쳐서 보습을 만들고, 창을 쳐서 낫을 만들 것이다. 파괴의 도구가 인류의 필요를 위해 사용되는 자원으로 전환될 것이다. 사람들 간에, 그리고 국가 간의 갈등을 해결하는 수단으로 사용되었던 전쟁이 중단될 것이다. 하나님께서 친히 불화의 중재자가 되실 것이며, 그의 "종" 통해 "세상에 진리로 공의를 베풀 것이다."사42:1-4 안식년과 희년의 회복을 통해 "사람마다 자기 포도나무와 무화과나무 아래 앉

아서 평화롭게 살 것이다. 사람마다 아무런 위협을 받지 않으면서 살 것이다."미4:4 두려움으로부터의 자유는 이 땅의 모든 백성들과 나라들로부터 모인 하나님의 메시아적 백성이라는 새로운 사회 구조라는 문맥 속에서 현실로 이루어질 것이다.

바로 여기에 주의 길을 걷는 백성의 회복이라는 그림이 묘사되어 있으며, 그들 사이에서 하나님의 은혜로운 언약 조항들이 구체적으로 실현되고 있다. 그들은 이 땅 백성들을 끌어당기는 자석과 같은 존재가 될 것이다. 거룩한 백성이라는 핵심적인 비전은 존재와 생존을 위해 하나님에게 절대적으로 의존하라는 아브라함의 부르심과 의와 평화라는 언약적 가치로 말미암아 결정되는 사회적 관계를 요청하는 출애굽-시내산 경험 속에 예기되어 있다. 이러한 특징들은 또한 하나님의 회복된 백성이라는 예언자적 환상의 특징을 이루고 있다. 다시금 하나님 백성은 참된 대조사회로서 인지되고 있으며, 바로 그러한 특성이 열방을 위한 신적인 복을 전해주는 것이다.

예수의 비전

예수가 주창한 메시아 운동은 대조사회로서의 하나님 백성이라는 구약의 비전과 분리해서는 이해할 수 없다. 예수의 하나님 나라 설교와 가르침, 그리고 그의 활동은 모두가 하나님 백성의 회복을 가리키고 있다. 이러한 회복은 이방 나라들 가운데서 거룩한 백성을 위한 하나님의 계획을 결정적인 방식으로 수행하는 백성들을 위한 것이다. 메시아적 선교는 종말론적인 하나님의 백성을 세우는 일에 초점을 맞추고 있으며 이 속에서 하나님의 통치라는 사회 질서가 실현될 것이다. 예수는 "주의 집"의 예언자적 환상에 관한 메시아 공동체를 인지하고 있었다. 그는 구체적으로 이와 같은 하나님의 새로운 백성을 "세상의 빛"마5:14-16으로 설명해 주고 있다.

 이러한 문맥 속에서 그의 제자들을 향해 폭력마5:39-48과 강압적 지배마10:42-45를 철저히 포기하라는 예수의 혁명적인 부르심을 이해해야 한다. 그들은 폭력적 사람들을 향해 비저항의 사랑을 실천해야 하며, 전적으로 섬김에서 파생되는 권위의 비전으로 다듬어져야 한다. 대조공동체라는 관점은 다른 나라들을 억압하고 통제력을 행사하려는 의지로 점철된 세속 사회와의 날카로운 대조를 통해 드러날 것이다. 엄밀하게 이러한 종류의 비저항적 사랑은 원수를 사랑하고 그들을 구원하고자 하시는 하나님에 대한 가장 강력한 선교사적 증언을 전달해 준다.마5:3,9,16,44-48

 이러한 구약의 배경 속에서, "이름이 거룩히 여김을 받으시오며"라는 주기도문의 간구는 하나님께서 다른 민족들과는 전적으로 다른 거룩한 백성을 회복하시리라는 소망을 표현하는 것이다.마6:9 이것은 하나님의 통치가 해처럼 빛날 것이며, 그의 이름이 열방 앞에서 영광중에 드러나도록 참된 하나님 백성의 회복을 함축하고 있다.참조. 겔20:41,44; 36:22-24; fp20:26; 신7:6-11; 로핑크:14-17, 124

 예수께서는 하나님 나라의 정의와마5장 하나님의 섭리 가운데 나타난 확신에 대해 말씀하셨다.마6:19-33 그러한 가르침들은 아브라함의 부르심과 하나님의 은혜로운 시내산 언약 속에 구현된 대조공동체를 전제로 하고 있다. 또한, 그 가르침들은 안식년과 희년 조항을 토대로 하고 있다. 이러한 구약의 약속들은 하나님 백성의 재창조라는 구체적인 형태를 취하고 있다. 메시아 사건 속에서 하나님의 통치가 회복된다. 하나님의 새롭고도 다른 백성은 이방 나라들 한가운데서 출현하며, 그들 가운데서 하나님의 영광이 열방의 축복의 통로가 되도록 해같이 빛날 것이다.마4:1-4; 마5:14-16

 예수 때문에 모여든 메시아 공동체의 구체적인 사회 형태는 이미 하나님의 백성이라는 구약의 비전에서 예기된 것이다. 그들은 열방을 향한 하나님의 구원 계획의 표징으로서 이방 나라들 한가운데서 세워진 대조사회가 되어야만 한다. 예수의 지상명령은 이러한 회복된 메시아 공동체에 토대를 두는 것이다.

사도적 공동체

회복된 메시아 공동체는 신약에서 사도적 공동체의 자기 이해를 결정짓는 비전이라 할 수 있다. 그들은 자신을 이교도뿐만 아니라 당대 유대교와 대조되는 존재로 바라보았다. 이것이 그들의 삶과 선교적 사명의 상황이다.

"그때와 지금"이라는 패턴은 사회의 한가운데서 대조사회로서 교회의 자기 이해를 위한 범주 중 하나로 제기되어 왔다.Lohfink: 125 이 범주는 특별히 신약의 서신서들에게 있어서 공통적인 부분이다.[4] 이와 같은 비전의 예는 에베소서에 나타난다. "여러분이 전에는 어둠이었으나, 지금은 주님 안에서 빛입니다. 빛의 자녀답게 사십시오."엡5:8 어둠과 빛은 두 개의 대조되는 영역, 즉 이교도로서의 삶과 교회 안에서의 삶의 특징이다. "주님 안에서"나 "그리스도 안에서"란 말은 순수하게 신비적이거나 영적인 영역을 가리키는 언급이 아니다. 오히려 그것은 그리스도의 통치 영역, 교회 안에서의 삶을 의미한다.

두 개의 대조되는 영역은 때로 선악이라는 긴 목록으로 묘사되기도 하지만참조. 골3:8-14, 이 역시 개인적인 윤리로 이해되어서는 안 된다. 오히려 그것들은 두 개의 대조사회 질서를 설명하는 것이다. 이교 사회는 전체적으로 수많은 해결할 수 있는 문제를 가지고 있다. 반면 하나님의 새로운

---

4) 롬 5:8-11; 6:15-23; 11:30-32; 고전 6:9-11; 갈1:13-17, 23; 4:3-7, 8-10; 엡2:1-22, 5:8; 골 1:21-22; 2:13; 3.7-11; 딤전1:13; 딛3:3-7; 몬11; 벧전2:10; 2:25

공동체는 사회적 분리라는 옛 노선을 대체한다.골3:10-11

옛 인류와 새로운 인류라는 두 인류의 대조는 본질적으로 다른 하나님의 대조사회로서의 교회에 대한 필연적 본성을 강조하기 위해 사용되곤 하는 또 다른 이미지이다.엡2:15; 4:24; 골3:9-11 새로운 공동체 이미지는 똑같은 실재를 전달해 준다.고후5:17 등 "이 악한 세대"갈1:4와 "장차 올 세상"히6:5; 참조 엡2:7 사이의 대조는 단지 먼 미래에 있을 구원에 대한 언급만을 의미하는 것이 아니다. 그리스도의 통치 영역에 참여하는 사람들은 누구나 현재의 악한 세대에서 구원을 받을 것이다. 기독교 공동체는 더는 악의 노예로, 또는 이교도 사회의 거짓 구조에 순응해서 살아서는 안 된다.

요한복음 17장에서 예수의 기도는 하나님의 백성과 그들의 선교적 사명이 갖는 대조사회의 비전을 반영하고 있으며, 우리는 이미 구약에서 언급한 바 있다. 예수는 그의 제자들에 대해 "내가 세상에 속하지 않은 것과 같이, 그들도 세상에 속하지 않았습니다."요17:16라고 말씀하셨다. 그는 자신과 더불어 완전히 새로운 것, 인간 사회가 스스로 만들어 낼 수 없는 무언가가 역사 속으로 들어왔음을 암시하고 있다. 예수 그리스도는 성부의 거룩함과 영광을 세상에 빛으로 비추는 유일한 분이시다. 그분이 자신의 공동체를 거룩케 하심으로 이제 그 공동체는 그의 거룩함 가운데서 살아갈 수 있으며, 나머지 사회와 첨예하게 구별될 수 있다. 대조사회는 악의 속임수가 사회의 형태를 영구적으로 타락시키는 사회의 한가운데서 살아가고 있다. 그리스도 공동체는 이러한 속임수를 드러냄으로써 세상의 박해 대상이 된다.요15:18-20

예수의 제자들의 거룩함은 제자 공동체와 세상의 구별됨이란 상황에서 설명될 수 있다.요17:17,19 하나님의 대조사회의 본질에 대한 구약의 기본적인 노선은 신약에서도 계속 이어지고 있다. 메시아 공동체의 거룩함은 이 세상에서 신성한 대조사회로서 하나님 백성이란 개념을 형성하는 성서적 방식이다.

예수는 메시아 공동체의 선교적 사명을 설명하고 그 특징을 결정짓는 데 근본적으로 구약의 배경을 사용하셨다. 또한, 초기 그리스도인들이 스스로 적용한 "성도"란 자기 호칭에 중요한 의미를 부여하였다. 원래 그 용어는 예루살렘의 초기 공동체가 자신을 부를 때 사용한 호칭이었다. 참조. 롬15:25-26,31; 고전16:1; 고후8:4, 9:1,12 이 호칭은 후에 이방인들이 중심이 된 공동체를 포함하여 모든 공동체가 채택했다. 그리고 바울에게 있어서 "성도"란 단어는 "교회"와 동의어였다.[5] 이 단어는 2세기 중반 몬타누스파로 말미암은 위기가 도래할 때까지 그리스도인들이 실제적인 자기 호칭으로 계속 사용되었다. Lohfink:130

초대교회는 자신을 하나님의 소유된 거룩한 백성, 즉 세상의 백성들과는 전적으로 다른 삶을 살아가는 백성으로 이해했다. 이것은 베드로전서 2장 9-10절 이면에서 나타나 있는 자기의식이라 할 수 있다.

그러나 여러분은 택하심을 받은 족속이요, 왕과 같은 제사장들이요, 거룩한 민족이요, 하나님의 소유가 된 백성입니다. 그래서 여러분을 어둠에서 불러내어 자기의 놀라운 빛 가운데로 인도하신 분의 업적을, 여러분이 선포하는 것입니다.

여러분이 전에는 하나님의 백성이 아니었으나,
지금은 하나님의 백성이요,
전에는 자비를 입지 못한 사람이었으나,
지금은 자비를 입은 사람입니다.

이 본문은 또한 구약의 비전이 초대교회의 자기 이해를 위해 얼마나 중

---

5) 참조. 롬1:7; 16:15; 고전1:2; 고후1:1; 13:12; 빌1:1; 4:22.

요한 역할을 했는지를 보여준다. 참조. 출19:6 성서의 비전에서 주된 관심은 개인의 사적인 거룩함, 물론 이것도 중요한 부분이지만, 그것이 전부가 아닌 것은 분명하다. 이 구절의 근본적인 요지는 하나님의 백성은 모든 인류를 위한 하나님의 구원 계획을 증언해야 한다는 것이다. 초대교회의 명확한 정체성은 교회의 선교적 사명을 성취하는 데 있어서 우선적인 요소이다. 이러한 대조사회는 하나님의 자비하심이 경험되는 상황 이자 이 땅의 백성들에 대한 하나님의 선교 도구인 셈이다.

3 · 교회와 선교: 콘스탄틴의 유산

하나님의 백성이라는 정체성과 선교에 대한 비전은 아브라함과 출애굽 사건, 그리고 메시아의 백성에 그 뿌리를 두고 있다. 하지만, 그러한 비전은, 이스라엘 역사에서 군주제 통치하에서 발생했던 것과 마찬가지로, 다시금 색이 바래지고 말았다. 하나님의 대조사회로서, 그리고 열방 가운데 하나님의 표지 개념으로서의 교회의 자아 이해는 점차 변색하였으며, 특히 2세기 중반에 접어들면서부터 그런 현상이 본격화되었다. 하지만, 일명 "콘스탄틴 체제로의 전환"은 정체성과 역할이라는 근본적 의미와 관련하여 원시 메시아 공동체와 기독교 교회 간의 뿌리 깊은 분열의 전조였다.

콘스탄틴 체제로의 전환은 "모든 이방 나라들처럼, 우리에게 왕을 세워 주셔서, 왕이 우리를 다스리게 하여 주십시오"삼상8:5라는 고대 이스라엘의 아우성 속에서 이미 어느 정도 예견되었던 부분이었다. 성서적 관점에 따르면, 하나님의 백성이란 국가의 정치 구조와는 다른 무언가를 의미한다. 그렇다고 하나님의 통치를 받는 백성은 순전히 영적이고 비가시적 실체라는 뜻은 아니다. 이스라엘은 하나님의 거룩한 백성이 되도록 하나님의 의해 선택받았다. 이것은 영직, 사회적 치 원에서의 삶의 온전함을 요구한다. 하지만, 군주제가 출현하면서 하나님의 백성이라는 본질적인 정체성은 이스라엘에서 세속적 국가의 정치 구조와 혼동되기 시작했다. 본질적으로 하나님의 백성이라는 카리스마하나님의 은혜의 선물이라는 단어에서 직접 파생된 단어적 삶의 본질은 이스라엘의 종교적 삶의 영역으로 격하되었다. 제사장뿐만 아니라 예언자들의 역할은 군주제에 종속되었다.

다윗은 백성들이 고대했던 메시아의 원형이었다. 그는 이스라엘에서 정치권력을 통합하였고, 이스라엘의 공통 복지에 대한 관심 아래 이스라엘의 삶의 "종교적" 측면을 조직하였다. 그러면서 그는 또한 콘스탄틴을 고대했다. 이러한 상황에서 이스라엘의 예언자들이 나타나 열방을 축복하기 위한 대조사회로서 하나님의 백성에 관한 고대 아브라함과 시내산 비전을 제시했다. 그들은 하나님의 의로운 통치라는 도래하는 메시아적 회복의 시대에 대한 소망의 메시지로서 그 비전을 제공하였다.

콘스탄틴 체제로의 전환은 로마 황제 콘스탄틴 황제306-337의 통치 시기에만 국한해서 적용되는 것이 아니다. 그 과정은 콘스탄틴 황제 훨씬 이전에 시작되어 그 이후 오래도록 계속되었다. 몬타니즘의 위기는 2세기 중반 직후에 발생하였다. 그러한 위기 가운데서 교회는 하나님의 역사를 증언하는, 이 땅의 백성들 한가운데 세워진 하나님의 대조사회인, 하나님의 선교공동체로 이해하지 않았다. 교회의 권위는 더는 교회에서 그리스도의 성령의 임재하심에 의존하지 않을 뿐만 아니라 세상 속에서의 교회의 삶이라는 권위에도 의존하지 않는다. 이단과의 투쟁 속에서 교회는 점차 주교 제도, 신조와 정경을 갖추어 감으로써 교회의 권위를 제도화하게 되었다. 이제부터는 하나님의 백성이 된다는 것은 로마의 주교그리고 그와 교제하는 다른 주교들에 대한 복종을 의미하게 되었고, 아울러 일반적으로 정경으로 인정하기 시작한 사도신경과 신약성서만을 권위로 인정하는 것을

의미했다.[6)]

이러한 콘스탄틴 체제로의 전환에서, 교회는 비교적 단기간에 박해를 받는 소수자 처지에서 비국교도인들을 박해하는 다수자 입장으로 이동하였다. 311년과 313년에 발의된 제국의 칙령은 교회에게 관용을 베풀어 교회 생활과 예배를 허용하였고, 그 전에 박해와 함께 몰수되었던 예배 처소들이 복구되었다.Bettenson: 15-16

313년, 기독교 성직자들의 임무는 더는 종교적 기능에만 제한되지 않았다. "왜냐하면, 그들이 신에게 가장 큰 존경심을 표현하게 되면 가장 큰 혜택이 연방제국commonwealth에 발생하기 때문이다."Bettenson:17-18 321년 일요일은 공식적으로 제국의 모든 도시 내에서 안식일로 선포되었다.Bettenson:18-19; Eusebius 10.7 마지막으로, 380년과 381년에 발의된 칙령들은 로마 및 알렉산드리아의 주교들과의 교제를 통해 가톨릭만을 정통으로 인정하고, 모든 다른 신앙의 표현들을 금지하기에 이르렀다.Bettenson:22.

이러한 전환은 실제로 교회가 자신의 정체성과 역할을 이해하는데 있어서 근본적인 변화를 나타내는 것이다. 이러한 변화 중 어떤 부분들은 특히 콘스탄틴 직후에 활동했던 어거스틴354-430의 저술에서 눈에 띄게 나타난다. 『하나님의 도성』City of God에서 어거스틴은 초기 기독교 시대뿐만 아니라 신구약에서 살펴보았던 하나님의 백성이라는 대조적 비전 언어를 유지하고 있다.

어거스틴은 말하기를 하나님의 도성은 위로부터 창조되지만, 지상의 도성은 자신의 신들을 창조한다.[18.54] 하나님의 도성에서 진정한 사랑은 타자의 복지를 추구함으로써 통치하지만 자기 사랑self-love은 지상의 도

[6)] "교회는 자신의 정당성을 입증하기 위해 점차적으로 주님의 임박한 재림으로 설명하는 미래가 아니고, 그렇다고 성령의 특별한 선물로 설명되는 현재도 아닌, 사도교령집이나 사도신경을 만듦고, 사도적 주교제를 제정함으로써 설명되는 과거에 집중하기 시작했다. 이것들은 정통을 판가름하는 규범이 되었다"(Pelikan: 107쪽).

성을 지배한다.14.13,28 하나님의 도성은 참된 평화가 그 특징을 이루지만, 지상의 도성은 갈등과 전쟁, 기껏해야 전쟁에 의해 세워진 깨지기 쉬운 평화가 특징이다.15.4,17 하나님의 도성은 겸손과 상호관계와 복종이 특징인 반면14.28, 지상의 도성은 지배를 갈망한다.1; 4.6; 14.28

그러나 어거스틴은 하나님의 도성을 신약에서는 비기독교 사회와는 대조적이었던 지상의 순례자 교회인 가시적인 메시아 공동체와 동일시하지 않았다. 대조를 목적으로, 어거스틴은 참된 교회는 천상적이며, 하나님의 종말론적 도성이라고 주장하였다. 하지만, 하나님의 도성과 지상의 도성이 복잡다단하게 뒤얽혀 있기 때문에 순례자 교회는 실제로 이교도 사회와 대조될 수 없다. 성도들의 도성은 천상에 있다. 비록 그들이 이 땅의 시민이라 할지라도 그들은 미래에 임할 하나님 나라를 기다리는 나그네들이다.15.1 따라서 하나님 도성의 진정한 자리는 초월적 영역에 놓여 있다.

어거스틴의 비전은 공식적으로는 빌립보서 3장 2-21절에서 표현된 것과 유사하다. 하지만, 성서적 경험에 기초하는 구체적인 대조사회의 존재는 그의 관점에서는 찾아볼 수 없다. 증인 공동체로서 하나님의 백성을 모임보다는 어거스틴은 그 과정을 다음 생애를 위해 이 세상으로부터 구원받은 사람들의 초월적 모임으로 보았다.2.18

교회를 바라보는 어거스틴의 견해는 선과 악이 혼재한 혼합된 무리이다. 신약성서의 핵심 이미지들은 교회가 세상 한가운데서 하나님의 사도적 대조공동체로서 자신을 이해하는데 도움을 준다. 이제 어거스틴은 그것들을 다가올 세상에서의 하나님의 백성에게 적용했다.18.49, 7) 교회에 대한 콘스탄틴 체제로의 전환은 선교적 공동체로서 교회를 하나님의 백성이라는 성서적 비전으로부터 멀어지게 만드는 어쩔 수 없는 결과를 가져오고 말았다. 교회는 더는 모든 인류를 위한 하나님의 구원 목적을 신

---

7) 왕국과 성전은 좋은 예다(참조. 어거스틴「하나님의 도성」15.1; 18.49.

실하게 증언하는 대조사회가 아니었다. 어거스틴에게 있어서 이러한 비전의 실현은 미래로 연기되고 말았다. 교회의 선교는 미래에 참여하기 위해 개인을 준비시키는 것으로 환원되었다.

콘스탄틴체제로의 전환 이후에 교회는 포로기 이전의 예언자들이 선포했던사2:1-4; 미4:1-4 메시아적 평화의 비전을 미래 속으로 투사하기 시작했다. 순교자 저스틴주후 150년은 훗날 교회가 채택한 미래적이고 개인주의적인 대안을 모두 거부하였다. 그는 그 비전은 그 시대의 기독교 공동체의 삶에서 완벽하게 성취되고 있다고 주장했다. 신자들은 전쟁의 모든 도구를 포기했고, 칼을 쳐서 보습을 만들고 창을 쳐서 땅을 경작하기 위한 도구를 만들고 있었다.Dialogue 110

콘스탄틴체제로의 전환이 점차 가속화되기 시작하면서 교회의 거룩함은 차츰 변형되었다. 성도Saints란 단어가 과거에는 모든 그리스도인의 자기 칭호였고 특히 하나님 백성의 공동체의 칭호였다. 하지만, 이제 그것은 교회의 대표적 개인들, 예를 들어 순교자, 금욕주의자, 사제들을 뜻하는 용어가 되었다. 거룩에 대한 신약의 요청은 전체적으로 간과되지는 않았다. 다만, 그리스도인 개개인의 사적인 거룩함이나 사제들이나 종교적 질서와 같은 특정 그룹을 언급하는 것으로 그 의미가 계속해서 축소되었다. 따라서 교회에 대한 왜곡되고 선별적인 기억은 거룩한 나라로서의 하나님의 백성, 즉 다른 모든 민족 한가운데서 구별되는 특수한 공동체라는 근본적인 성서적 비전을 망각하게끔 하였다.

거룩함을 이처럼 획기적으로 이해하게 된 원인은 어거스틴 유산의 한 부분으로 보아야 한다. 어거스틴은 콘스탄틴체제로의 전환으로부터 출현한 교회의 본질에 비추어, 알곡과 가라지 비유를 교회에 적용하여 해석하였다. 하지만, 예수와 초대 교회는 세상을 알곡과 가라지를 가진 들판이리고 말했을 뿐이다.마13:38 어거스틴의 견해로 교회는 거룩하지만, 그것은 교회 구성원들의 탁월한 거룩한 삶 때문이 아니라 종말에 거룩함이 완성되기로 결정되었기 때문이다.곤잘레스: 49, 8) 이것은 하나님의 백성의 거룩한 삶이 역사 속에서 하나님의 구원 목적의 효과적인 증표라고 말씀하는 성서적 관점과는 대조를 이룬다.

어거스틴의 유산의 또 다른 요소는 개인주의로서, 교회 전체 역사에 걸쳐 개인주의가 교회를 오염시켜 왔던 것이다. 개인주의는 교회의 성서적 비전과 개신교의 많은 역할을 모호하게 만들었다. 이것은 고대 교회의 가장 감동적인 기도문 다음에 나오는 어거스틴의 이성Reason과의 대화에 묘사되어 있다.

> 어거스틴: 하나님께 기도를 드렸습니다.
> 이성: 그래서 자네는 지금 무엇을 원하는가?
> 어거스틴: 기도에서 말씀드린 모든 것입니다.
> 이성: 간략하게 요약한다면….
> 어거스틴: 하나님과 영혼에 대해 알기를 원합니다.
> 이성: 그 밖에 다른 것은 없는가?
> 어거스틴: 다른 아무것도 없습니다. Soliloquies 2.7

영성에 대한 고도로 개인주의화 된 이러한 형태는 성서적인 사상계와 실천에는 아주 낯선 것으로 그것이 콘스탄틴 체제에서 나타난 기독교의 특징 중 하나가 되었다.

이와 같은 개인주의화는 하나님의 통치를 본질적으로 초월적인 영역에 국한함으로써 발생했던 사필귀정이었다. 하나님의 백성을 대조사회로서

---

8) 마찬가지로, 자격이 없는 사제가 집례하는 성례전이 유효하다는 어거스틴의 주장은 거룩함의 효능이 교회의 삶과 선교에 필수적인 것이 아님을 암시한다 (Gonzales: 50쪽).

바라보는 성서적 비전이 상실된 것은 로마 가톨릭주의에만 제한된 것이 아니었다. 그것은 동시에 콘스탄틴주의를 추구했던 개신교의 특징이기도 하였다.

아돌프 하르낙은 19세기 후반과 20세기 초반에 있었던 근대 자유주의의 중요한 주창자 중 한 사람이었다. 또한, 기독교의 정수를 "하나님과 영혼, 영혼과 하나님에 대한" 문제인 개인적이며 내적인 실재로 설명하였다. 로핑크: 2 하르낙에 있어서 교회는 "영적인 공동체, 인간의 마음속에 있는 사회"societas in cordibus였고, 그 당시의 특정 교회와 동일시될 수 없는, 본질적으로 비가시적인 것이었다. 로핑크: 3

한 걸음 더 나아가, 거룩한 삶의 형태는 기독교 공동체 안에서 "개인의 올바른 의도"라는 내적 영역으로 전환되었다. 로핑크: 2 따라서 교회의 본질은 사실상 콘스탄틴 체제로의 전환에 기인한 교회 구성원의 선한 의도 정도로 대체되고 말았다. 이러한 관점은 결정적으로 자신의 삶이 하나님의 언약적 의righteousness라는 가치에 의해 구체적으로 형성된 대조 백성이라는 성서적 비전을 약화시키고 말았다.

교회와 구원을 이처럼 개인주의적 관점으로 이해하게 된 배경에는 그 당시의 자유주의 신학 때문이었다. 그렇다고 해서 그것을 자유주의에 국한해서는 안 된다. 아이러니한 것은 이러한 관점이 교회 생활과 선교적 측면에서 상당 부분 보수적인 복음주의 교회의 사상과 관습의 특징이었다. 이처럼 콘스탄틴주의의 열매실제적일 뿐만 아니라 은연중에는 구원관과 교회 사역, 지금까지 설명했던 교회 이미지와 교회 생활, 선교 형태를 계속해서 결정지어 왔다.

따라서 복음전도 전략은 암묵적으로 콘스탄틴주의가 지향했던 것으로, 근대의 대부분 개신교의 특징이었다. 복음전도자들은 어거스틴의 유산인 내세적, 개인주의적 요소를 성서의 언어로 지속적으로 호소하였다. 실제로 이러한 호소는 증언 대조공동체로서의 하나님의 백성이라는 성서적 패러다임을 간과하고 말았다.

아마도 근대 기독교의 정신과 복음전도를 가장 적절하게 설명해주는 이미지는 "모든 사람이 카트를 가지고 움직이면서 자신이 좋아하고 필요한 것을 집어 드는" 대형마트의 이미지가 아닐까 싶다.로핑크: 4 이러한 상황에서 교회의 메시지와 관행은 세심하게 포장되고 소비자의 욕구에 맞춰 값이 매겨졌다. 그러한 교회는 편의상으로, 그리고 경제적으로 개인의 필요를 충족시키는 수단이 되었으며, 개개인이 익명으로 편안하게 지낼 수 있도록 해줌으로써 성서적 비전에 비추어 중요한 것을 잃어버리고 말았다.

교회의 선교

이스라엘의 군주제 확립은 모든 인류를 축복해 주는 하나님의 도구 역할을 할 구별된 백성이라는 원시적인 성서적 의도를 좌절시키고 말았다. 4세기 콘스탄틴 체제로의 전환 또한 그 시대에 사도적 대조 사회로서의 하나님의 새로운 백성이라는 신약의 비전을 좌절시키고 말았다. 이스라엘의 예언자들은 무효화시켰던 구원관을 미래에 대한 소망의 메시지로 재진술하였다. 그 미래는 일차적으로 메시아의 오심과 새로운 메시아적 증언 공동체의 출현으로 이루어졌다. 하지만, 지금까지 살펴보았듯이, 백성됨과 선교에 대한 이러한 신선한 비전은 훗날 콘스탄틴이 교회와 국가를 통합함으로써 다시금 백지화되고 말았다.

유대교에서 왕정체제는 거룩한 백성과 선교를 효율적으로 분리시키는 유산을 남겨 놓았다. 이것은 적어도 부분적으로는, 예수가 아주 분기탱천 비난했던 상황이었다.마23:13-15 콘스탄틴 체제로의 전환으로 교회의 삶 또한 선교와 효율적으로 분리되었다. 교회가 "산 위의 동네"가 되기보다 구원의 방주와 알곡과 가라지로 가득 차 있는 들판으로 전락하여 만물의 완성만을 기다리는 처지가 되었다.

선교는 더는 은사에 따라 섬기는 대조 사회의 핵심 역할로 여겨지지 않았다. 대신 선교는 고독한 수도사와 교회 안에서 사도적 기능을 수행하는 성직자들의 전유물이 되었다. 오로지 11,12세기 왈도파, 16세기 아나뱁티스트와 같은 분파적 집단 내에서만 콘스탄틴주의의 통제를 벗어나 신약성서의 메시아 공동체의 특징과 유사하게 교회와 선교에 참여할 수 있었던 사람들을 찾을 수 있다.

콘스탄틴 개신교가 출현하게 되었을 때에도 교회 생활과 선교는 분리된 채로 남아 있었다. 더욱이, 수도원주의를 거부하면서 개신교도들은 자신들 안에서 선교적 명령을 제거해 버렸다. 개신교 내에서 이런 현상은 경건주의가 출현할 때까지 150년간 지속하였다. 그럼에도 불구하고 경건주의의 새로운 선교적 구조는 로마 가톨릭의 선교사들과 마찬가지로 교회의 주변부에서 일어났기 때문에 교회와 선교를 분리시키는 콘스탄틴주의는 계속 이어졌다.

비록 콘스탄틴주의가 공식적으로는 종식되었을지라도 교회론과 선교론에서 콘스탄틴의 유산은 여전히 사라지지 않고 남아 있다. 오늘에 이르기까지 정통 기독교인들은 교회가 온전한 하나님의 거룩한 백성이 되어야 한다고 주장한다. 그렇지만, 신구약에서 나타난 하나님의 영광스런 구원사역을 증언하는 대조사회와 유사한 것도 찾을 수 없다. 반면 선교는 선교단체나 독립 기관들과 이 땅의 모든 민족이 염원하는 거룩한 증언 대조 공동체의 필요성을 전혀 느끼지 못하는 개인들이 이루어냈다.

교회는 하나님의 증언 대조 공동체가 되어야 한다는 성서적 비전과 일치하는 진정한 교회가 되어야 한다는 것이 이 책의 논지이다. 마찬가지로 선교란 인류를 구원하기 위한 하나님의 통치가 회복되고 있음을 효과적으로 증언하는 일로서, 이 사명은 하나님의 대조 공동체에 뿌리를 내리고 있을 때 성서적으로 수행될 수 있다. 만일 우리가 성서적 비전을 새롭게 이해하려면 이미 언급했듯이 왕정체제와 콘스탄틴 체제로의 전환이 가져온 비극적인 결과를 극복해야 한다. 이것은 오로지 하나님의 대조 공동체인 선교하는 교회라는 성서적 이미지로 급진적으로 회귀할 때에만 가능한 것이다.

선교적 교회에 대한 성서의 이미지

순례 이미지
1장_ 길
2장_ 임시 체류자
3장_ 가난한 사람들

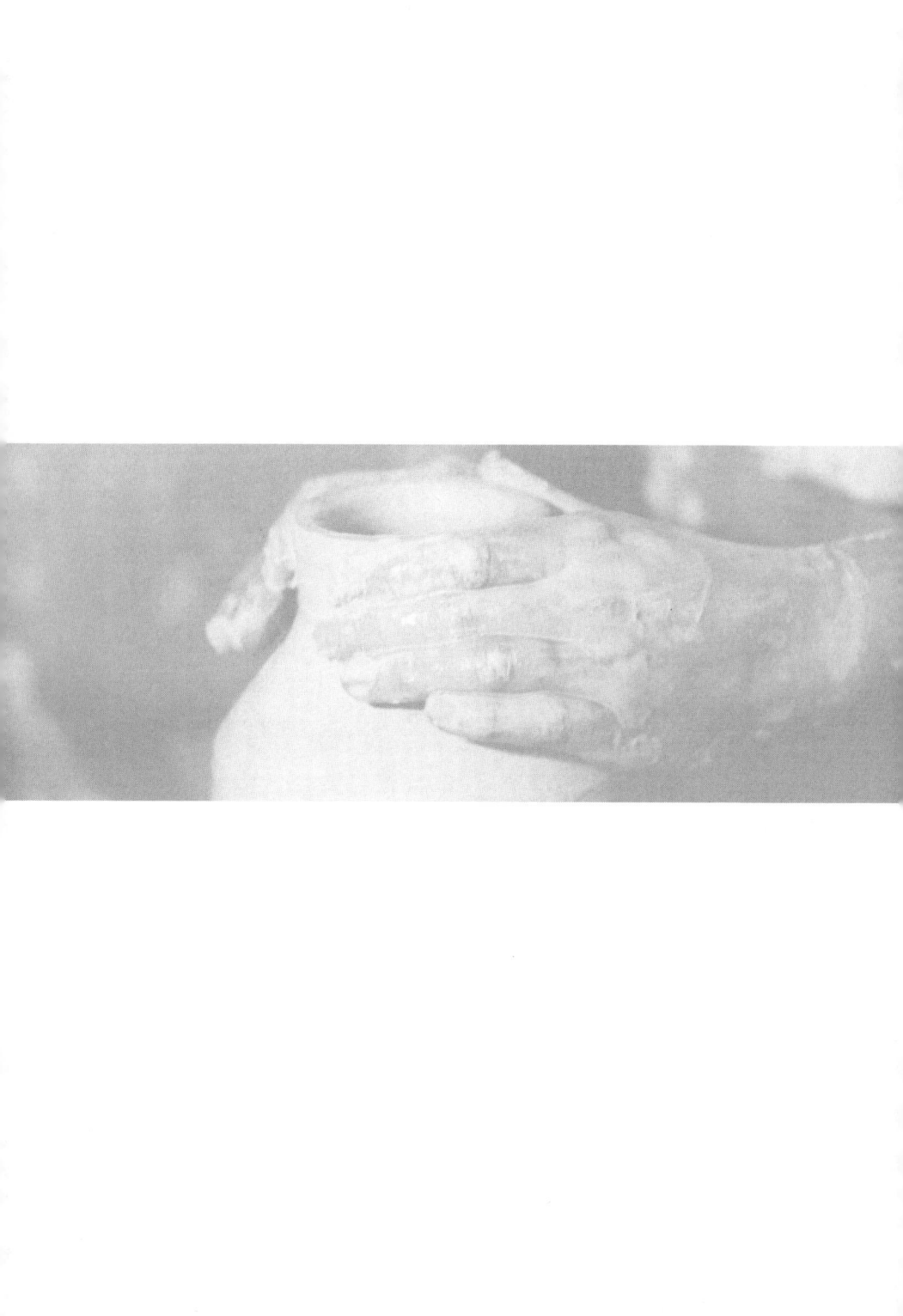

1장 · 그 길

누가Luke의 역사적이고도 신학적인 보고를 진지하게 살펴보다 보면, "그 길"the Way이 기독교 공동체의 최초의 자기 호칭 중 하나였음을 발견하게 될 것이다. 사도행전에는 "길"hodos이란 용어가 기독교 공동체에 대한 이름으로 압도적으로 많이 사용되었음을 알 수 있다.9:2; 18:25-26 ["주의", "하나님"]19:9,23; 22:4; 24:14,22 신개역표준성서NRSV는 이 용어를 "그 길" 혹은 "이 길"로 일관성 있게 번역하고 있다.

그러나 교회의 본질과 선교에 대한 초대교회의 자기 이해에 대한 '그 길'의 의미는 결단코 이러한 언급에만 국한된 것이 아니다. 신약에는 원시교회가 자기 이해를 위해 '그 길'이란 메타포를 어떤 의미로 사용했는지 잘 보여주는 기본적이면서 동시에 광범위한 비유적 언급들이 등장한다.

사복음서는 이사야 40장 3절의 "광야에서 외치는 이의 소리가 있다. '너희는 주님의 길을 예비하고, 그의 길을 곧게 하여라'"마3:3; 11:10; 막1:2-3; 눅1:76; 3:4-5; 7:27; 요1:23; 저자의 강조로 시작하고 있다. 복음서 저자들은 모두 그 목소리가 메시아와 그가 가지고 올 구원의 길을 준비하러 온 세례요한의 목소리라는 사실을 알고 있다.

마태복음으로부터 시작해서 요한계시록에 이르기까지 신약성서적 전승의 모든 요소로부터 나온 다양한 본문들은 "하나님의 길", "평화의 길", "구원의 길", "옳은 길"로서 예수의 메시아적 구원을 언급하고 있다.9)

공관복음에서 "예루살렘에 이르는 길"은 제자들뿐만 아니라 예수의 메시아 사역에서 대속적인 고난과 종의 역할에 대한 예수의 이해를 제자들에게 가르치기 위한 일차적 배경을 제공한다. 부수적으로, 사도행전에서 "길에서"는 또한 핍박자 사울이 핍박하던 예수를 만났던 장소이다.행9:17,27; 26:13

예수는 두 가지 길에 대해 가르치셨다.마7:13-14 예수의 메시아적 자기 이해는 자신을 "그 길"이라고 주장했다.요14:4-6 신약은 예수를 "새로운 살 길"히9:8-14; 10:19-25로 이해하고 있다. 이 모든 요소는 원시 공동체의 자기 이해에 있어서 이러한 메타포의 의미를 이해하는 데 필수적이다.

"걷는다."라는 말의 비유적 사용은 바울의 저술 중 윤리적 내용이 나오는 부분에서 공통으로 나타난다. 또한 공동서신야고보서, 베드로전후서, 요한서신, 유다서에서도 강력하게 나타난다.10) 그러한 걸음은 기독교 공동체가 "길"로서의 성서적 비전에 비추어 보면 더욱 잘 이해된다.

신약성서에는 길에 대한 간접적인 암시뿐만 아니라 메시아 공동체가 자신을 그 길로 이해했던 직접적인 언급들이 등장한다. 따라서 우리는 교회의 본질과 선교를 위한 중요한 이미지에 직면하게 된다.

---

9) 이 본문의 대표적인 구절은 마22:16; 막12:14; 눅1:79; 20:21; 행2:28; 13:10; 16:17; 1:25-26; 롬3:16-17; 11:33; 고전4:17; 12:31; 살전3:11; 히3:10; 약1:8; 5:20(RSV); 벧후2:2,15,21; 계15:3을 포함한다.
10) NRSV에서 peripateō가 문자적으로 "걷는다"(to walk)로 번역되기 보다는 오히려 보다 역동적인 표현인 "살아가다"로 번역된다. 이 동사는 다음 본문들에서는 기독교 공동체에서의 삶의 특징을 언급하기 위해 비유적 의미로 나타난다: 롬6:4; 8:1, 4; 13:13; 14:15; 고후5:7; 갈5:16, 25; 6:16; 엡2:10; 4:1,17; 5:2,8,15; 골1:10; 2:6; 살전2:12; 벧후 3:11; 요일1:7; 2:6; 요이6; 요삼3-4; 계21:24

교회론적 자기 이해에 대한 핵심 이미지

'그 길'[11]은 일찍이 원시 기독교 공동체가 채택한 것으로 자신을 메시아의 새로운 백성으로 이해하기 위한 이미지로 사용했다. 사도행전에는 그와 관련된 6-7개의 에피소드들이 있는데, 신자들의 공동체를 명확하게 '그 길'과 동일시하고 있음을 알 수 있다.Minear, 1960:148-152

사도행전 9장 1-2절에는 "그 길에 속한"역자 직역 사람들이 언급되고 있는데, 그들은 확실히 "주님의 제자들"과 동일시된다. 사도행전 18장 25-26절에서 누가는 아볼로가 "주님의 길에 대해 가르침을 받았"지만 "요한의 세례밖에 알지 못하였다."고 말하고 있다. 에베소에서 그의 말을 듣자마자 브리스길라와 아굴라는 "하나님의 길을 더 자세하게 설명하여 주었다." 사도행전 19장 8-9절은 하나님 나라에 대해 바울이 메시지를 강론하는 장면을 언급하고 있다. 이 메시지는 "그 길을 비난"하는 사람들의 저항에 맞닥뜨렸다. 이러한 맞닥뜨림은 회당으로부터 '그 길'의 사람들인 제자들의 퇴각으로 이어졌다. 사도행전 19장 23절은 '그 길'의 사람들의 삶과 메시지 때문에 경제적 이익이 위태로워진 은세공업자들이 일으킨 소동에 대해 말하고 있다. 사도행전 22장 4절의 '그 길'에 대한 언급은 예루살렘의 무리 앞에서 바울이 변론하는 상황에서 나온 것이다. 그는 한때 "이 길을 따르는 사람들을 박해하고 죽이기까지" 했음을 인정했다.

"그 길"에 대한 나머지 언급들은 예루살렘 지도부의 대표자들을 비난했다는 이유로 벨릭스 앞에서 바울이 변호하는 내러티브 가운데서 등장한다. 바울은 "나사렛 도당"이하 '분파'라고 번역-옮긴이 주라 불리던 운동이 "그 길"이라는 이름으로 부르는 것이 더 적절하다고 주장했다.행24:5,14 이 야기의 결론부에서 벨릭스는 "그 길과 관련된 일을 자세히 알고 있었다."

---

11) 역주-사도행전에서는 '길'을 '도'로 번역하고 있지만 여기서는 통일성을 위해 '길'로 번역하였다.

고 기술되고 있다.24:22

여기에서 "분파"sect와 "길"Way이라는 단어를 조금 더 설명할 필요가 있을 것 같다.Schlier: 180-181 "분파"hairesis로 번역된 이 용어는 고대 헬라 사회에서 공통의 생활양식과 가르침을 받은 자발적 집단을 의미했다. 고대 그리스에서 이 이름은 철학 학파에 적용되었고, 유대교에서는 에세네파, 사두개파와 바리새파와 같은 종교 집단에 적용된 단어였다. 이것이 신약성서에의 일반적인 의미였다. "사두개파/도당hairesis"과 "바리새파/도당"에 대한 언급들이 있다.행5:17과 15:5; 참조 26:5 일반적으로 유대인들뿐만 아니라 이 운동의 반대자들은 똑같은 관점에서 이 원시 기독교 공동체를 바라보았고, 그들을 "헤레시스"hairesis라고 불렀다.

바울은 분파나 도당은 에세네파, 사두개파와 바리새파 또는 철학 학파에나 적용함으로써 이를 원시 기독교공동체에 적용하려는 의도를 거부했다. 하지만 "그 길"이 다른 사람들에 의해 헤레시스라고 불렸다는 사실은 특별한 행동과 메시지가 그 특징인 자발적으로 형성된 공동체의 본질을 입증하는 것이다. 이 용어에 대한 이후의 신약의 용법에서 헤레시스는 단호한 행동과 파괴적인 사상을 지니게 되었다. 이단heterodoxy이란 용어로 사용된 것은 기독교 교회에서 신약의 후기 발전 과정에서 나온 것이다.Schlier 여기에서 우리들의 관심은 "그 길"이란 단어가 제자들이 이제 막 출현하는 기독교 공동체 안에서 자신들을 언급하는 초창기아마도 가장 초창기의 이름으로 사용했다는 사실이다.

길 이미지에 대한 구약성서의 배경

교회에 대한 이 메타포의 원천은 구약의 용어에서 찾을 수 있다. 인류에 대한 하나님의 목적과 뜻뿐만 아니라 하나님의 성품신32:4; 겔18:25은 이 이미지로 묘사되고 있다.Michaelis:42-96 구약 본문에서 호도스hodos란 용어는

"걸음걸이", "행실", 또는 "삶의 방식"을 뜻한다. 출애굽기 18장 20절은 이 의미를 명확하게 해준다: "그들에게 규례와 율법을 가르쳐 주어서, 그들이 마땅히 가야 할 길과 그들이 마땅히 하여야 할 일을 알려 주게."

하지만, 더욱 자주, 그리고 더욱 중요하게는, 호도스는 하나님의 자기 백성을 향한 뜻을 의미한다. "하나님또는 주님의 길길들"은 하나님 자신이 선택한 과정, 그분의 행동, 그분의 다루심과 목적을 의미한다. 인간은 하나님께서 명령하신 길로만 걸어가면 그만이다.렘7:23; 신5:32-33 특히 호도스는 명령과도 동의어이다. 이런 의미에서 주님의 길은 하나님의 백성에 대한 그분의 의도로서 종종 "좋은 길"렘6:16, "의로운 길"잠8:20, "흠 없는 길"시101:2,6, "영원한 길"시139:24로 언급된다. 이것은 "악인의 길"과는 차이가 뚜렷하게 구별된다.시1:6; 잠4:19

하나님의 성품과 그분의 목적은 그의 백성이 선택한 길에 대한 규범이 된다. 구약에서 주님의 길은 마치 추구하는 목표가 선택한 길을 결정짓듯이 하나님께 가는 길 또는 천국으로 이어지는 길이 아니다. 대신 하나님의 성품과 그분의 은혜로운 명령은 그분의 언약 백성이 가야 할 길의 출발 지점에서 효력을 발휘하기 시작한다. 반대로, 고대 성서 외적 저술들외경뿐만 아니라은 유대교든 이교도든 이 메타포를 미덕이나 보상으로 이어지는, 하나님께 가는 길로 사용하고 있다.

길 이미지에 대한 신약성서의 배경

주님의 길 – 새로운 출애굽

초기 그리스도인들이 "길" 이미지를 사용함으로써 자신들의 삶과 선교를 하나님 백성의 본질로 이해했다는 것은 단순히 우연한 일치라고 할 수 없을 것이다. 이러한 교회론적 자기 이해의 뿌리는 신약에서, 특히 복음서에서 쉽게 찾아볼 수 있다.

포로기 이전 예언자들은 간헐적으로 하나님의 백성 가운데에서 회개와 갱신을 위한 요청의 근거로서 이집트로부터의 출애굽에 대해 말하고 있다.호11:1-5; 사11:15-16 포로기의 예언자들은 같은 모티프 위에서 소망의 메시지를 전하였다. 예언자적 목소리는 야훼께서 새로운 출애굽에서 자기 백성을 광야를 거쳐 인도하실 길을 선포한다. 그리고 그전에도 행하셨듯이, 또다시 하나님은 자기 백성을 구원하시기 위해 개입하실 것이다.렘 16:14-15; 31:2; 사46:3-4; 63:9 야훼의 강력한 구원 역사가 두드러진 첫 번째 출애굽은 바벨론 포로에서 예루살렘으로 귀환하는 새로운 출애굽의 전형이자 약속이다. 이집트로부터 출애굽과 모세 언약의 날, 야훼의 강력한 구원 역사의 때는 또다시 일어난다. 그러므로 "광야에 주님께서 오실 길을 닦아라."사40:3

세례침례요한은 백성들이 그에게 나아가도록go out 하려고 설교를 위한 장소로 광야를 선택했다.막1:4-5 따라서 이스라엘의 출애굽 전승의 맥락에서 그는 새로운 메시아 시대를 선포하였다. 이스라엘 예언자들의 저술에서 광야의 길은 하나님의 백성의 새로운 시작, 회개와 최종적인 소집의 상징이다. 참조. 호2:14-23

복음서 저자들은 모두 이 본문을 야훼가 아닌 예수에게 적용하고 있다. 그들의 이야기는 구약에서 하나님의 길, 그분의 성품, 그분의 목적, 그분의 말씀, 그분의 구원 역사에 그 초점이 맞추어져 있듯이 예수의 길에 초점을 맞추고 있다. 세례 요한은 "주님의 길"을 선포한다. 메시아의 오심은 새로운 출애굽이요 새로운 언약을 의미한다. 예수는 바로 그 길이다.요 14:6; 히10:20 원시 기독교 공동체가 자신을 스스로 단순히 "그 길"이라고 불렀다는 사실을 충분히 이해할 수 있는 대목이다.

예루살렘에 가는 길

공관복음에서 "예루살렘으로 가는 길"은 예수의 생애와 선교 이야기를 하는 데 있어서 구성 주제 중 하나로 나타난다. "그 길"을 걷는다는 것은 예수가 제자도의 의미와 실재에서 그분의 추종자들을 가르치기 위한 일차적 배경을 제공한다. 예수를 따른다는 것은 제자의 삶에서 명백한 사실이다. 그러나 원시 교회가 예루살렘 도성으로의 여행을 문자적 의미 그 이상으로 보았다는 것은 확실하다.

"길 위에서" 했던 베드로의 메시아에 관한 고백과 예수 자신의 고난, 배척과 죽음에 대한 의미에 대한 예수의 해석 그리고 그 생각에 대한 베드로의 저항과 예수의 질책막8:27-33 부분을 읽어보자. 베드로의 저항과 예수의 경고는 초대 교회에서 예수를 따르던 자 중에서 많은 이들의 경험을 반영해 주었다. 자기 십자가를 지고 예수를 따른다는 것은 예수와 그의 제자들이 걸어갔던 예루살렘으로 가는 그 길을 선택하는 것이었다.막8:34-38

"길 위에서" 예수는 하나님 나라 관점으로부터 큰 자가 된다는 것이 무슨 의미인지를 가르치곤 하셨다.막9:33-37 그리고 "길을 가시면서" 재물의 위험에 대해 제자들에게 가르치시곤 했다.막10:17-31

"예루살렘으로 올라가는 길에" 예수는 제자들에게 그의 메시아 됨과 관련된 고난에 대해 세 번이나 경고하셨다.막10:32-40 초대교회는 길에서 예수를 따르는 것은 그의 잔을 마시는 것이었으며, 그가 받는 세례를 받는 것으로 이해했다.

바울은 말했다. "그리스도의 남은 고난을…. 내 육신으로 채워가고 있습니다." 따라서 그는 이러한 방식으로 삶에 대한 초대 교회의 비전을 반영하는 것이다. 제자의 길은 또한 타자를 위한 고난의 길이다.

두 종류의 길 비유

마태복음7:13-14과 누가복음13:23-24에서 예수는 제자도의 본질을 "좁은 문"으로 들어가며, "어려운 길"을 선택하라는 초청으로 결론을 맺고 있다. 두 종류의 길에 관한 은유는 유대교와 고대 헬레니즘 세계에서 친숙한 것이었다. 그렇지만, 이 비유에서 예수께서 사용한 용어들의 뿌리는 확신컨 대 구약의 율법서와 예언서에서 찾을 수 있는 것들이다. "보십시오. 내가 오늘 생명과 번영, 죽음과 파멸을 당신들 앞에 내놓았습니다…. 당신들이 주 당신들의 하나님을 사랑하고, 그의 길을 따라가며, 그의 명령과 규례와 법도를 지키면, 당신들이 잘되고 번성할 것입니다."신30:15-16 "당신들은 주 당신들의 하나님이 명하신 그 모든 길만을 따라가야 합니다. 그러면 당신들이…. 오래오래 잘 살 것입니다."신5:33 "너는 이 백성에게 이렇게 전하여라. 나 주가 말한다. 내가 너희 앞에 생명의 길과 죽음의 길을 둔다."렘21:8

예수께서 몸소 들어가셨고, 그곳으로 자기 제자들을 초청하시는 좁은 길은 생명의of 길일뿐만 아니라 생명에 이르는to 길이다. 예수께서 걸어가신 이 길이 바로 우리의 목표이다.Michaelis: 71 길에 관한 은유는 제자도로의 부르심이요, 주의 길로의 부르심으로, 구약에서 이 길은 야훼의 길이요 이제는 하나님의 메시아인 예수의 길과 동일시된다.

복음서 저자들은 예수의 길에 관한 은유를 산상수훈의 문맥 가운데 설정하고 있다.마5-7; 또한 누가의 평지 설교인 눅6:17-49 따라서 그것들은 "주의 길"이 제자 지망생들이 무조건 초대받을 수 있는 추상적 영성이 아니다. 야훼의 길은 그의 계명에서 요구하는 길이었다. 또한, 예수의 길은 구체적으로 그의 말씀과 행위, 그의 삶과 죽음 그리고 부활, 그의 살아있는 성령이 이끄시는 길이다. 예수가 제시한 좁은 길에서 얻는 공동체의 생명 경험은 필수적으로 그 공동체의 자기 이해에 이바지하게 된다.

"나는 길이요."

"나는 길이요"라는 예수의 말씀은 요한복음에 기록되어 있다.14:6 히브리서는 예수를 "새로운 살 길"10:20; 9:8 참조로 언급하고 있다. 이 본문들은 원시 공동체의 초창기 자기 호칭 중 하나로서 길에 대한 의미를 이해하는 데 큰 도움을 주고 있다. 제자 공동체는 예수 안에서 "참되고 살아있는 길"을 깨닫게 되었다. 예수는 몸소 하나님께 이르는 진정한 길이라고 주장하셨다.요14:7 이 길은 정확히 예수의 제자들에게 열려 있었다. 왜냐하면, 그들은 예수가 걸었던 길이 어떤 길이었는지 알고 있었기 때문이다.14:4

확실히 제자 공동체를 대표해서 발언한 도마는 그들의 지식의 결핍에 항의를 표명했다. 그들은 아버지께 이르는 길이 십자가의 길이었기 때문에 예수가 어디로 가고 있었는지를 알지 못하였다. 비록 그들이 예수와 내내 "예루살렘에 이르는 길"을 동행했지만, 여전히 그들은 십자가의 길이 갖는 의미를 깨닫지 못했다. 그들을 위해 자기 생명을 내려놓음으로써요 13:37-38, 그는 "어디로 가는지 그 길"을 보여 주셨다. 그때는 그들이 예수를 따라가지 못했지만, 그분이 떠나고 예수를 따라갈 것이다.14:2-3

요약하면, 예수께서 몸소 선포하신 길은 사랑을 표현하고, 생명을 베푸는 죽음의 길이었다. 이 길을 아는 것은 곧 예수를 아는 것이요, 아버지를 아는 것이며, 그의 새 계명에 순종함으로 예수를 따르는 것이다. "내가 너희를 사랑한 것 같이 너희도 서로 사랑하여라"요13:34; 참조. 14:15

요한복음에서 길 이미지는 근본적으로 기독론적이면서 교회론적인 의미를 전달해 준다. 그 이미지는 예수의 삶과 죽음의 의미를 예시해 주며, "길 되신 예수께서 최상으로 표현한 아버지의 사랑에 대한 열정의 공동체"Minear, 1960:150, 12) 로서 교회의 본질과 사명을 나타낸다.

---

12) 하지만 또 다른 결론을 위해서는 Michaelis:78-79를 보라.

"새로운 살 길"

히브리서9:8-14; 10:19-25도 이와 유사한 관점을 반영하고 있다. 죽기까지 순종한 예수의 모습에서, 그는 자신을 길로서 가장 뚜렷하게 보여주신다. 그는 "새롭고 살 길"을 우리에게 열어 놓으셨다. 그리스도인들은 일반적으로 이 본문을 전신자 제사장직이란 용어로 해석하고 은혜의 보좌에 대한 보편적 접근을 강조하는 것으로 해석하려는 경향이 있다. 하지만, 여기에는 또한 고난받는 증인의 순교자의 길이 나타나 있다. 예수의 죽음을 여는 길히10:9-10이란 관점에서 신자들은 "흔들리지 말고, 우리가 고백하는 그 소망을 굳게 지킵시다."라고 권면을 받고 있다.10:23 예수께서 끝까지 신실하셨기 때문에 이 일은 가능해졌다. 요 14장에서 분명하게 나타난 것이 이곳에서는 암시적으로 나타나 있다. 예수께서 우리에게 열어 놓으신 그 길은 흔들림 없는 증인의 순교자적 길이다.

길을 걷다

신약의 윤리적 권면에서 "걷다."peripateō라는 단어가 널리 사용된 것은 신약 공동체의 자기 호칭에 대한 "길" 이미지의 사용과 일치한다.[13] 신자들은 "그리스도께서 여러분을 사랑하셔서 우리를 위하여…. 자기 몸을 내어주신 것과 같이, 여러분도 사랑으로 서로 살아가십시오walk in love"엡5:2라는 권면을 받고 있다. "그리스도께서 사신 것walk과 같이 마땅히 그렇게 살아가야walk 합니다."요일2:6 또한 "주님께 합당하게 살아감으로써[헬: to walk]"골1:10라고 권면을 받고 있다. 이러한 교훈들은 메시아 공동체는 "길의 사람들"이란 가장 초기의 이미지로 자신을 언급했음을 기억할 때 그 의미를 제대로 이해할 수 있다. 그것들은 길 되신 예수가 계시하신 가장 온전하고도 분명하게 계시된 길을 의미했다.

---

13) 다음 문장을 위해서는 Driver, 1986:235-241을 보라.

급진적인 길

길 이미지가 신약에서 사용된 문맥은 서로 긴장관계에 놓여 있다. 각각의 경우에서 "길"은 그 구성원들이 처음으로 나온 유대 공동체와 대조된다. 자신을 길이라고 부른다는 것은 하나님의 길이 발견되는 공동체가 어떤 상태이어야 하는지를 주장하는 것이다. 그러나 길 되신 예수께서 보여주신 참된 증언은 오직 대속적 고난을 통해서만 주어진다.

교회의 본질과 사명을 이해하기 위한 "길" 이미지는 메시아 운동이라는 유대인들의 모체matrix 속에서 이해할 때 실질적인 도움이 된다. 그 공동체는 그리스나 로마의 문맥에서 그 이미지가 더욱 유용함을 알게 되었다. 이 이미지의 사용은 1세기 말과 2세기 초 사도 이후 교부들의 저술에서도 계속 이어진다.클레멘트 1서 36.1 그러나 신약에서 그 이미지가 가진 독특한 신선함과 진정성은 빠져 있다. 비록 두 종류의 길 메타포가 '디다케' 1-6와 '바나바 서신' 18-20에서 주로 발견되지만, 지나치게 도덕적인 방식으로 사용되고 있다. 이렇듯 신약의 이미지가 실종된 이유는 예수께서 걸어가신 십자가의 길이 갖는 급진성 때문이다.

길이란 악의 세력과의 갈등 가운데 있는 교회 안에서, 십자가의 표지 아래서 살아가는 교회 안에서, 고난받는 증인의 순교자적 교회 안에서 강력하게 전달되는 이미지이다. 이것들이 상실되면 그 이미지가 갖는 힘도 상실될 수밖에 없다.

2장 · 임시 체류자[14]

신약성서에서는 정치 · 경제 분야에서 빌려 쓰는 연관성 있는 중요한 이미지들을 찾을 수 있다. 그중에서 일반적으로 "나그네"나 "체류하다"[15] 로 번역될 수 있는 유사 용어들이 가장 눈에 띈다. 이러한 종류에 속하는 다른 용어들은 "망명자"나 "순례자"[16] "외국의" 또는 "외국인"[17], "흩어진 사람들"[18] 과 "시민"[19] 등을 포함한다.

1세기 헬라어 문화권에서 임시 체류자파로이코스,paroikos, [20] 이란 단어는 체류외국인resident alien을 의미했다. 비록 그들이 일반적인 권위의 보호 아래에서 시민들과 더불어 살고 있었지만, 그들은 아무런 시민의 권리를 주장할 수 없었다. 그들은 기껏해야 위태로운 처지에 놓인 외국인이나 망명자에 불과했다. 파로이코스 혹은 그와 관련된 동사 파로이케오paroikeō는

---

14) 역주- Sojourner를 문맥에 따라 '임시거주민' '떠돌이' '체류 외국인' 등으로 번역했다.
15) Paroikeō, 히11:9; paroikia, 행13:17, 벧전 1:17; paroikos, 행7:6,29, 엡2:19, 벧전 2:11.
16) Parepidēmos, 히 11:13, 벧전1:1, 2:11.
17) enos, 히11:13; allotrios, 행7:6, 히11:9
18) Diaspora, 약1:1, 벧전1:1.
19) Politeia, 엡2:12; politeuma, 빌3:20; politeuomai, 빌1:27; sumpolitai, 엡2:19.
20) 역주-저자는 그의 저서 *Life Together in the Spirit: A Radical Spirituality for the Twenty-First-Century*에서 '나그네' (resident alien)를 '불법체류자' (undocumented immigrant)로 확장시킨다.

히브리서 11장 9-13절"나그네처럼 장막에 살았습니다." 과 베드로전서 2장 11절"나그네와 거류민"에서는 파레피데모스parepidēmos와 관련되어 나타난다.

"유배자" 또는 "순례자"란 의미의 파레피데모스란 용어는 시민들과 더불어 살아가는 일시적인 체류지란 개념을 담고 있다. 이들은 잠시 머물다 떠나는 나그네 또는 피난민들이다. 종합해 보면, 이 용어들은 신앙 공동체의 존재와 사명이 "이 세상 나라들" 한가운데서 "흩어져 있는'diaspora, 벧전1:1 "나그네들"xenoi로서 위태로우면서도 임시로 속해 있음을 강조하는 말들이다.

신약성서는 교회를 유배자, 임시거주민과 나그네들벧전1:1; 2:11; 히11:13로 묘사하고 있다. 기독교 공동체는 "인간적인 열망"에서 파생된 가치관을 지닌 어둠의 나라 한가운데서 일시적으로 머무는 나그네들로 구성된 기관이다.벧전2:11; 4:1-6 긍정적으로 말하면, 하나님 나라에 자신의 시민권을 둔 공동체는 현 체제에 대하여 일시적으로 체류하고 있으며 유배중히11:9-16이라고 증언한다. 그들의 순례의 삶은 그들이 이미 또 다른 나라의 시민임을 증거하는 셈이다. 히브리서는 교회를 "타국에 몸붙여"11:9 살아가는 신앙공동체로 묘사한다. 그들의 원형인 아브라함처럼, 본질상 신앙공동체는 장막 거주자들로 이루어져 있다.Minear, 1960; 61-62

임시거주민 이미지에 대한 구약의 기원

임시거주민 이미지에 대해 신약성서가 어떻게 이해하고 있는지에 대한 열쇠는 당대 헬라어에서 보다는 구약의 배경에서 찾아야 한다. 구약에서 특별히 아브라함은 이집트창12:10, 가나안창17:8, 그랄창20:1과 블레셋 땅에서창21:34, 헷 족속 중에서창23:4, 그리고 헤브론창35:27에서 임시거주민으로 묘사되고 있다. 가나안과 이집트에서 이삭, 야곱과 야곱 아들들의 삶도 이와 비슷하게 묘사되고 있다.

아브라함의 고백은 물론이고 일반적으로 족장들이 경험했던 나그네요 거류민으로서의 신분은 그들이 약속의 땅을 소유하게 된 이후에도 끝나지 않았다. 임시거주민 신세에 처했던 족장들은 그러한 신세가 오히려 하나님의 백성들의 참된 속성을 반영해 준다고 믿었다. 이스라엘 민족들은 고백했다, "내 조상은 떠돌아다니면서 사는 아람 사람[야곱]으로서" 신26:5 아브라함은 전 생애에 걸쳐서 떠돌아다니면서 거류민으로 살아왔는데 이는 하나님을 향한 믿음의 증표이자 복종의 증표였다. 이것은 또한 하나님의 백성이 그분의 은혜의 언약 아래에서 살아갈 때 항상 반영해야만 하는 겸손의 모본이기도 하다. 이것은 히브리서 11장 8-16절에서 아브라함이 임시거주민으로서 여겨졌던 부분이다. 이와 같은 임시거주민 신분은 신약 공동체의 특징이었다. Schmidt, 1967:846

시편에 보면, 임시거주민으로서의 하나님 백성 개념은 약속의 땅을 소유하는 것과 밀접하게 연관되어 있다. 시편 105편에는 권능 하신 하나님의 구원 행위를 반복적으로 보여주는 문맥으로, 이곳에서도 이스라엘 백성은 임시거주민으로 서술된다.

"내가 이 가나안 땅을 너희에게 줄 것이다.
이것은 너희가 대대로 물려줄 기업이다."하고 말씀하셨다.
그때에 너희의 수요가 극히 적었고,
그 땅에서 나그네로 있었으며,
이 민족에게서 저 민족에게로,
이 나라에서 다른 나라 백성에게로,
떠돌아다녔다.
그러나 주님께서는, 아무도 너희를 억누르지 못하게 하셨고,
너희를 두고 왕들에게 경고하시기를,

"내가 기름 부어 세운 사람에게 손을 대지 말며,
나의 예언자들을 해치지 말아라"하셨다. 시105:11-15

가나안 땅에서 떠돌아다녔다는 말은 장막에 거했다는 의미이기도 하다. 시78:55; 61:4; 15; 1 마지막 두 본문의 평행구절을 보면 단순히 떠돌아다녔다는 말은 엄밀한 의미에서 거주 외국인을 의미할 뿐만 아니라, 하나님과 함께 거한다는 의미이다. 그러나 그 배경을 살펴보면 하나님과 거한다는 것은 이 땅에서 평생 임시거주민으로서의 삶을 살아간다는 의미가 깔렸다. Schmidt, 1967:843-844

이스라엘을 대표하는 다윗 왕은 이스라엘을 하나님 앞에 서 있는 존재로 서술하였다. "주 앞에서 우리는, 우리의 모든 조상처럼, 나그네와 임시 거주민에 불과하며, 우리가 세상에 사는 날이 마치 그림자와 같아서, 의지할 곳이 없습니다."대상29:15 이스라엘의 모습은 곧 이스라엘 백성 개개인의 모습이기도 하다. "나 또한 나의 모든 조상처럼 떠돌면서 주님과 더불어 살아가는 길손과 나그네이기 때문입니다."시39:12하 임시 거주민으로 살아가는 하나님의 백성들은 자신을 그분의 은혜의 대상으로 본다. "나는 땅 위를 잠시 동안 떠도는 나그네입니다. 주님의 계명을 나에게서 감추지 마십시오."시119:19

이스라엘이 자신을 임시 거주민으로서 이해한 것은 영적인 의미뿐만 아니라 중요한 윤리적 의미도 함축한다. "땅을 아주 팔지는 못한다. 땅은 나의 것이다. 너희는 다만 나그네이며, 나에게 와서 사는 임시 거주자일 뿐이다."레25:23 이스라엘이 비록 정치적으로는 독립국이 되었을지라도, 윤리적-영적인 의미에서 이스라엘은 하나님과 관련해서는 하나님의 뜻과 그분의 자비하심만으로 살아갈 수밖에 없는 유리하는 자들의 공동체란 용어로 자신의 정체성을 이해하였다.

신약에서의 임시 거주자 이미지

신약에서는 하나님 백성을 설명하는 용어로 파로이코스임시 거주자의 파생어가 7회 사용되었다. 이와 같은 이미지를 언급하는 신약의 표현들은 구약에서 언급된 것이거나 암시된 것들이다. 교회가 이와 같은 이미지로 자신을 이해하게 된 근원을 살펴보면 이 이미지가 하나님의 옛 언약 백성에 확고하게 토대를 두고 있음을 알게 될 것이다.

스데반은 구원 역사salvation history를 이야기하면서, 아브라함의 "후손들은 외국 땅에서 나그네paroikoi가 되"행7:6; 창15:13참조었던 사실을 회상하고 있다. 같은 설교에서 그는 "모세가…. 미디언 땅에서 나그네paroikoi가 되었습니다."행7:29; 참조 출2:15라고 선포하였다. 하나님의 구원 역사에 대한 이야기를 꺼내면서 바울은 "이 백성 이스라엘의 하나님께서 우리 조상들을 택하셨습니다. 이 백성이 이집트 땅에서 나그네 생활을 하는 동안에, 이 백성을 높여 주"행13:17; 참조 출6:1,6셨음을 회상하고 있다. 하나님의 백성이 임시거주민이란 뜻은 구원사에 있어서 결코 우연한 일이 아니었다.

신약에서 파로이코스paroikos가 등장하는 중요한 본문을 꼽으라면 히브리서 11장 9-13절일 것이다. 하나님의 백성이 유리한다는 개념이 전해주는 충격파는 본문에서 "타국"allotrian:11:9, "길손"xenoi:11:13과 "나그네"parepidemoi:11:13와 같은 일련의 관련 용어로 계속해서 강조되는 모습에서도 느낄 수 있다. 아브라함은 떠돌이sojourner가 되라는 하나님의 부르심에 복종함으로써 그의 믿음을 표현함으로써 믿음의 영웅 중의 한 사람으로 열거되고 있다.11:8-9; 참조 창23:4; 26:3 이와 같은 믿음의 표현 이면에는 그의 복종의 동기에 놓여 있다. "그는 하나님께서 설계하시고 세우실 튼튼한 기초를 가진 도시를 바랐던 것입니다."11:10

우리는 대체로 이 구절을 천국에 대한 의미로 해석하는 경향이 있다. "그가 언젠가 하늘 도성의 시민이 될 것이기 때문에 그는 이 땅에서 거류민으로 살았다."Schmidt, 1967:851 하지만, 고대하던 약속의 성취는 우리가 알고 있듯이, 역사적 시간의 끝 저 너머로 연기되어서는 안 된다. 히브리서 11장 39-40절에 보면, 신약의 공동체들은 적어도 이미 자신을 고대했던 약속의 수혜자로 보고 있다는 것이 암시되어 있다. 히브리서 6장 12절에 의하면, 믿는 자들은 지금 "약속을 상속받는 사람들"이다.현재시제에 주목하라 비록 그들이 계속해서 하나님의 약속의 최종적인 성취를 기다렸을지라도, 메시아 공동체는 하나님의 통치가 이 땅에 임하였다는 것을 알고 있었다. 더욱이, 이러한 실현은 떠돌이로서의 자기 이해를 강화시켰던 것이지 그러한 신분을 불필요한 것으로 폐기한 것은 아니었다.

베드로전서 2장 9-11절 역시 신약 공동체가 자기를 어떻게 이해했는지를 파악할 수 있는 중요한 핵심 본문이다. 9절에는 구약의 하나님 백성에게 적용되었던 네 가지 핵심 이미지가 새로운 언약의 메시아 공동체를 설명하기 위해 사용되고 있다. 이 문맥에서 베드로는 자연스럽게 사도 공동체를 "나그네"paroikoi와 "거류민"paredidemoi으로 부르고 있으며, 족장들, 예언자들과 시편 기자들시39: 12을 암시의 고백과 구원 이야기에 관한 신약의 말씀들과 일치한다. 하지만, 여기에서 대조를 이루는 것은 땅의 도성과 하늘의 도성 사이의 대조가 아니라 어둠의 왕국과 메시아가 시작하신 왕국 간의 대조이다. 족장들의 경우와 마찬가지로, 이 세상의 일시 체류자의 상태는 상호 간의 행동으로 이어진다.

베드로전서 1장 17절에서 거룩함과 거류민 혹은 떠돌이paroikia로의 부르심은 타락한 세계와 대조되는 하나님 자신과 그의 왕국의 속성에 분명하게 근거한다. 여기에서 일차적 이원론은 두 왕국, 즉 이 세상과 다음 세상이라는 두 세계라기보다는, 타락한 육신의 통치와 하나님의 통치 사이에 존재하는 것처럼 보인다.

에베소서 2장 19절은 말한다. "그러므로 이제부터 여러분은 외국 사람이나 나그네가 아니요, 성도들과 같은 시민이며 하나님의 가족입니다." 얼핏 보면 이 구절은 베드로전서 1장 17절, 2장 11절과 모순되는 것처럼 보인다. 하지만, 다양한 소외 영역들을 고려해 보면 그렇지 않다. 이방인 그리스도인들은 더는 이스라엘 공동체commonwealth의 나그네가 아니다.엡2:12,19 하나님의 새로운 언약 백성들은 한 때 국외자들, 한 때 백성이 아니었던 자들을 포함한다. 따라서 사실상 이 구절은 소외와 소속 영역의 재배치를 가리킨다. 그들이 더는 하나님의 가족과의 관계에서 외인이 아니지만, 이런 이유 때문에 그들은 불순종의 나라와 관련해서는 떠돌이가 되었다.

신약의 공동체가 정치 영역에서 가져 온 시민과 외인이라는 두 가지 안티테제 이미지를 자신에게 적용한 것은 참으로 주목할 만한 일이다. 시민권은 하나님과 그의 백성과 관련해서 이해되었으며, 유리함은 세상과 관련해서 이해되었다. 기독교 공동체는 "성도들과 함께 시민이며 하나님의 가족"엡2:19이다. 그들이 한때 제외되었던엡2:12 "이스라엘 공동체"가 하나님의 새로운 가족이 되어 그 안에 지난날의 외인들이 편입되었다.

시민권 메타포는 신약에서 윤리적인 권면을 위해 유리하는 자 이미지와 똑같이 사용되고 있다. 빌립보서의 윤리 영역의 핵심으로 바울은 독자들에게 "우리의 시민권politeuma은 하늘에 있습니다. 그곳으로부터 우리는 구주로 오실 주 예수 그리스도를 기다리고 있습니다."3:20라는 말로 상기시키고 있다. 다른 문맥에서 바울은 "여러분은 오로지 그리스도의 복음에 합당하게 생활하십시오"빌1:27라는 말로 권면한다. 구체적으로, 하나님이 약속하신 미래가 원시 공동체의 삶과 증언에서 현재를 결정지었다.

초대 교회는 다음과 같은 고백을 통해 이 현실을 반영하였다. "사실, 우리에게는 이 땅 위에 영원한 도시가 없고, 우리는 장차 올 도시를 찾고 있습니다."히13:14 교회에 속한다는 것은 자신의 시민권이 더는 이 땅이 땅의 도시에 속하지 않는 것을 의미했다. 오히려 하늘^{하나님} 나라에 속해 있다. 비록 하나님의 통치가 그들 가운데 들어왔을지라도, 그들은 여전히 그것이 완성될 때까지 기다렸다. 시민권에 대한 이와 같은 이해는 1,2세기 교회에서는 뜻 깊은 것이었다. 그러나 3세기부터 점차 이 이미지의 매력과 힘을 상실하게 되었다.Schmidt, 1967:852, 주 65

흩어짐이라는 또 다른 정치적 이미지는 베드로전서 1장 1절과 야고보서 1장 1절에서 흩어져 사는 자 이미지와 밀접하게 관련되어 있다. 1세기 당시 전 세계에 걸쳐 이스라엘의 흩어짐은 이 본문에서 교회의 자기 이해를 위한 이미지가 되었다. "예수 그리스도의 사도인 베드로가 본도와 갈라디아와 갑바도기아와 아시아와 비두니아에 흩어져서 사는^{diaspora} 나그네들^{parepidēmois}인, 택하심을 입은 이들에게 이 편지를 씁니다. 하나님 아버지께서 여러분을 미리 아시고…."^{벧전1:1-2}

이 부분에 대해 야고보는 "흩어져 사는 열두 지파"란 이미지를 그의 편지의 수신자인 기독교 공동체에 적용하고 있다.^{약1:1} "열두 지파"는 이스라엘에 적용된 다른 용어들이 메시아 공동체에 적용되었던 것과 같은 방식으로 여기에서도 기독교 교회를 위한 이미지로 사용되고 있다.^{참조. 마 19:28; 눅22:30; 갈6:16} 마찬가지로, 디아스포라^{diaspora}란 단어는 열방에 흩어져 있는 유대인들에 대한 기술적 용어로 사용되었다.^{참조. 70인 역, 신28:25; 30:4} 이것은 특히 바벨론 포로 이후에 사용되었다.^{유딧 5:19; 2 마카비 1:27; 요 7:35} 이제 이 단어는 원시 기독교 공동체의 자기 이해를 표현하기 위해 차용된다.Schmidt, 1964; 102-104

디아스포라 이미지가 원시 기독교 공동체에 적용되었듯이, 이것은 또한 1세기 세계의 열방 가운데 지리적으로 흩어져 있는 신자들에 대한 단순한 언급 그 이상을 의미한다. 디아스포라 이미지는 오히려 신약 교회의 자기 이해를 반영한다. 그 자체로 떠돌이, 외국인, 망명자와 나그네와 같은 메타포의 형태로 사용된 용어들을 보완해 주는 기능을 한다.

떠돌이 예수

원시 기독교 공동체의 떠돌이 영성은 구약의 하나님 백성의 경험에 기초하고 있다. 하지만, 그것은 예수의 선교가 지닌 유리하는 속성에 대한 공동체의 기억 속에 신선한 자극을 받고 있다. 마태8:20와 누가9:58는 모두 예수의 말씀을 기록하고 있다. "여우도 굴이 있고 하늘을 나는 새도 보금자리가 있으나 인자는 머리 둘 곳이 없다." 두 경우 모두 문맥은 그를 따르는 사람 중에서 예수께서 제자로 부르시는 부분이다. 떠돌이란 단어가 사용되고 있지는 않으나, 예수께서 자신의 처지를 떠돌이로 보고 있으며, 초대 기독교 공동체는 자신의 소명을 이와 유사하게 이해했던 것이 분명하다. 마태복음 25장 35절에서 예수는 자신을 그의 참 제자들이 영접하는 나그네xenos와 동일시했다.

제4복음서에서 예수의 떠돌이 생활은 그의 제자들에게 무엇이 중요한지를 전달해 준다. 성서는 말한다. "그가 자기 땅에 오셨으나 그의 백성은 그를 맞아들이지 않았다……. 그 말씀이 육신이 되어 우리 가운데 사셨다[eskenosen, 장막을 쳤다, 거했다]. 우리는 그의 영광을 보았다. 그것은 아버지께서 주신 외아들의 영광이었다. 그는 은혜와 진리가 충만하였다."요1:11,14 후에 요한의 두 제자는 그가 예수께 "하나님의 어린양"이라고 하는 말을 듣고는 그를 따랐다. 그들은 예수께 물었다, "랍비님, 어디에 묵고meneis 계십니까?" 예수께서 대답하셨다, "와서 보아라." 그래서 "그들이 따라가서 예수께서 묵고menei 계시는 것을 보고 그날을 그와 함께 지냈다.emeinan"1:38-39 여기에서 요한이 사용한 언어는 이방 땅에서 장막에 거하는 사람의 이미지를 불러일으킨다.

요한복음 14장 2절에서 우리는 비슷한 비전을 찾을 수 있다. "내 아버지의 집에는 있을 곳^{monai}이 많다……. 내가 너희가 있을 곳^{topon}을 마련하러 간다." 어떤 사람들은 이 본문을 부유하고 권세 있는 사람들이 머무는 "대저택"^{mansion}을 말한다고 해석한다. 그러나 이러한 해석은 다른 이미지에서 그들의 해석학적 열쇠를 찾으려는 시도에 지나지 않는다.

요한계시록 21장 3절은 떠돌이 이미지에 관점에서 성육신을 이해하는 실마리를 제시해 주고 있다. "보아라, 하나님의 집^{skēnē}이 사람들 가운데 있다. 하나님이 그들과 함께 계실 것이요^{skēnōsei}, 그들은 하나님의 백성 ^{laoi}이 될 것이다. 하나님이 친히 그들과 함께 계시고." 메시아로 인해 예배 가운데 함께 모이고 그로 인해 인도함을 받는 고난 받고 떠돌아다니는 공동체가 "어린 양…. 보좌에 앉으신 이가 그들 위에 장막을 치시리니 [skēnōsei, 문자 그대로 "장막을 펼치신다."]"계7:14-15; 개역개정 이 떠돌아다니는 공동체는 구약의 하나님의 백성들이 그러했듯이 하나님의 장막에서 피난처를 찾았다.

제도화된 신앙과의 예언자적 갈등은 예수 안에서와 신약 공동체의 떠도는 삶에서 절정에 이른다. 재난과 유배에 직면한 예언자들은 하나님의 백성은 현 체제를 옹호하기 위해 땅과 성전, 혹은 민족 신학이나 야훼 자신에게 호소할 수 없다고 주장했다. 에스겔의 환상에서 야훼는 그의 성소로부터 떠나신다.$^{8:6}$ 장로들은 그가 "이 땅을 버리셨다."$^{8:12}$고 말한다. 마침내 "여호와의 영광이 성읍 중에서부터 올라" 갔다. 또한, 예레미야도 떠돌이 이미지를 사용하여 외친다. "주님은 이스라엘의 희망이십니다. 이스라엘이 환난을 당할 때에 구하여 주시는 분이십니다. 그런데 어찌하여 이 땅에서 나그네처럼 행하시고, 하룻밤을 묵으러 들른 행인처럼 행하십니까?"렘14:8

이것이 바로 예수와 원시 공동체가 취했던 예언자적 비판이다. 예수는 성전을 경외하지 않았다는 이유로 비난을 받으며 "손으로 만든" 성전은 반드시 파괴될 날이 이르리라 주장하셨다. 게다가 이스라엘의 하나님은 "손으로 짓지 않은"막14:58 성전에 거하시기 때문에 더는 빼앗기지 않을 것이다. 때로 예수는 성전의 파괴와 그곳에서 열방이 예배하지 못하게 만드는 성전 뜰의 오용에 대해 분명하게 언급하셨다.막11:15-17; 24:58; 요2:19 복음서에서 이 주제에 대한 다양한 암시들을 통해 우리는 예수의 대적자들의 고발 근거가 무엇인지를 보여준다. 비록 그것들이 편견과 오역 때문에 왜곡되었지만 말이다.

하나님의 백성들의 떠도는 삶과 구원 역사에 대해 설교행7:6, 29를 한 후 스데반은 "지극히 높으신 분께서는 사람의 손으로 지은 건물 안에 거하지 않으십니다."7:48라고 주장함으로 돌에 맞아 순교하게 되었다. "손으로 만든"이란 관용구는 구약에서는 주로 우상사2:18; 10:11; 레26:30에, 그리고 이사야 16장 12절의 칠십인 역본에서는 성전 자체에 적용되었다. 유대 종교 제도에 대한 전형epitome인 성전에 대한 스데반의 비판은 그의 청중들에게 특히나 모욕적이었음이 틀림없다.

또한, 바울은 "[하나님께서는] 하늘과 땅의 주님이시므로 사람의 손으로 지은 신전에 거하지 않으십니다."행17:24라고 말했다. 성전에 대한 이러한 비판은 신약의 히브리서에 이르러 절정에 달한다. "그리스도께서는… . 손으로 만든 성소에 들어가신 것이 아니라, 바로 하늘 성소 그 자체에 들어가셨습니다."히9:24 이러한 이미지들이 우리에게 상기시켜 주듯이, 신약성서는 교회를 하나님의 유리하는 백성으로 보고 있음이 틀림없다. 그들은 이 세상의 타락한 왕국에서는 외국인이지만 하나님이 만드신 도시의 시민이다.

초대교회의 떠돌이 이미지

2세기 교회는 계속해서 자신을 떠돌아다니는 공동체로 여겼다. 주 후

125년경 변증가 콰드라투스Quadratus가 쓴 것으로 보이는 디오그네투스 Diognetus에게 보낸 서신은 기독교 공동체의 삶과 선교를 설명하기 위해 유리하는 자 이미지를 강력하게 사용하고 있다.

> 그들은 각자 자기 나라에서 거주하지만, 외국인으로 살고 있다. 그들은 시민으로서 모든 것에 참여하며, 외국인으로서 모든 것을 참는다. 모든 외국 땅은 그들의 고향이며, 모든 집은 외국 땅이다. 그들은 다른 모든 사람처럼 결혼하며, 자녀를 낳는다. 하지만, 그들은 자기 자녀를 내다버리지 않는다. 누구를 위해서든 음식을 베풀지만, 침실만은 소중하게 간직한다. 그들은 **육신 가운데**in the flesh 살고 있음을 알고 있지만, **육신에 따라**according-ing to the flesh 살지는 않는다.
>
> 그들은 이 땅에서 세월을 보내지만, 천국 시민권을 가지고 있다. 그들은 실정법에 복종하지만 그들의 개인적인 삶에서는 법을 초월해 살고 있다. 그들은 모든 사람을 사랑하지만 모든 사람에게 박해를 받는다. 그들은 알려지지 않았으나 비난을 받고 있다. 죽임에 처하지만, 그들은 생명을 받는다. **가난하지만 모든 사람을 부유하게 한다.** 모든 것이 없으나, 모든 것에 풍요롭다. 그들은 모욕을 당하나 그러한 모욕 가운데서 영광을 찾는다. 그들은 비방을 받으나 옳았다는 것이 밝혀진다. **그들은 욕을 먹어도 (그들을) 축복한다.** 수치를 당하지만 정중하게 표현한다. 선을 행하면서도 악인으로 처벌을 받는다. 처벌을 받을 때도 생명으로 달음질하는 것이기에 오히려 기뻐한다. 유대인들은 외국인으로서 그들과 전쟁을 벌이고, 헬라인들은 그들을 박해한다. 그들을 미워하는 사람들은 그들의 증오를 해명하기 위해 어쩔 줄을 모른다. 콰드라투스? 139

떠돌아다니는 공동체라는 신분은 공동체의 삶과 선교의 모든 영역에서 그들의 행동을 결정한다. 떠돌이들의 공동체가 된다는 것은 삶을 긍정하고, 여성을 보호하며, 사회의 가난한 자들과 국외자들과 연대함으로써 지배적인 사회 가치의 흐름을 거부하며 살아가는 것을 의미했다.

1세기가 끝나갈 무렵, 떠돌이 이미지가 지역의 기독교 회중에 적용되고 있음을 알 수 있다. 클레멘트 제1서신의 서문에는 이렇게 쓰여 있다. "로마에 있는 떠돌이 삶을 사는 자들인 하나님의 교회가 고린도에서 유리하는 하나님의 교회에게 이 편지를 쓰노라."클레멘트: 229 2세기 중반 무렵, 떠돌이 이미지가 점점 더 자주 사용되는 것을 알 수 있다. 폴리캅은 빌립보 회중들을 "빌립보에서 유리하는 하나님의 교회"폴리캅: 283라는 인사말을 한다. 폴리캅의 순교사화The Martyrdom of Polycarp의 서문은 이렇게 시작한다. "서머나에서 떠돌이 삶을 살아가는 하나님의 교회가 빌로메리움에서 떠돌이 삶을 살아가는 하나님의 교회와 모든 지역에서 거룩한 공교회의 떠돌이 삶을 사는 모든 자에게 이 편지를 쓰노라"서머나: 313

신약에서 교회의 삶과 선교에 대한 자기 이해를 위한 이미지로 사용되던 것이 이제는 지역 회중을 언급하는 기술적 용어가 되었다. 이런 배경에서 헬라어 파로이코스paroikos,외국인, 유배자는 라틴어 파로키아parochia와 영어 패리쉬parish의 뿌리로, 지역 교회에 대한 호칭으로 등장한다! 콘스탄틴 시대에 접어들면서 이 용어의 의미는 원형을 찾아볼 수 없을 정도로 왜곡되고 말았다. 국가 교회의 "교구민"parishioner은 문자적 혹은 비유적 의미에서 유리하는 자와 외국인과 정반대 의미를 지닌다. 그들은 세속 사회와 조직 교회에 모두 속해 있는 정착민들이다. 자유교회에서조차도 대다수 교구민은 그들이 속한 사회에서 결코 떠돌이와 외국인이 아니다.[21]

---

21) 이와 비슷한 의미 전복이 '사역자'(diakonos)란 용어에서도 발생한다. 사역자란 일반적으로 정부와 관련된 기능을 수행하거나, 세속인인 기능 혹은 교회의 기능을 수행하는 사람이다. "그리스도인"도 이와 비슷한 의미 변형을 겪었다.

떠돌이들의 희망의 메시지

떠돌이로서의 하나님의 백성들의 선교 이미지가 갖는 의미는 신구약에서 당연한 것으로 받아들여진다. 성서에서 떠돌이의 원형인 아브라함 역시 "땅에 사는 모든 민족이 너로 말미암아 복을 받을 것이다."창12:3라는 하나님의 구원 계획을 위한 대표적 인물이다. 예수는 진정한 떠돌이로서, 그로부터 이 세상에서 메시아 공동체가 행하는 하나님의 선교적 비전뿐만 아니라 공동체의 정체성이 지닌 의미가 파생되었다. 베드로에게 있어서 하나님의 백성이라는 외국인 신분은 이 세상에서 그들의 삶과 선교에 핵심적인 요소이다.벧전2:9-11

하나님 나라의 복음은 하나님 나라 시민만이 확실하게 공유할 수 있다. 이것은 이 세상이 그들에게 떠돌이와 외국인의 신분을 부여하며, 그들은 이러한 신분을 기쁨으로 받아들인다. 이것이 세상적인 지배 체제와 악에 대해 한 공동체를 외국인으로 살게 함으로써 그 안에서 진정한 구원 복음으로 소통할 수 있도록 이끌어 준다. "하나님께로부터 하늘에서 내려오는"계21:10 도성의 시민들로서, 오직 예수의 바로 그 공동체만이 참된 소망의 메시지를 소유한다.

3장 · 가난한 사람들

가난한 사람들 이미지에는 그와 관련된 메타포와 용어들이 포함되어 있다. 전체적인 성서 문맥 속에서 살펴볼 때, 이 이미지는 신약성서에서 교회의 자기 이해를 위한 주요 범주가 된다. 구약성서에서 가난한 사람은 하나님의 특별한 관심대상으로, 그리고 신약에서는 메시아 선교의 특별 대상으로 등장한다. 성서학자들은 가난한 사람들에게 하나님께서 호의를 가지고 계심을 인식하고 있다. 그러나 그리스도인들은 이 사실이 지닌 선교적 좌표를 제대로 인식하지 못했다. 즉 "가난한 사람들"이 초기 기독교 공동체의 자기 이해를 위한 이미지였다는 사실을 간과한 것이다.

신약의 수많은 본문에서 가난한 사람들을 메시아 공동체로 동일시하는 모습을 은연중에 찾아볼 수 있다. 누가복음의 팔복지복설교에서 "너희 가난한 사람들은 복이 있다. 하나님의 나라가 너희의 것이다."눅6:20라고 말하고 있다. 성서학자들은 산상설교평지설교뿐만 아니라는 제자 공동체에게 주시는 말씀이며 따라서 최초의 기독교 공동체의 윤리와 자기 이해를 반영하고 있음을 인정한다.

가난한 사람들 이미지는 원시 교회에 적용되었던 것처럼 프토코스

ptōkos:가난한라는 용어에만 제한적으로 사용된 것은 아니다. 가난에 대한 성서적 개념은 일반적으로 "비천한", "천한", "상스러운"tapeinos 등, "온유한"과 "온유함"praus 등으로 번역되는 용어군들을 포함한다. "온유하고 겸손한" 예수는 자신의 추종자들과 제자들에게 자기 멍에를 메고 따라오라고 초대하셨다. 이것은 그의 추종자들과 제자들로서 예수를 닮아야 함을 의미했다. 때로 신자들은 이것을 개인의 경건심의 영역에만 적용하려고 한다. 하지만, 초기 기독교는 가난한 사람들, 비천한 사람들을 교회론적 자기 이해를 위한 주된 이미지로 간주했다.

로마서 15장 26절에서 "가난한"이란 용어는 "성도들"의 동의어로, 그리고 예루살렘의 초기 기독교 공동체의 이름으로 사용되고 있다.22) 야고보서에서 "세상의 가난한 사람"이 하나님께서 선택하신 공동체를 형성하고 있다.2:5 그 공동체는 "비천한"tapeinos 형제·자매들로 구성되어 있다.1:9 겸손한 자들은 하나님의 은혜의 수혜자들이다.4:6 그리고 그 공동체는 구성원들의 온유함을 특징으로 하고 있다.1:9; 3:13

초대교회의 자기 이해를 위한 이미지는 결정적으로 원시 기독교를 둘러싼 그레코-로만 배경에서는 반문화counterculture였다. 교회를 나타내는 이미지로서 가난한 사람들, 온유한 사람들, 겸손한 사람들은 현대보다도 1세기 당시에 거의 아무런 매력을 지니지 않은 용어들이었다. 사람들은 가난을 지독한 불행과 수치로 바라보았다. 가난한 사람들이 신의 특별한 보호 아래 있다는 개념은 그리스 사상에서는 낯선 것이었다. 사회적 갈등 속에서 가난한 사람들은 감히 신들의 도움을 들먹일 수 없었다.Hauck:887

겸손과 온유함에 대한 그리스의 태도도 마찬가지라고 할 수 있겠다. 간단히 말해 그리스와 로마세계에서 이러한 개념들은 덕이 아니라 악으로

---

22) 이 해서은 바멜(Bammel)이 제안한 것이다(909, 912쪽). 또다른 관점으로는 피츠마이어(1968b:867쪽)을 보라.

간주되었다. 예를 들어 아리스토텔레스는 인간의 지덕至德은 "영혼의 위대함megalopsychia", 다른 사람이 주는 모욕을 수용하지 않는 일종의 교만하고 거만한 영혼이었다. 또한, 그것은 개인적인 명예심과 자신의 권리라고 생각했다.

헬라어는 일반적으로 타페이노스tapeinos를 비천하고도 비열하며 하찮은 것을 뜻하는, 부정적이고도 천한 의미로 사용했다. 그들은 사람이 의도적으로 자신을 비하하는 것을 감히 상상조차 못했다. 헬라인들은 자신의 능력을 발휘할 수 없을 때에만 겸손해야 한다고 이해했다. 신약에서 바울과 베드로는 종종 "겸손"tapeinophrosunē, 문자적 의미로는 겸손한 마음으로 번역되는 이 단어가 지닌 특성을 권장했다. 반면 헬라인들에게 이것은 나약함, 악함, 소심함을 의미했다.Grundmann:1-26

원시 교회의 자기 이해의 필수 요소로서 가난 혹은 겸손에 대한 성서적 이미지는 1세기 당시 교회가 선교에서 직면했던 지배적인 문화적 가치와 충돌하였다.

구약에서의 "가난한 사람들" 이미지

히브리인들은 인간에 대해 헬라 사상과 전혀 다른 개념을 가지고 있었다. 왜냐하면, 그들은 구약은 겸손함과 온유함의 특성에 대해 훨씬 더 긍정적인 태도를 보이고 있었기 때문이다. 히브리인들에게 있어서 하나님의 백성들은 야훼와 관련해서 그의 자비로운 언약의 대상으로 살아간다. 따라서 애오라지 복종과 겸손함, 온유함만이 그에게 보일 수 있는 유일한 응답이다.

이러한 생각은 특히 이사야서에서 발전해 있었다. 약속된 메시아의 평화로운 통치는 겸손한 자, 온유한 자와 가난한 자에게 주시는 하나님의 선물이다. 구원을 위해 그들이 할 수 있는 유일한 선택은 오직 하나님만을 신뢰하는 것이다. 이 백성은 거만한 자, 난폭한 자, 부자, 교만한 자들과 대조되는 인물들이다. 사2장 메시아 통치는 가난한 사람들 사이에서 이루어지는 의로움이요 온유한 자와 겸손한 자들을 위한 형평성으로 기술된다. 11:4 하나님의 백성은 가난한 사람들이며 시온에서 자신의 피난처를 찾는 고난 받는 자들이다. 14:32 하나님의 도성은 그의 백성, 가난한 사람들과 불쌍한 사람들을 위한 요새다. 25:4 제2 이사야의 예언자적 환상에서 이 관점은 더욱 진일보한다. 하나님의 겸손하고도 고난을 받는 백성들은 그의 자비와 긍휼을 경험한다. 49:13 하나님은 겸손하고도 가여운 사람들과 평화의 언약을 맺으신다. 54:10-11 하나님이 약속하신 메시아를 통한 구원은 겸손한 사람들의 유산이 될 것이다. 66:2; Grundmann:10

히브리어 프토코스ptōkos는 주로 사회적인 고통보다는 관계성을 표현한다. 그들은 야훼와 공동체에 의존할 수밖에 없는 상황에 처해 있다. 가난함에 대한 반의어는 부유함이 아니라 폭력이다. Bammel:888 사실 가난이란 용어는 도덕적이고도 영적인 의미를 전달하며, 겸손함과 온유함과 밀접한 관련이 있다. 시18:27 가난한 사람이란 생존을 위해서 선택할 수 있는 유일한 대안은 언약 공동체 안에서 야훼를 신뢰하는 것 외에는 다른 대안이 없던 이스라엘 백성이었다.

가난한 사람들에 대한 구약의 태도를 크게 두 가지로 보충설명할 수 있다. 첫째는 가난한 사람이란 야훼의 특별한 관심 대상으로 묘사된다. 따라서 그들은 이스라엘의 관심 대상이어야 한다. 그리스의 신들과 달리 야훼는 가난한 사람들의 보호자요 그의 백성은 인간의 고통을 완화하기 위해 고안된 제도에 의해 인도된다. 두 번째로 예언자들은 부자들과 권력자들의 불의에 대해 강력하게 규탄하면서 가난한 사람들을 하나님의 백성과 동일시하려는 경향을 지닌다. 야훼의 강력한 구원 행위로 말미암아 이집트에서 구원받은 백성들은 가난한 백성들로, 그들이 가진 유일한 소망은 구원과 생존을 위해 오직 야훼를 신뢰하는 것이었다.암2:10이하; 출22:21; 23:9 이사야 3장 15절의 시적 평행구절은 "가난한 사람들"과 "나의 백성"을 동일시하고 있다. 참조 사10:2; 14:32

하나님의 백성을 가난한 사람으로 보는 것은 스바냐 3장 11b-12절에서 분명하게 진술되어 있다:

> 그때에 내가 거만을 떨며 자랑을 일삼던 자를 이 도성에서 없애 버리겠다.
> 네가 다시는 나의 거룩한 산에서 거만을 떨지 않을 것이다.
> 그러나 내가 이 도성 안에 주의 이름을 의지하는
> 온순하고 겸손한 사람들을 남길 것이다.

이사야 29장 19절에서도 같은 환상이 반영되어 있다. "천한 사람들이 주님 안에서 더없이 기뻐하며 사람들 가운데 가난한 사람들이 이스라엘의 거룩하신 분 안에서 즐거워할 것이다." 시편 37편에는 하나님께서 약한 자, 거만한 자, 난폭한 자에 맞서, 온유한 자, 가난한 자, 의로운 자를 지켜주신다고 말씀하신다. 유배로부터 귀환 후 예언자들은, 가난하고 고난받는 하나님의 백성들은 장차 궁핍함과 억압, 폭력의 두려움으로부터 해방될 것이라고 진술하고 있다.54:11-17

신구약 중간기에는 전쟁으로 말미암은 고통 때문에 사회의 균열이 심하게 일어났다. 가난이라는 에토스는 유대 사회의 더 부유함이라는 개념과 첨예하게 대립, 발전했다. 이 땅에서의 가난한 사람들'am ha'arets:암하레츠의 운명은 거의 견딜 수 없을 지경에 이르렀다. 랍비 사회에서 가난한 사람들을 이상화하려는 일부 시도가 있긴 했지만, 전반적으로 그들의 고통을 경감시켜주지 못했다. 그들이 가질 수 있었던 최선의 소망은 자발적 자선 행위였다. 1세기 유대교는 사람들을 계급으로 나눔으로써 사회,

경제적 차별을 일으켰고, 그것을 당연시하였다. 포로가 이후 가난한 사람에 대해 부정적인 태도가 팽배해졌고, 가난은 불행이나 더 나아가 신의 저주로 여겨졌다. 이것이 바로 신약성서에서 나타난 사회경제적 환경이다. Bammel:899-902

가난한 사람들 - 메시아 선교의 대상

가난한 사람들을 메시아의 구원 대상으로 바라보는 신약의 비전을 이해하기 위한 중요한 본문이 바로 누가복음 4장 18절과 7장 22-23절과 그 평행구절인 마태복음 11장 5-6절에 나타난다.

> 주님의 영이 내게 내리셨다.
> 주님께서 내게 기름을 부으셔서,
> 가난한 사람에게 기쁜 소식을 전하게 하셨다.
> 주님께서 나를 보내셔서, 포로된 사람들에게 해방을 선포하고,
> 눈먼 사람들에게 눈 뜸을 선포하고,
> 억눌린 사람들을 풀어 주고,
> 주님의 은혜의 해를 선포하게 하셨다. 눅4:18-19

이사야 61장 1-2절을 자유롭게 인용한 이 본문은 예수의 메시아 사역을 소개하기 위해 누가가 사용한 것이다. 따라서 이 구절은 메시아 선교의 본질을 이해하기 위해 열쇠를 제공하고 있다. 병렬구조는 히브리 시의 특징 중 하나로, 여기에서는 3-6행이 평행을 이루고 있음을 알 수 있다. 치유와 해방의 복음이 가난한 사람들에게 임하였는데, 여기에서 그들은 포로된 사람들, 눈먼 사람들과 가난한 사람들로 묘사되고 있다.

메시아 구원의 여섯 가지 표징은 마태복음 11장 5절에 열거되어 있다.

"눈먼 사람이 보고, 다리 저는 사람이 걸으며, 나병 환자가 깨끗하게 되며, 듣지 못하는 사람이 들으며, 죽은 사람이 살아나며, 가난한 사람이 복음을 듣는다." 하지만 분명한 것은 방점이 마지막 구절에 있다는 사실이다. 단순히 이 구절이 인용구절의 결론이기 때문만이 아니다. 그것은 이 구절이 구원의 모든 표징 중에서 걸림돌이 되는 유일한 구절이기 때문이다.11:6 가난한 사람들에게 베푸시는 하나님의 구원은 실제로 예수의 선교에서 걸림돌이 되는 요소였다. 가난한 사람들이 복 받은 자라고 선포하는 것마5:3; 눅6:20은 1세기 유대교, 특히 기성종교체제에서는 모욕적이었다. 따라서 예수와 가난한 사람들에게 행하시는 그의 선교 때문에 실족하지 않는 자들이 복이 있다마11:6고 선언했다.

그리스도께서 행하신 구원 사역의 분명한 대상인 가난한 사람들은 누구일까? 우리는 구약에서 야훼의 특별한 구속적 관심대상이었던 가난한 사람들이 이 무리에 포함되었다고 확신할 수 있다. 그들 가운데는 경제적인 의미에서 실질적으로 궁핍한 사람, 이스라엘에서 기업이 없는 사람들, 따라서 경제적 지원 수단이 전혀 없는 사람들이 있었다. 이 범주에는 일명 겸손한 사람, 연약한 사람, 고난당 하는 사람, 온유한 사람과 비천한 사람들이 포함되었다. 고대 이스라엘에서 나그네, 과부와 고아들 또한 야훼의 특별한 관심 대상이었다. 장래 일과 보호, 온전한 의미에서 구원을 위해 오직 하나님께만 소망을 두는 사람들이 포함되어 있다.

예수께서 함께하셨던 가난한 사람들에 대한 이해가 복음서마다 서로 유사하게 묘사된다는 사실은 그리 놀라운 일이 아니다. 가난한 사람들은 글자 그대로 경제적 궁핍으로 고난을 받는 사람들을 가리킨다. 이스라엘의 일부 가정은 자신들의 기업을 상실했고, 불안정한 경제상황에 처한 많은 사람이 부자들에게 자신들의 노동력을 팔 수밖에 없었다. 그들에게 "주님의 은혜의 해"의 선포는 좋은 소식이었음에 틀림없다.눅4:18; 희년, 레25

장; 요더, 『예수의 정치학』 반면 나사렛 회당에 참석했던 일부 사람들에게는 나쁜 소식이었다.눅4:28-29

　복음 때문에 가난한 사람들이 하나님 나라로 들어오게 된 동시에 그것이 걸림돌로 작용했다. 가난한 사람들은 예수의 대적자들이 "세리", "창녀", 그리고 "죄인들"이라 불렀던 사람들을 포함하고 있다.마11:19; 21:31-32 이 사람들은 가난한 사람들로 분류되었는데, 이는 단순히 그들이 하나님의 율법을 어겼던 악명 높은 사람들이었기 때문이 아니라, 오히려 공동체의 존경받는 구성원들이 그들에게 손가락질함으로 여론이 그들을 향한 모든 문을 차단하게 하였기 때문이었다. 또한, 자신들의 직업이 유대 제의법을 지키는 것을 불가능하게 만들었던 직업의 소유자들도 가난한 사람들에 포함되었다. 무두장이, 목동, 환전상과 세리들이 그와 같은 사람들이었다.

　신약에서 "작은 사람들"마10:42; 18:10,14; 막9:42, "지극히 보잘 것 없는 사람"마25:40,45, "어린아이들"마11:25, "나그네", "헐벗은 자", "병든 자"와 "감옥에 갇힌 자"마25:31-46라고 불리는 사람들도 가난한 사람들의 범주에 포함되었다. 또한 "가난"은 이방 세계를 이해하는데 핵심 용어로, 그들은 구약의 과부와 눅4:24-27의 나병환자와 같은 그리스도의 선교의 직접적인 대상인 아웃사이더들이었다.

　누가복음14:15-24은 예수의 큰 잔치 비유를 일반적으로 종말론적 메시아 잔치로 묘사했다. 인간 역사의 종말에 대한 유대교적 기대 속에서 그 잔치는 회복된 하나님의 구속의 통치의 최고 절정을 보여준다. 비유에 따르면, 바로 하나님의 집에서 가난한 사람들과 버림받은 사람들이 마침내 사귐fellowship을 찾게 된다. 이 비유가 제시해 주는 세 가지 초대는 분명히 메시아적 메시지의 직접적인 대상이 되는 다양한 그룹에 대한 알레고리적 언급들이다.

첫째, 유대교는 종교-정치 지도자들로 표현된다. 그들은 자기 잇속만 차리는 권력, 부와 쾌락과 같은 일시적인 용무에 깊이 몰두하고 있었기 때문에 메시아 왕국에 참여하라는 초대를 거절하였다.참조 눅8:14

두 번째 초대는 단언컨대 복음서에 기술된 메시아 선교를 언급하고 있다. 이것은 "가난한 사람들과 지체에 장애가 있는 사람들과 눈먼 사람들과 다리 저는 사람들"14:21에게 향해 있다. 이것은 예수의 사역에 대한 누가복음 기사 전체에 걸쳐 흐르는 모티프다.눅4:18-21; 7:22; 14:13; 마15:30-31, 참조 요5:3 공식 유대교에 따르면 예수는 가난한 사람들, 버림받은 사람들과 구원 영역 밖에 있는 사람들을 위해 사역하셨다. 그들이 바로 예수의 말씀을 기쁨으로 듣고 무한한 기쁨으로 좋은 소식을 받아들이는 자들이다.

세 번째 초대는 "큰길과 산울타리" 주변에 사는 사람들을 향한 것이다. 눅14:23 도성 밖에 거하는 사람들은 이방인들로 그들 또한 예수의 긍휼의 대상이며, 이후 사도들의 선교의 대상이었다.참조 눅4:24, 27

"가난한 사람들과 지체에 장애가 있는 사람들과 눈먼 사람들과 다리 저는 사람들"눅14:21은 유대교 내에서는 버림받은 자들이다. 공식 유대교에 따르면, 그들은 경제적인 의미에서 가난한 사람들뿐만 아니라 구원의 울타리 바깥에 거하면서 사회적, 영적으로 모든 소망을 상실한 사람들을 이 범주에 포함하였다. 구원을 위한 그들의 유일한 소망은 공식 체제의 범위를 넘어서서 하나님의 긍휼하신 섭리만을 신뢰하는 것이었다.

"가난한 사람들"은 유대교의 아웃사이더 외에도 이방 세계, 즉 그리스도의 선교의 궁극적 대상을 가리키는 핵심 용어이다.눅4:24-27; 24:27 이것이 누가복음 14장 12-24절에 나오는 집주인과 큰 잔치 비유가 주는 교훈의 핵심이다. 두 비유 모두 "가난한 사람들과 신체에 장애가 있는 사람들과 다리 저는 사람들과 눈먼 사람들"14:13,21과 아웃사이더14:23가 마침내 종말론적 메시아 잔치의 손님이 될 것이다. 그들은 아버지의 집에서 사귐을 찾게 될 것이다.

가난한 사람들의 범주에는 경제적으로, 사회적으로, 문화적으로, 그리고 종교적으로 혜택을 받지 못하는 모든 사람이 포함되었다. 그러한 사람들은 권력자들과 부자들, 그리고 사회에서 널리 인정받는 종교 그룹에 의해 경멸의 대상이 되었다. 도덕적 다수moral majority의 주장을 따르면 가난한 사람들은 종교 문제에 무지하고 도덕적 진지함이 결여되었기 때문에 구원에 이르는 길이 차단된 것이라고 보았다. 그러나 예수는 "수고하며 무거운 짐을 진 사람"들에게 쉼을 주셨다.마11:28

예수는 구약의 예언자적 비전에서 그랬던 것처럼 가난한 사람들의 범주에 고통, 연약함, 절망과 상실을 겪는 사람들을 포함했다. 가난한 사람들은 궁핍한 사람들, 굶주리는 사람들과 목마른 사람들, 벌거벗은 사람들과 나그네, 병자들과 감옥에 갇힌 사람들, 애통하는 자들, 무거운 짐 진 사람들, 나중된 자들과 가장 보잘것없는 사람들과 죄인들이다.Jeremias, 1971:108-113을 보라

프토코스는 누가복음과는 달리 사도행전에서는 나타나지 않는다. 그러나 이것이 예수의 메시아적 선교의 비전이 초기 공동체에서는 지속되지 못했다는 것을 뜻하는 것은 아니다. 정반대로, 누가복음 14장의 잔치 초대 비유의 "가난한 사람들"인 이방인들은 사도들의 선교의 일차 대상들이다. 또한, 초대교회는 사회적, 종교적으로 버림받은 사람들뿐만 아니라 경제적으로 가난한 사람들을 향한 선교를 진지하게 받아들였다. 제자들은 예수와 함께했던 공동 식사를 계승함으로써 사회적, 경제적 차별을 철폐하는데 이바지했다.행4:32-34 열두 사도와 이후 일곱 집사의 식탁 봉사 diakonein와 과부를 위한 사역, 개개인의 재산 나눔에 대한 책임은 공동체가 가난한 사람들에 대한 구체적인 관심이란 측면에서 볼 때 당시 회당의

수준을 훨씬 넘어섰음을 보여주는 대목이다.^Bammel:912

바울은 이방인 선교를 수행하면서, 누가가 해석했던 대로^4:18-25; 14:15-24 가난한 사람들을 향한 메시아적 선교를 계속 이어나갔다. 예수의 사역과 동일선상에서 "가난한 사람이 복음을 듣는다."^눅7:22 그러나 바울과 그의 동역자들은 넓은 의미에서 가난한 사람들로 대표되는 이방인들에게만 나아갔던 것이 아니다. 고린도전서 1장 27절과 고린도후서 8장 2절과 같은 본문으로 판단컨대 선교 현장에서 바울과 그의 동료는 예수의 진정한 전통을 계승하여 경제적, 사회적, 문화적, 종교적으로 혜택을 받지 못하는 사람들에게 직접 메시지를 전하였다.

가난한 사람들-메시아 공동체의 지표

구약성서에는 하나님의 백성들은 구약의 일부 예언서에서 언급하는 가난한 사람들과 같은 시각으로 바라보고 있다. 이 비전은 신약의 메시아와 메시아 공동체 서술에서 강조된다. 예수는 가난한 사람으로 묘사되고 있다. 예수의 어린 시절 이야기, 특히 누가복음에서 가난한 사람들에 대한 하나님의 관심과 그들과 동일시하는 예수의 모습이 강조되어 있다.[23] 복음서는 예수를 정해진 거처도 없는 찢어지게 가난한 사람이자, "세리와 죄인의 친구"로 제시하고 있다.^눅7:34; 9:58

이것은 바울이 고린도후서 8장 9절에서 호소하는 전통과 일맥상통한다. "여러분은 우리 주 예수 그리스도의 은혜를 알고 있습니다. 그리스도께서는 부요하나 여러분을 위해서 가난하게 되셨습니다. 그것은 그의 가난으로 여러분을 부요하게 하시려는 것입니다." 이 구절에서 "부요하다."

---

23) 이것은 마리아 찬가(the Magnificat: 눅1:46-55)와 예수 탄생에 대한 긴박감 속(2:1-7)에서, 제의에 있어서 불결한 자들인 목자들에 들린 탄생 소식(2:8-21)과 정결예식에서 가난한 자들이 드리는 제물(비둘기 두 마리:2:22-24)에서 나타난다. 마태복음에서 나타난 족보에 언급된 다섯 명의 여인들(다말, 라합, 룻, 우리아의 아내와 마리아)은 추방된 자들(outcast)이자 가난한 사람들이었다.

라는 단어는 은유적으로 해석되어야 하지만, 예수께서 가난해지셨다는 것을 초대교회가 문자적으로 이해하지 않았다고 주장할 근거는 없다. 마찬가지로, 빌립보서 2장 6-8절은 예수가 비움과 겸손에 자신을 자발적으로 내어 드린 것을 찬양하고 있다. 이것은 그리스도의 두 본성신과 인간에 대한 사유에 근거한 것이 아니라 예수가 가난한 사람으로서 그들 가운데 사셨다는 사실에 근거한 것이다.

마태복음5:1-12과 누가복음6:20-26에서 팔복은 가난한 사람들에 대한 언급으로 시작한다. 이것은 메시아 공동체를 서술하는 근본적인 지복이 확실하다. 다음의 팔복은 이러한 기본적인 특징을 상세히 설명하고 있다. 이 용어의 성서적 사용에서 고난당하는 자, 배고픈 자, 온유한 자, 핍박을 받는 자는 모두 가난한 사람이란 범주에 포함된다. 팔복을 공동체의 여덟 개의 독립된 특성으로 이해하기보다 하나님 나라를 상속받는 메시아 공동체는 필수적으로 가난하다고 이해해야 한다. 그래야, 팔복에서 나타난 가난한 사람들의 공동체의 본질과 선교를 제대로 이해할 수 있다.

마태복음과 누가복음에서 메시아 공동체는 "가난한 사람들"과 동일시되고 있다. 이것은 특히 누가복음에서 확연히 드러난다. "너희저자 강조 가난한 사람들은 복이 있다." 원문에서 예수의 추종자들과 누가복음이 낭독되던 당시 공동체는 모두가 "가난한 사람들"과 동일시된다. 마태복음 판에서도 똑같다. 산상수훈에서 예수의 가르침은 제자들을 향해 있고마5:1-2, 그다음에는 최초의 복음서가 낭독되던 기독교 공동체에 들려지고 있다.

사람들은 종종 팔복에 대한 누가복음과 마태복음의 차이를 지적한다. 누가복음에서 이 언급은 경제적으로 궁핍한 사람들이란 의미에서 가난한 사람들을 향하고 있음이 분명하다. 마태복음에서 이 언급은 더욱 겸손한 사람들, 하나님 앞에서 가난한 사람들이라는 폭넓은 성서적 의미를 지닌다. 예수께서는 이사야 61장 1-2절을 사용하여 그의 메시아 선교를 가난한 사람들에게 좋은 소식을 전하는 것임을 밝혔다. 따라서 그는 그 용어를 "고난당하는 사람들", "마음 상한 사람들", 과 "포로된 자들"을 포함하는 것으로 이해했다. 예수는 "가난한 사람들"을 광범위하고도 포괄적으로 이해했다. 그가 경제적으로만 재산을 몰수당한 사람들만을 언급한 것이 아님은 거의 틀림없다. 또한, 그가 그 용어를 겸손한 사람만을 의미하기 위해 영성화하지도 않았다. 우리는 다음과 같은 방식으로 두 번역 사이의 차이를 설명할 수 있을 것이다. 마태는 영적인 교만에 빠질 위험이 있는 바리새파적 유혹에 직면해 있던 공동체에 글을 쓰고 있었던 반면, 누가는 억압으로 고통받는 공동체를 향해 설교했던 것이다. 두 본문은 예수의 의도가 지닌 상반된 두 측면을 충실하게 반영하고 있다.Jeremias, 1971:112-113

마태복음 11장 28-30절을 보면 예수는 "온유하고 겸손"했으며, 이러한 특성이 예수 공동체의 특징이었음을 보여주고 있다. 마태복음에서 예수는 "수고하며 무거운 짐을 진" 모든 사람이 자기에게 나아오도록 초청하신다. 이 내용은 가난한 사람들에게 복음을 전하는 것이 메시아 선교의 핵심이라고 밝히고 있다.11:5 "가난한" 사람들에는 폭력과 무력으로 하늘나라를 차지하려는 사람들을 포함한다.11:12; Jeremias, 1971:111-112 즉 "세리와 죄인들"11:19, "두로와 시돈"의 이방인들11:22, "어린 아이들"11:25, 그리고 마지막으로 수고하고 무거운 짐을 진 사람들11:28이다. 이 장은 복음이 가난한 사람들의 공동체에 전해지고 있음을 보여준다.

갈라디아서 2장 10절과 로마서 15장 26절에서 나타나 있는 "가난한 사람들"이란 용어는 예루살렘의 기독교 공동체의 호칭이라고 봐도 무방하다.Bammel: 909쪽, 24) 우연히 가뭄, 흉년과 안식년이 겹치면서 주 후 47년부터 49년 사이 유대 전역에는 기근이 만연하게 되었다.Jeremias, 1969:142-143

---

24) 피츠마이어는 이러한 해석에 반대한다(1968a:784쪽; 1968b:867쪽).

그러나 이것을 약 10년 후 로마서가 저술될 당시 예루살렘에 사는 성도들을 "가난한 사람들"이라고 설명하는 것은 무리가 따른다. "가난한 사람들"은 예루살렘의 최초 기독교 공동체의 자기 명칭 중 하나였을 것이다.

야고보서 2장 5절에서는 가난한 사람들을 하나님께서 선택하신 자들로 설명하고 있는데, 이는 팔복 중 첫 번째 내용을 강력하게 연상시킨다. 가난한 사람들은 하나님 나라의 상속자들이다. 기독교 공동체를 설명하기 위해 야고보는 성서적 의미를 폭넓게 지닌 "가난한"이란 단어와 다른 용어들을 사용하고 있다. 야고보서에서 타페이노스tapeinos, 형태가 약간 다르지만가 네 번 나타난다. 하나님의 은혜는 겸손한 사람들에게 주어진다.⁴:⁶ 온유함이란 단어가 두 번 사용되는데, 이는 하나님의 백성들이 가져야 할 올바른 자세다. 야고보서는 가난, 온유함, 겸손이라는 독특한 특성이 무너지기 시작했던 공동체의 상황을 반영하고 있는 것처럼 보인다. 부자들과 권력자들이 교회 안으로 들어오기 시작했던 것이다.Bammel: 911

프토코스ptōkos가 "가난한 사람들"로서의 교회를 명명하기 위한 유일한 용어는 결코 아니다. 일반적으로 "비천한", "겸손한", 혹은 "겸손" 등으로 번역되는 타페이노스 용어군은 신약성서에서 대략 30회 정도 사용된다. "온유한" 혹은 "온유" 등으로 번역되는 프라우스praus 용어군은 약 15회 정도 나타난다. 프토코스를 포함해 이런 용어들은 모두 성서에서 포괄적 의미인 "가난한 사람들"을 언급한다. 그것들은 초기 기독교 공동체가 자신을 "가난한 사람들의 공동체"로 이해했었다는 상당히 소중한 증거를 제공하는 것이다. 참으로, 가난과 겸손에 해당하는 용어들은 거슬러 올라가면 같은 히브리어 어근과 개념에서 나온 것임을 알 수 있다.Bammel: 910, 주 237

예수로부터 힌트를 얻은 사도들은 "가난한 사람들의 공동체"를 공동체의 핵심 본질로 취해야 한다고 강조하였다. 그들은 겸손과 온유함이란 용어로 자신들의 관계성을 주문함으로써 이런 일을 행할 수 있었다. 바울은 스스로를 "가난"고후6:10하고도 "겸손"행20:19하다고 언급했다. 그는 선교할 때 개척했던 공동체들에 똑같은 태도와 행위를 취해달라고 요구했다. 빌립보서 2장 3-8절에서 바울은 겸손을 공동체의 특징으로 밝히고 있으며 그들이 따라야 할 모델로서 예수 그리스도에게 강력하게 호소하고 있다. 에베소서 4장 1-2절에서는 겸손과 온유함이 교회의 소명의 본질 그 자체에 응대하는 기독교 공동체의 본질적인 특징으로 나타난다.

예수의 모본과 가르침에 토대를 둔 겸손에 대한 사도들의 호소는 긴박감을 전달하고 있다. 그 호소는 공동체의 자기 이해의 본질 그 자체와 관련되어 있다.벧전 5:5-6; 약4:6,10; 빌2:3-8; 엡4:1-2

교회의 선교가 갖는 함축성

가난한 사람들로서의 교회의 이미지는 교회의 선교를 어떻게 이해해야 할지를 암시하고 있다. 열두 제자에게 내린 예수의 선교 명령마10장과 예수 자신의 메시아 선교에 대한 설명11:5-6은 서로 맞아떨어진다. 그것들은 가난한 사람들에게 복음을 전하는 것으로 요약될 수 있다. 이것이 바로 예수께서 자신의 제자들에게 수행하라고 명했던 선교였다. 좋은 소식은 "하늘나라가 가까이 왔다."10:7라는 메시지다. 이것은 바로 "복음"이다.9:35 제자들이 감당한 선교에서 가난한 사람들은 "길 잃은 양 떼인 이스라엘 백성"10:6이요, 병자들, 죽은 자들, 나병 환자, 귀신 들린 사람들10:8이다. 그들은 모두가 복음서에서 가난한 사람들이라고 불린다. 예수의 선교는 가난한 사람들을 향한 것마11:5; 참조 9:18-33이었고, 이것은 제자들이 위임받은 것과 같은 선교다.

가난한 자로서as 교회와 **가난한 자들에게**to 복음을 전하는 교회는 기독교 선교의 위치를 말해 주는 두 가지 근본적인 좌표다. 교회가 권력과 특권, 재물에 대한 시험에 빠진다면 온전히 하나님 나라의 복음을 전할 수 없을 것이다. 이유는 복음의 온전한 메시지가 퇴색해지기 때문에 그렇다는 것이다. 그렇게 되면 가난한 사람들은 메시지 속에서 하나님 나라의 복음을 깨달을 수 없다.

최근의 신학과 선교학은 교회가 가난한 사람들을 위한 존재가 되어야 한다고 강력하게 부르짖어 왔다. 교회가 주님을 신실하게 믿는다면 가난한 사람들을 선택해야만 한다. 그러나 교회의 정체성의 핵심 요소인 가난한 사람들 이미지는 가난한 사람들을 위한for, 가난한 사람들의of 교회에 의해서만 온전히 구현될 수 있음을 상기시켜 준다.

이것가난한 사람들로서의 교회-역자주은 예언자들이 이스라엘에게 "광야로 돌아가라"고 명하면서 마음속에 품고 있었던 것이었다. 이 일은 성육신 사건에서 일어났다.고후8:9; 빌2장 예수는 최초의 메시아 공동체를 이것에 초청하셨다.마16:24-25; 19:21,27 이것이 1세기 교회가 이해했던 자기 정체성이다.눅6:20-22 또한, 일반적으로 전체 기독교 역사를 통해 나타난 급진적 갱신 운동이 자신을 그렇게 이해했다.25)

"가난한 사람들"로서의 정체성을 상실하게 되자 교회는 "가난한 사람들을 선택하려고" 노력해 왔다. 그러나 그러한 교회의 선교적 노력은 팔다리가 잘린 복음을 전하고 말았다. "가난한 자로서의" 교회가 "가난한 사람들"에게 복음을 전하는 교회가 되면 교회의 선교사업은 예수의 원계획을 무의미하게 희화화하는 우를 범하고 말 것이다.

---

25) 주목할 만한 사실은, 어떤 경우에 초대교회는 "가난한 사람들"과 "겸손한 사람들"로 불렸다.

선교적 교회에 대한 성서의 이미지

새로운 질서 이미지

4장_ 하나님 나라
5장_ 새로운 창조
6장_ 새로운 인류

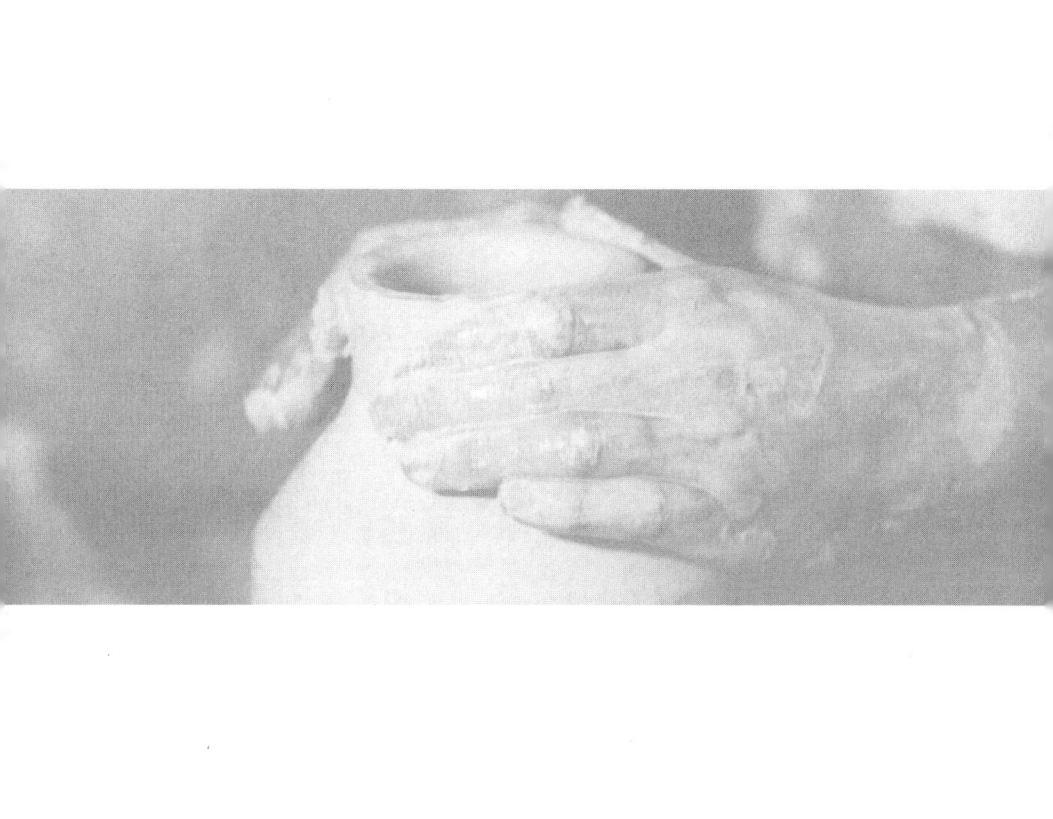

4장 · 하나님의 나라

하나님의 나라는 성서가 바라본 하나님의 구원 역사를 이해하는데 있어서 중요한 이미지이다. 이 개념은 이스라엘을 부르신 사건에서 가장 먼저 등장하며, 그 후에는 메시아의 구속 사역에서, 그리고 최종적으로는 메시아 공동체인 교회의 삶과 선교에서 등장한다. "왕국"kingdom이란 용어는 신약성서 전반에 걸쳐 나타나지만, 그것은 대부분 공관복음서에서 가장 주된 역할을 감당하고 있다.[26]

사복음서는 이구동성으로 예수께서는 하나님의 나라를 선포하기 위해 오셨다고 증언하고 있다. 하나님께서 이 세상에 보내신 메시아로서, 그분이 감당할 선교적 사명은 근본적으로 다음과 같다: 하나님의 나라와 하나님의 의righteousness를 선포하는 것. 예수께서 백성들 가운데서 계심으로, 그들은 과거에는 결코 경험해 보지 못했던 하나님의 나라를 분명하게 엿볼 수 있게 된 것이다. 드라이버,1993b:65-69를 보라

비록 예수의 메시아 선교가 본질적으로는 "하나님의 나라를 선포하는

---

[26] 신약성서에서 바실레이아(basileia)는 대략 다음과 같은 횟수로 등장한다. 마태복음 51회, 마가복음 16회, 누가복음 41회, 요한복음 5회, 사도행전 8회, 바울서신 14회, 히브리서와 공동서신 4회, 요한계시록 4회.

것"이었지만, 신약의 그 어느 곳에서도 이 용어의 의미에 대해 명쾌하게 정의하는 것은 아니다. 하지만, 예수의 청중들은 이 개념을 익히 알고 있었던 것이 분명하다. 비록 "하나님의 나라"란 구절이 구약에서는 좀처럼 등장하지 않지만, 야훼의 왕권에 대한 개념은 고대 이스라엘의 삶 구석구석에 스며들어 있었다.27)

성서에서 하나님의 나라는 하나님의 구원 전략을 이해하기 위해, 그리고 교회의 본질과 선교적 사명을 파악하는 데 있어서 일차적으로 중요한 이미지이다. 그러나 다양한 이유 때문에 교회는 하나님께서 원하시는 교회의 삶과 선교적 사명을 점차 간과하거나 오해하기 시작했다. 성서학자들은 예수께서 하나님 나라를 선포하기 위해 오셨음을 제대로 관찰해 왔다. 하지만, 어찌 된 일인지 교회가 하나님 나라를 대신해 등장했으며, 따라서 교회의 선교는 그리스도를 선포하는 것이라고 많은 사람이 결론을 내렸다. 하지만, 메시아를 선포하는 것이 곧 하나님께 기름 부음 받은 주님이 다스리는 나라를 선포하는 것이란 이 명제는 기껏해야 이것은 반쪽짜리 진리에 불과할 뿐이다. 왜냐하면, 이 명제에는 한 가지 딜레마가 있기 때문이다. 다시 말해 예수의 선교 전략과 비전이 모호하다거나 통일성이 빠져 있기 때문이 아니라, 교회 안에 존재하는 콘스탄틴의 유산을 반영하고 있기 때문이다.

전통적 가톨릭은 하나님의 나라를 일정 부분 승리감을 만끽하는, 로마 제국 안에 세워진 거룩한 공회Holy Catholic Church와 실제로 동일시하였다.

---

27) "하나님 나라" 또는 "하나님의 통치"라는 성서적 용어는 "왕국"이라는 세속적 의미를 지닌 용어 때문에 오해받기 십상이다. 한스 큉은 하나님의 나라를 이 세상에서의 "하나님의 대의"라 간명하게 정의한다(1976a:215쪽). 브루스 칠턴은 하나님 나라는 사실상 "하나님께서 능력으로 오신다"는 뜻이라고 제안했다(126쪽) "나라"(Kingdom)는 근본적으로 정치적 용어이며, 다양한 사회적 관계를 내포한다. "하나님 나라"는 새로운 사회 질서, 즉 특정 지리적 영역을 언급하기 보다는 하나님의 새로운 질서를 언급한다. 시내산에서 자기 백성을 통치하기 위해 오시는 야훼에 대해 우리는 증언한다. 예수의 하나님 나라 선포에서 하나님의 구원 역사가 메시아의 인성과 언행에 현존함을 인식한다(눅11:20; 참조 마 12:28). 메시아의 복음 선포에서 핵심 요소는 "너희의 하나님이 통치하신다"라 할 수 있다(사52:7).

그렇게 되자 하나님의 백성에게 성서적인 하나님의 선교를 고취하는 이미지의 힘이 제거되고 말았다.

개신교 전통에서는 복음Gospel을 무시하고 "오직 믿음에 의한 구원"으로만 바울의 저술들을 읽기 시작했다. 이것은 일정부분 구원에 대한 개인주의적 이해에, 그리고 크게는 비가시적인 것이 참된 교회라는 관점에 이바지했다. 그러한 관점은 하나님 백성의 상상력을 고취하는 교회의 생명력과 권세로부터 하나님 나라kingdom 메타포를 제거하게 된다. 이러한 상황에서 하나님 나라 이미지는 간과될 수밖에 없거나 혹은 전체적으로는 내면의 영적인 영역이나 미래적 차원으로 변형될 수밖에 없다.

그러나 20세기를 지나오면서 우리는 일부 교회에서 하나님 나라 이미지에 관심을 갖고 있는 주목할 만한 부흥을 목격하였다. 요한 크리스토프 블룸하르트1805-1880와 크리스토프 프리드리히 블룸하르트1842-1919는 하나님 나라에 대한 괄목할 만한 성서적 비전을 발견하였다. 이것은 19세기 후반과 20세기 초반에 독일 남서부에서의 그들의 목회사역과 신학적 성찰의 과정에서 일어났다.

장로 블룸하르트는 그가 목사로 섬겼던 교회에서 귀신들림과 씨름하였다. 그는 "예수는 승리자"이기 때문에, 하나님의 나라는 지금 여기에서 교회의 삶을 위한 실제적 가능성이 되셨다는 사실을 이해하게 되었다. 하나님 나라의 현실성은 내면의 영역 혹은 개인적 차원의 영적 전투뿐만 아니라 당시의 구체적인 사회경제적 차원에서도 적합한 것으로 인식하였다. 이처럼 하나님 나라의 대의에 관심을 기울임으로써 얻은 통찰력과 확신은 다른 사람들에 의해 계승되었다. 그들 중에는 에버하르트 아놀드Eberhard Arnold와 형제사회단Society of Brothers과 1930년대 초반 독일 고백교회 지도자들이 있었다. 그들은 주님Lord으로 고백하는 메시아의 이름으로 그늘은 전체주의와 국가의 민족주의적 주장에 저항하였던 것이다.

그리스도인들은 블룸하르트가 남긴 유산을 설명하다가 점차 사회 구조에 대한 악마적 차원이 존재함을 분별하기 시작했다. 2차 세계대전을 경험하면서 유럽의 그리스도인들은 사회·정치적 삶의 제도적 구조가 본질적으로 악마적 본성을 지니고 있음을 인식할 수 있었다. 그 이전까지 그들은 이러한 제도들이 기독교회Christianized 되었다고 생각했었다. 보다 급진적으로 하나님 나라에 대한 신약의 복음서들을 읽어야만 그 당시 반기독교 국가들의 도전의 핵심을 이해할 수 있게 된다. 이러한 현상은 종교적, 세속적 도전이었다.

최근 수십 년간 하나님 나라에 대한 성서적 이미지에 대한 관심이 재연하고 있음을 목격해 왔다. 이러한 재연의 원인에는 몇 가지 이유가 있다. 첫째는 이 시대에 수많은 그리스도인이 겪었던 박해와 고난 때문이다. 하나님의 통치는 인간의 기대를 넘어선다. 따라서 그것은 특히 이 세계의 갈등 지역에서 사는 고난 받는 그리스도인들을 지탱하는 핵심 요소를 이룬다. 라틴 아메리카의 많은 그리스도인이 정치-경제적 억압과 박탈의 상황에 처해 있다. 그들은 예수가 선포한 하나님 나라, 정의와 평화, 해방과 언약 공동체라는 하나님의 새로운 질서에 대해 연구해 왔다. 거기에서 그들은 하나님의 말씀과 하나님의 백성으로서 그들의 삶과 선교를 향한 하나님의 뜻을 이해하기 위한 타당성 있는 해답을 찾았다.Catholic: 27, 28)

또한, 하나님의 통치는 억압당하는 성도들에게 박해의 한 가운데서도 그들을 지탱시켜 주는 소망을 제공해 주었다. 예를 들어 요한계시록은 이 세상 왕국에 대한 대안으로서 하나님 나라를 강력하게 묘사하고 있다. 계시록 수신자들인 형제·자매들은 이 편지를 간절한 마음으로 읽었을 것

---

28) 하나님 나라 이미지에 대한 관심이 늘어가고 있다는 점은 "로잔언약에 대한 응답: 급진적 제자도가 지닌 신학적 함의"(로잔)에서 나타나 있다. 이 자료는 대체로 제3세계 국가와 호주인들, 그리고 젊은 복음주의자들로 구성된 임의 집단이 작성했다. 4쪽짜리 선언문에는 "하나님 나라"를 열 번 언급하고 있다. 반면, 1974년 로잔 회의에서 열쪽짜리로 작성한 공식 선언문인 "로잔 언약"에는 "하나님 나라"를 고작 네 번밖에 언급하고 있지 않다.

이다. 계시록을 읽으면서 그들은 순례의 길을 걸을 수 있는 용기와 자신들을 억압하는 악의 권력에 저항할 힘을 받았다.

20세기 마지막 수십 년 동안 그리스도인들은 "죽음 이후after의 삶이 존재하는가?"를 좀처럼 묻지 않았다. 대신 그들은 묻고 있다. "죽음 앞에 before 놓인 삶이 존재하는가?" 인간의 비참함과 억압, 그리고 고통이 만연한 세상에서 그리스도인들은 성서 속에서 정의, 평화, 해방과 화해의 메시지를 찾고 있다. 하나님 나라에 대한 성서적 모티프에서 우리는 하나님의 구원 계획이 회복된 창조 세계 내의 새로운 인류를 위한 것이라고 요약할 수 있다. 이것의 특징은 창조주와 동료 인간들, 그리고 창조 질서와의 관계 회복이다. 하나님 나라에 대한 성서적 견해는 변혁된, 그리고 변혁하는 메시아 공동체의 본질과 선교를 보다 전체적으로 이해할 수 있는 틀을 제공해 준다.

구약성서에 나타난 하나님 나라

하나님의 의로운 통치는 단순한 추상적 개념이나 비유적 표현이 결코 아닌, 고대 이스라엘이 실제로 경험한 것이었다. 사실 시편 145편과 146편이 하나님의 백성이 공동 예배에서 하나님의 왕 되심을 찬양했던 방식들을 보여주는 구체적인 예라 할 수 있겠다. 시편 145편은 이렇게 시작한다. "나의 하나님, 나의 **임금님**, 내가 당신을 높입니다."역자 번역 시편 146편은 다음의 확실한 선언으로 결론을 맺고 있다. "주님께서 영원히 **다스리신다!**" 시편 145편 11-13절에서 "나라"kingdom라는 단어는 네 번 등장하는데, 여기에서 "주님의 나라", "주님의 다스리심"에 대해 하나님을 찬양한다.

누군가가 예배는 하나님의 백성이 참여할 수 있는 가장 체제전복적인 행위라고 말했는데, 이것은 아주 적절한 표현이다. 우리는 하나님을 왕으로 찬양하며 하나님만이 "영원히 다스리신다."고 고백한다. 이 말은 일반적으로 세상의 군주들이 스스로 요구하는 절대적 충성을 거부한다는 것을 함의하고 있다. 하나님의 나라는 세상의 나라와 아주 다를 뿐만 아니라, 그 방식에서도 우리 시대의 많은 그리스도인이 상상하는 것과 전혀 다른 모습이다.29) 이런 차이 중 하나가 시편 146편 3절에서 표현된 경고 속에서 찾을 수 있다. "너희는 권력가들을 믿지 마라"^{공동번역}

하나님의 통치는 실제로 인간 정부의 타락한 구조에 대한 구원의 대안으로 묘사되고 있다. 전체 성서가 상기시키듯이, 참된 안전과 안녕은 폭력을 사용하지 않고, 오직 하나님만을 의지함으로써 얻을 수 있다. 우리는 군비 구축이라는 무용담에서 안전을 찾으려 해서는 안 된다. 콘스탄틴 황제 시대 이후로 교회는 하나님 나라와 이 세상의 타락한 나라 사이의 근본적인 차이를 얼렁뚱땅 넘어가려는 성향이 있다. 신자들은 타락한 권세를 경쟁 상대가 아니라 동맹군으로 바라보았다.

이 시편^{또한}, 더욱 많은 성서 본문들에 따르면, 어거스틴과 그 후 많은 그리스도인이 상상했던 것처럼, 하나님 나라가 시민 당국을 보완하는 것이 아니다. 오히려 그것은 순응을 강요하는 정치적 권력 행사를 대체하는 것이라고 주장한다.

---

29) 빌라도에게 "내 나라는 이 세상에 속한 것이 아니오"(요18:36)라고 하신 예수의 대답은 종종 하나님 나라가 사회 구조와 무관하다는 의미로 해석되었다. 따라서 하나님 나라는 장차 올 세상, 즉 역사의 범주 너머에 존재하는 것이자 이 세상과 반대되는 미래에서나 경험할 수 있는 실재라고 해석한다. 하나님 나라는 또한 내적, 영적 실재이자 하나님과의 개인적인 올바른 관계로 바라보았다. 누가복음 17장21절에서 "하나님의 나라는 너희 안에 있느니라"(개역개정)고 하신 예수의 말씀은 일부 해석에서 보여주고 있듯이 잘못 해석되었다. 많은 사람들은 이 구절을 개인의 내적 경험을 가리키는 것으로 이해한다. 그러나 이 구절은 "하나님의 나라는 너희 가운데 있다"(새번역), 혹은 "하느님 나라는 바로 너희 가운데 있다"(공동번역)로 해석하는 것이 예수의 의도와 일치한다. 요한복음 18장 36절의 문맥으로부터 예수의 말씀의 의미는 더욱 명확해진다. 그의 왕권은 이 세상에 속한 것이 아니다. 그는 자신의 보호를 위해서 혹은 왕국 건설을 위해 강압적 폭력에 의존하지 않으신다. 그러나 하나님의 통치는 자기 백성의 정치적, 사회적, 경제적 결단에 영향을 미친다. 그들은 이 세상에 속한 사람들에게 급진적 대안을 제공하는 가치관을 가지고 있다. 그러한 신자들은 개인의 내면적, 영적의 속성으로 후퇴하거나 하나님 나라를 역사 저너머의 미래로 투사하지 않는다(드라이버, 1993a:90-91쪽).

하나님 나라와 그 역동성을 이해하려면 하나님께서 이스라엘을 자기 백성으로 만드셨다는 사실을 기억해야 한다. 자기 백성을 창조하셨기 때문에 하나님은 그들을 이집트 감독관으로부터 뿐만 아니라 이집트로부터 그들을 해방하셨던 것이다. 출애굽은 강제력 행사의 당대 주요 대표 국가인 이집트에 의존하는 체제로부터 해방된다는 것을 의미한다. 역사적으로 하나님의 통치가 이집트의 대안의 대안으로 제시되었는데, 이것은 시내산에서 하나님의 자비로 이루어진 것이었다.

신약성서에서 계17-18장, 바빌론이라는 코드명을 가지고 있던 로마제국의 대안은 바로 고난받는 신실한 메시아 공동체로, 공동체의 참된 시민권은 하늘나라에 속해 있음을 보여주고 있다.

시편 145-146편은 하나님의 통치의 근본적인 본질을 강조하고 있다. 이것은 자비하신 하나님의 언약과 일치된 삶으로서, 의로운 관계의 구체적 실천이 그 특징을 이룬다. 하나님의 나라는 주께서 연약하고 억압받는 사람들을 향해 보여주신 자비로운 섭리 속에서 가장 명확히 드러난다. 하나님의 왕권의 주된 속성은 자비, 선, 신실함과 섭리 등이다.

자비로우신 하나님은 자신의 언약을 지키시는데 절대적으로 신실하신 분이다. 그는 "억눌린 사람을 위해 공의로 재판하시며, 굶주린 사람에게 먹을 것을 주시며, 감옥에 갇힌 죄수를 석방해 주시며, 눈먼 사람에게 눈을 뜨게 해주시고, 낮은 곳에 있는 사람을 일으켜 세우시는 분이시다. 주님은 의인을 사랑하시고, 나그네를 지켜 주시고, 고아와 과부를 도와주시지만, 악인의 길은 멸망으로 이끄신다."시146:7-9; 참조 145:13c-20; 72:10b-14

시편에서 우리가 찾을 수 있는 하나님 나라의 비전은 구약의 다른 부분뿐만 아니라 시편에서도 되풀이하여 등장한다. "주님은 공의를 세우시며 억눌린 모든 사람의 권리를 변호하신다."시103:6 "주님께서는 목마른 사람에게 물을 실컷 마시게 하시고, 배고픈 사람에게 좋은 음식을 마음껏 먹게 해주셨다."시107:9 "하나님은…. 갇힌 사람들을 풀어내셔서, 형통하게 하신다."시68:6; 참조 시42:7 주님께서는 "고아와 과부를 공정하게 재판하시며, 나그네를 사랑하셔서 그에게 먹을 것과 입을 것을 주시는 분이십니다."신10:18; 참조 출22:21-22 이것들은 우리가 하나님 나라를 인식하는데 필수적인 특징이다. 하나님의 통치는 이러한 구체적인 사회적 형태를 취한다.

시편 146편은 고대 이스라엘이 정기적으로 하나님의 백성임을 축하함으로써 자신의 정체성을 보여주는 위대한 찬송시들의 모음집의 일부다. 이것들은 "주님을 찬양하여라"라는 구절로 시작하기 때문에 할렐 시편Hallel Psalms이라고 불린다. 이 찬송시는 하나님의 백성들이 영적 정체성을 기념하는 위대한 종교적 축제 기간에 유대 백성들이 재인용하였다. 이 축제들은 하누카Hanukkah, 유월절, 무교절 오순절과 장막절 등을 포함한다.

후기 유대교에서 시편 146-150편은 매일 아침 회당에서 행해지는 기도문의 일부분으로 사용되었던 것이 분명하다. 시편 146편은 하나님 나라가 그의 백성 가운데서 취하게 될 구체적 형태에 대한 성서적 비전을 놀라울 정도로 잘 요약해 주고 있다. 이것은 이스라엘의 공적 예식의 일부였다.

하지만, 하나님 통치의 비전은 시편에만 제한되어 나타나 있는 것이 아니다. 이스라엘의 포로 귀환 후에 하나님의 의로운 통치에 대한 메시아적 회복이라는 예언자적 비전은 하나님의 기름 부음 받은 종이 "가난한 사람들에게 기쁜 소식을 전하고, 상한 마음을 싸매어 주고, 포로에게 자유를 선포하고, 갇힌 사람에게 석방을 선언"사61:1한 부분에서도 언급되고 있다.

예수께서 하나님 나라를 가장 온전히 계시하셨다.

신약성서에 이르면 예수께서 하나님 나라를 계시하신 것이 정확히 하나님의 기름 부음 받은 자로서 예수 사역의 특징임을 발견할 수 있으며, 이것은 그리 놀라운 일이 아니다. 예수는 자기 백성들 가운데서, 그리고 땅 끝까지 자비로운 하나님의 통치를 회복시키라는 명령을 하나님으로부터 위임받았다. 이스라엘의 그 누구도 나라를 가지고 있지 않은 메시아를 감히 상상도 못했다! 예수가 메시아라고 고백하는 것은 하나님의 통치가 나타났다고 선언하는 것을 의미한다. 마태복음에 따르면, 예수는 "하늘나라의 복음을 선포하며, 백성 가운데서 모든 질병과 아픔을 고쳐"마4:23 주심으로 메시아 사역을 시작하셨다.

신약성서에 의하면, 새로운 질서의 능력이 이미 예수 안에서 작동하고 있었다. 그가 말씀하시고 행하신 모든 것은 하나님의 도래하는 왕국과 연관되어 있었다. 예수의 축사 사역은 하나님의 통치가 개막되었음을 보여주는 가장 중요한 예라 할 수 있겠다. 그의 메시아 선교에서 예수는 악의 세력을 공격하시고 극복하셨다. "그러나 내가 하나님의 영을 힘입어서 귀신을 쫓아내는 것이면, 하나님의 나라는 너희에게 왔다. 사람이 먼저 힘센 사람을 묶어 놓지 않고서, 어떻게 그 사람의 집에 들어가서 세간을 털어 갈 수 있느냐? 묶어 놓은 뒤에야, 그 집을 털어 갈 수 있다."마12:28-29; 참조 눅11:20-22, 30)

광야에서 유혹자와 들짐승과 씨름하는 예수의 이미지는 "두 번째 아담" 상像을 제공해 준다. 이 새로운 아담은 첫 번째 아담의 불복종이 가져온 영향을 전복시키기 시작했다.롬5:12-21 사실상 예수의 선교는 이 세상에서 질병, 귀신들림, 자연의 적대감, 사회적 종교적, 윤리적 경쟁, 굶주림, 경제적 착취, 공허한 종교생활, 소외와 죽음이라는 악의 결과를 전복시키셨다. 충돌은 예수의 사역에 나타난 특징으로, 실제로 죄와 죽음의 시대를 새로운 질서로 대체하려는 투쟁이었다. 따라서 부와 권력, 자신의 안전을

---

30) 헬라어 동사 phthanō의 제1 의미는 "앞서 가기 위해 그 전에 가다"란 뜻이다(Bauer, 856쪽). Thayer는 마태복음 12장28절과 누가복음 11장20절을 다음과 같이 번역할 것으로 제안하고 있다 ". 하나님 나라는 너희가 기대했던 것보다 먼저 너희에게 다가왔다"(652쪽).

위한 특권을 신뢰하는 모든 사람은 새로운 질서의 가치가 거짓된 안전의 원천을 위협하기 때문에 거칠게 반응한다.드라이버, 1993a:92-93쪽

세례요한은 메시아의 오심과 그들 가운데 임한 하나님의 나라 건설에 관한 의문을 풀려고 자기 제자들을 예수께 보냈다. 예수의 반응은 시편과 예언서에서 발견되는 하나님의 의로운 통치라는 고대의 성서적 비전을 반영한다. "가서 너희가 듣고 본 것을 요한에게 알려라. 눈먼 사람이 보고, 다리 저는 사람이 걸으며, 나병 환자가 깨끗해지며, 듣지 못하는 사람이 들으며, 죽은 사람이 살아나며, 가난한 사람이 복음을 듣는다."마11:4-5

예수를 따르면, 이러한 현상은 하나님 나라가 임하고 있다는 결정적 증표였다. 하나님의 의로운 통치는 가난한 사람들, 억압받는 사람들과 고난받는 사람들 가운데서 일하시는 하나님의 자비하심과 구원하심, 구원과 섭리의 길을 보여주었다. 하나님은 메시아를 통해 일하시며 그 후에는 메시아 공동체를 통해 일하신다. 이 비전이 예수 사역의 특징이다.

이스라엘이 예언자들과 제의 전승이 던져주는 메시지를 진지하게 받아들였다고 가정해 보자. 그랬다면 하나님의 나라가 나사렛 예수라는 사람과 그분의 사역 가운데 구현되었을 때 그 나라를 감지할 수 있었을 것이다. 일반적으로 유대인들이 기대했던 나라는 의로운 자들, 기존 종교적, 정치적 제도의 회복을 포함했다. 이것은 유대 민족의 원수인 이스라엘의 억압자들의 파멸을 통해 일어나야 했다.

그러므로 유대교는 그들 가운데 하나님 나라가 도래했을 때 그 나라를 인식할 수 없었다. 유대교 절기에서 끊임없이 낭송했던 메시지를 통해 하나님의 통치가 이 백성 가운데 가져 올 구체적인 사회적 형태를 떠올렸다. 하지만, 그 메시지는 아무런 소용이 없었다.

이것이 종교가 제도화될 때 한 민족의 신앙이 어떻게 길드는지 잘 보여주는 종교의 이상야릇한 능력의 한 예라 할 수 있겠다. 그 이전에는 하나

님의 통치는 하나님의 백성을 해방하고 구원하는 강력한 도구라는 메시지를 담고 있었다. 하지만, 제도화된 종교는 경제, 사회, 정치적 현 상태 status quo를 유지하기 위한 도구로 전락하고 말았다.

이스라엘은 그들의 제의 속에 구체적인 사회적 형태로 임하시는 하나님의 나라를 축하할 수 있었다. 그러나 그들은 정작 그 나라가 그들 가운데 임하였을 때 눈이 멀어 있었다. 이것은 그리스도인들이 진지하게 생각해 보아야 내목이다. 우리는 엄격할 정도로 종교적이거나 추오의 의심도 하지 않는 정통주의자들일지도 모른다. 그럼에도 불구하고 우리는 여전히 하나님 나라가 역사의 무대에서 우리 눈앞에 펼쳐질 때 그 나라의 가장 기본적인 표징도 인식할 수 없을지도 모른다.

이런 현상은 1세기 당시 수많은 유대인들에게 그대로 일어났었다. 이런 현상은 종교적으로 가장 주도면밀하고, 지적으로 가장 사리가 밝았으며, 경제적으로 가장 부유했으며, 정치적으로 최고의 권력을 쥔 사람들에게 일어났다. 반면 세리와 나병환자, 부정한 직업을 가졌기에 부정한 사람으로 취급받던 사람들무두장이와 목자들, 갈릴리 사람들과 사마리아 사람들, 이방인들, 창기들, 가난한 사람들과 상속권을 박탈당한 사람들, 여자들과 고아들, 비천하고 "지극히 작은 자들"이 있었다. "유대교에서 이렇듯 사회적으로 버림받은 사람들이 예수 주변에 북적였고, 그들의 지도자들이 거부했던 그 나라에 들어가려고 야단법석을 떨었다."마21:31-32; 참조 11:12

만일 우리가 이 시대의 교회에서 유대교에서 일어났던 비슷한 일이 일어나고 있는지 솔직하게 말할 용기가 있다면, 그때와 똑같은 일이 우리에게도 재연되고 있음을 인정할 수밖에 없을지도 모른다. 하나님 나라가 우리 가운데 임하셨다. 그리고 우리는 다른 나라에 관심이 있기에 그것을 놓치고 있다.

고대 시편이 상기시켜 주듯, 하나님께서 억눌린 사람들을 위해 공의를,

굶주린 사람에게 먹을 것을, 감옥에 갇힌 죄수에게 해방을, 눈먼 자들에게 시력을, 낮은 곳에 있는 사람에게 재기를, 의인에게 사랑을, 나그네에게 돌봄을, 고아와 과부에게 도움을 베푸실 때 비로소 하나님 나라는 우리 가운데 임한다.시146:7-9

우리 앞에 펼쳐진 도전은 우리가 당면한 어려운 질문에 이러한 하나님 나라의 기준을 적용하는 일이다. 우리는 체제전복적 가치관을 지닌 하나님 나라의 특징적 징후들을 명확히 분별해야 한다. 하나님은 우리가 그의 통치에 절대적으로 충성하고 담대하게 복종하라고 초청하신다.

메시아 선교에서 예수를 인도했던 비전은 출애굽과 시내산에서 하나님의 해방 사역에 포함된 고대 성서적 메시지와 예언자들과 시편 기자들이 분명하게 말했던 것에 고취된 것이었다. 이것이 하나님 나라에 대한 성서적 비전이었다. 이것은 예수께서 메시아 공동체에 속한 제자들에게 위탁했던 것과 같은 선교 사역이었다. "다니면서 '하늘나라가 가까이 왔다.'고 선포하여라. 앓는 사람을 고쳐 주며, 죽은 사람을 살리며, 나병 환자를 깨끗하게 하며, 귀신을 쫓아내어라. 거저 받았으니 거저 주어라"마10:7-8

예수님처럼, 메시아 공동체도 이 세상에서 하나님 나라의 현존하는 실재를 살아내도록 위임받으며, 그렇게 함으로써 그들이 받은 명령을 성취해 나갔다. 이러한 모습이 바로 하나님 나라를 고대하는 공동체라 할 수 있겠다. 이것이 하나님 나라의 표징이다. 아울러 이것이 하나님 나라를 위해 선교적 사명을 성취하는 방법이다.

그러한 하나님의 통치 비전은 전도할 때 우리의 행동과 언어가 지향해야 하는 부분이다. 하나님 나라의 특징이자 예수의 선교 사역에 현존하는 성령의 능력이 교회 복음전도의 특징이라 할 수 있겠다.

하나님 나라, 교회 그리고 선교

오순절 사건은 하나님 나라와 교회 그리고 선교에 대한 성서적 이해의 핵심이다. 오순절은 대체로 개인의 거룩함이나 개인의 은사 체험이라는 방식으로 해석됐다. 오순절에 관한 개인주의적 관점을 결단코 깎아내리려는 것이 아니다. 그러나 사도행전은 오순절을 하나님 나라라는 문맥에서 설정하고 있음을 주목해야 한다. 이러한 문맥 안에서만 교회와 선교적 역할을 제대로 이해할 수 있는 것이다.드라이버, 1993a:101~102쪽

"예수께서 고난을 받으신 뒤에 자기가 살아계심을 여러 가지 증거로 드러내셨습니다. 그는 사십일 동안 그들에게 여러 차례로 나타나시고, 하나님 나라에 관한 일들을 말씀하셨습니다. 예수께서…. 그들에게 이렇게 분부하셨습니다. '너희는 예루살렘을 떠나지 말고, 내게서 들은 아버지의 약속을 기다려라…. 너희는…. 성령으로 세례를 받을 것이다'"행1:3-5 이스라엘의 회복에 대한 제자들의 질문에 대해 예수께서는 다음과 같이 대답하셨다. "성령이 너희에게 내리시면, 너희는 능력을 받고, 예루살렘과 온 유대와 사마리아에서, 그리고 마침내 땅끝에 까지 이르러 내 증인이 될 것이다."행1:8

그들에게 내릴 성령에 대한 말씀은 가브리엘 천사가 마리아에게 예수 탄생 소식을 공지한 방식을 분명하게 반영해 준다. "성령이 그대에게 임하시고, 더없이 높으신 분의 능력이 그대를 감싸 줄 것이다."눅1:35 여기서 예수는 똑같은 성령의 능력으로 새로운 몸인 교회, 즉 "새로운 피조물"고후5:17에 편입된 제자들에게 명하신다. 오순절 경험의 핵심에는 새로운 몸, 즉 그리스도의 몸이자 하나님 나라 공동체의 창조가 놓여 있다.

처음에 제자들은 도래하는 하나님 나라를 민족주의적 차원으로 오해하였다.행1:6 하지만, 예수께서는 하나님 나라에 대한 참된 기대치가 무엇인지를 시적하셨다. 그것은 바로 성령의 능력으로 하나님 나라와 주님이요

왕이신 예수에 대해 증언하라는 과업을 부여받은 공동체의 창조였다. 행1:8

그렇다고 교회 그 자체가 하나님 나라라는 말은 아니다. 오히려 교회는 하나님 나라를 위해 존재하는 메시아 공동체다. 교회는 하나님 나라를 증언한다. 삶과 가치관을 통해 하나님 나라를 고대한다. 교회는 같은 성령 안에서, 그리고 같은 전략으로 예수께서 행하신 선교 사역의 특징인 메시아 선교를 계속 이어나가야 할 책임이 부여된 공동체다. 교회는 하나님 나라의 표징이 가장 명확하게 드러나는 공동체다.

우리는 교회를 하나님 나라와 동일시하려는 유혹에 저항해야 한다. 신성로마제국에서 세워진 전통적 가톨릭교회는, 시편 기자와 예언자들이 언급했던 표징들, 그리고 심지어 예수께서 회복하셨던 표징들이 사라졌을 때조차도 자신을 어느 정도 승리를 쟁취한 하나님 나라인 척했다. 결국, 하나님 나라의 이미지는 하나님의 백성을 고취하기 위한 능력을 상실했고, 교회는 세상을 향한 증언에서 필수적인 신뢰성을 잃어버렸다.

또한, 세대주의와 같은 일부 개신교가 행했던 것처럼, 하나님 나라와 교회를 무 자르듯 분리시키려는 유혹에도 저항해야 한다. 이러한 전통에 따르면, 하나님 나라는 예수께서 선포하셨던 것처럼, 일정 부분 철저히 미래적인 차원에 머물러 있다. 다른 한편 교회는 하나님 나라를 기다리는 동안 존재하는 임시방편에 지나지 않았다.

교회는 하나님 나라와의 연관성 속에서 정의되어야 한다. 콘스탄틴주의 기독교가 행했던 것처럼 교회와 선교를 분리하기보다, 성령의 능력으로 하나님 나라를 온전히 증거하는, 선교적 교회의 역할로 정의해야 한다. 교회는 예수의 메시아적 선교를 계속 이어나가야 할 임무를 부여받았다. 예수님처럼, 우리는 말과 행동으로 하나님 나라를 선포해야 한다. 예수님처럼, 우리는 하나님 나라에 합당한 활동에 헌신해야 한다. 하나님 나라의 진정한 표징은 교회 안에서 분명히 드러나야 한다. 또한, 우리는 예수님과 함께 뜨겁게 기도한다. "그 나라를 오게 하여 주시며, 그 뜻을 하늘에서 이루심 같이 땅에서도 이루어 주십시오."마6:10

5장 · 새로운 창조

새로운 창조는 교회를 상징하는 일련의 이미지와 더불어, 초대 교회가 교회의 본질과 선교를 이해하는데 있어서 가장 중요한 이미지 중 하나였다. 그러나 교회가 점차 신약의 본질에서 멀어져가면서 아이러니하게도 미래라는 개념은 점점 약해졌다. 즉 창조의 회복이라는 하나님의 약속을 특징으로 하는 종말론적 비전은 점차 흡인력을 잃어갔다. 이것은 결국 새로운 창조가 고취했던 역동적인 선교적 비전을 희미하게 만드는 결과로 이어졌다.

특히 4세기에 이르자 새로운 창조 이미지는 교회의 상상력을 자극하는데 거의 실패하고 말았다. 그 이미지는 그저 주로 미래형 언어로 해석되었고, 따라서 교회의 참된 정체성을 숙고하는 능력을 상실했을 뿐만 아니라, 세상에서 하나님의 선교에 참여하는 교회의 역할을 제대로 보여주지 못하는 지경에 이르렀다.

그러나 새로운 창조는 교회의 정체성과 역할을 신약의 관점에서 이해하게 해주는 강력한 비유이다. 그 이미지는 우리가 세상 속에서의 교회의 선교를 이해하는데 도움을 준다. 새로운 창조로서의 교회는 하나님이 과거에 이미 이루어놓으신 것과 하나님이 나중에 분명히 새롭고 완전케 하실 것들의 중간지점에 놓여 있다. 하나님은 구원 역사가 최종 결과를 향해 진행해 나갈 때 창조적 간섭 하심을 통해 자신의 목적을 성취하실 것이다.

교회는 다음과 같은 일련의 하나님의 창조 행위 가운데 서 있다. 즉 질서정연한 우주와 인류의 창조, 아브라함의 부르심을 통해 하나님의 이름을 간직한 백성의 창조, 출애굽-시내산 경험에서 명확히 드러난 하나님의 백성의 창조. 따라서 교회는 "[하나님의] 피조물 가운데 첫 열매"다.약 1:18 교회는 새로운 창조물이자 새로운 인류요, "하나님께로부터 하늘에서 내려오는 새 예루살렘"계21:2; 참조. 3:12; 갈4:26이다. 교회는 하나님께서 "모든 것을 새롭게" 하실 때를 고대하고 있다.계21:5 이런 형태의 이미지는 교회의 고유한 선교가 하나님의 미래의 표징임을 웅변적으로 보여 준다.

구약성서에 나타난 창조와 새로운 창조

고대 히브리인들은 창조에 관한 세부적인 사항에 대해 고대 근동의 다른 민족들보다 관심이 덜했던 것은 사실이다. 그렇다고 구약성서가 하나님의 창조 사역에 상대적으로 무관심했다는 뜻은 아니다. 이는 오히려 창조가 하나님의 구원사역에 관한 총체적 비전이라는 상황 속에 놓여 있음을 의미한다. 구약은 창조를 구원 역사의 시작점으로 간주한다. 즉 창조는 야훼의 구원 사역 가운데 첫 번째 활동으로 보고 있다는 의미다.

구약성서의 내러티브에 의하면, 창조는 하나님의 말씀-행동창1-2; 시104-105의 결과였다. 비록 창조가 하나님의 위대한 구원 사역 중 첫 번째에 해당하지만, 하나님의 창조 사역은 자기 백성을 위해 자연 속에서뿐만 아니라 자기 백성의 역사 속에서 구원과 섭리하심으로 계속해서 진행되는 활동이다.시104-105 역사 속에서의 사건들과 더불어 자연 세계에서 하나님의 모든 간섭하심은 하나님이 구원 의지의 필수 요소다.맥켄지:1,293-

1,294쪽

이스라엘 예언자들은 새로운 창조를 "새 하늘과 새 땅"사65:17; 66:22으로 표현했다. 새로운 창조의 주제를 더욱 정교하게 만들어내면서 그들은 하나님께서 "새것"을 창조하는 일에 대해 말하고 있으며렘31:22, "새로운 마음"과 "새로운 영"겔11:19; 36:26과 "새 언약"렘31:31에 대해서도 말하고 있다. 그들은 하나님의 새로운 창조활동을 여러 가지 이미지를 사용하여 서술하였다. 인간에게 있어 무미건조하고 살기 어려운 사막은 "기름진 땅"사32:15; 35:1-2,6b,7a; 41:18-20으로 변할 것이다. 그 땅은 하나님의 섭리 가운데 주어진 선물로서, 비옥해지고 차고 넘칠 것이다.겔36:6-12; 욜3:18; 암9:13 혹독한 계절과 흑암으로 말미암은 미래의 불안감은 더는 없을 것이다.슥14:7 동물 세계뿐만 아니라 인간관계의 특징인 폭력도 사라질 것이다.미4:1-4; 사2:1-4; 11:6-9; 65:25

예언자들은 깨어진 언약 관계와 그에 상응하는 하나님의 상처 입은 언약적 사랑, 그분의 질투하는 진노의 표현으로 특징되는 현 상황 그 너머를 바라보았다. 그들은 정의와 공평 그리고 평화를 이루며 더불어 살아가는 하나님의 백성에게 하나님의 성령을 부어 주시는 것을 특징으로 하는 새로운 창조를 꿈꾸었다.사32:15; 맥켄지: 1294. 예언자들의 관점에 따르면 하나님의 새로운 창조는 구원의 역사 안에서 자기 백성을 언약에 기반을 둔 축복으로 회복하는 것을 의미한다.사40:28-31; 41:20; 42:5-9; 43:18-19; 51:9-11

현재나 가까운 장래가 아무리 어두워도 예언자들은 언제나 새로운 창조의 이미지를 통해 예언자적 소망을 표현하였다. 창조자이신 하나님은 한편으로는 심판자이시기도 하다. 처음 창조는 새 하늘과 새 땅을 창조함으로 완성될 것이다. 이것은 그저 매혹적인 유토피아적 공상소설에 등장하는 것이 아니다. 새로운 창조는 그 이전에 있었던 태초의 창조에서 하나님이 의도했던 바가 드디어 완성된다. 구약에서는 이 두 유형의 창조가 구원의 역사에 있어서 상호통합적인 것으로 나타났다. 새로운 창조와 처음 창조 모두 다 하나님의 구원 섭리로 말미암은 선물이다.아이히로트:106-107 이것은 신약에서도 채택하는 약속이다: "우리는 주님의 약속을 따라 정의가 깃들여 있는 새 하늘과 새 땅을 기다리고 있습니다."벧후3:13 이것이 새 하늘과 새 땅이요, 하나님께로부터 하늘에서 내려오는 새 예루살렘이다.계21:1-2; 참조. 3:12 하나님이 "만물을 새롭게 만드실 것이다."라는 하나님의 백성이 갖는 희망은 구약의 믿음에 굳건히 뿌리를 두고 있다.

신약성서에 나타난 새로운 창조: 복음서

신약성서에서 새로운 창조라는 주제는 역사 저 너머에 있는 미래의 완성 시점에 제한된 것이 아니다. 예수에 의해 개막된 메시아 시대는 신약이 시작되면서부터 새로운 창조라는 이미지로 서술되고 있다. 새로운 창조는 하나님의 구원 역사의 목표가 무엇인지를 보여주는 것이자 초기 그리스도인들의 소망이 무엇인지 보여주는 핵심요소였다. 이것은 이 세상에서 살아가는 그리스도인들의 삶에 반영된 것이다. 왜냐하면, 그리스도 안에서 새로운 창조는 문자 그대로 실현되었기 때문이다. 대체로 영어판은 이 사실을 명확하게 기술하지는 않지만 실제로 예수께서는 새로운 메시아 공동체에서 "열둘을 세우"*epoiēsen*; 저자는 '창조했다'로 해석하고 있다-역자 주셨다.막3:14-16a '열둘'이라는 숫자는 하나님께서 보내신 메시아의 창조 활동으로 새롭게 회복된 하나님의 새로운 인류를 상징한다. 글자 그대로 "그리스도 안에 있으면 그는 새로운 피조물입니다."고후5:17

공관복음서에서 나타난 탄생 설화에 보면, 하나님은 자기 백성의 역사에 간섭하는 분이시다. 창조 활동에 참여했던 성령은 이 새로운 창조를 시작하신 분이다.마1:20; 눅1:35 누가는 예수께서 마리아에게 하셨던 다음과 같은 말씀으로 인간의 육체로 대이니셨다고 언급하고 있다. "성령이 그대에게 임하시고." 그 후 그는 오순절 직전에 같은 말씀을 사용하여 증인공동체, 즉 그리스도의 새로운 몸의 창조를 설명하고 있다. 행1:8 오순절의 성령체험은 본질적으로 새로운 백성의 창조이다. 새로운 질서를 창조하는 주체가 바로 하나님의 성령이시다. 욜 2:28-29

오직 성령 안에서만 민족적, 사회적 장벽과 집단 이기주의, 카스트 제도, 그리고 한 성이 다른 성을 지배하는 형태를 깨뜨릴 수 있다. 성령의 창조 사역은 즉각적인 사회적 결과를 만들어 낸다. 성령의 공동체는 새로운 사회적 현실이다. 교회는 창조적인 성령의 권능을 부여받은 곳으로, 우주적 차원의 새로운 창조의 처음 열매다. 교회를 새로운 창조물이라고 생각했던 사도들의 견해는 직접적으로는 예수의 메시아적 선교에서, 그리고 간접적으로는 구약성서에서 그 토대를 두고 있다.

신약에 의하면, 성령께서 역사하시는 곳마다 하나님은 새로운 창조를 위해 역사하고 계신다. 공관복음서에서 예수께서는 성령의 능력으로 치유하시고 귀신을 내쫓으셨다. 이런 것들은 침투해 들어오는 하나님의 나라, 즉 하나님의 새로운 창조 역사의 확실한 증표다. 그리스도 앞에서 그리고 그리스도의 사역에서 성령의 역사하심은 곧 하나님의 새로운 세상이 예상보다 일찍 도래했음을 의미한다. 눅11:20; 마12:28; 포에스터:1034, 31)

하나님의 통치는 인간의 권력에만 제한된 것이 아니다. 신약은 또한 물질세계를 하나님의 새로운 창조활동의 무대로 바라본 예언자들의 관점을 공유한다. 창조의 갱신은 또한 성난 바다를 잠잠케 하시고, 빈 포도주 통을 채우시고, 모든 사람을 위해 풍족한 양식을 공급해주시는 것으로도 실현됐다. 마8:23-27; 요2:3-8; 마14:13-21과 평행구절들. 예수의 구원 능력은 모든 피조물과 자연세계뿐만 아니라 인류의 갱신을 통해 나타났다. 예수의 선교에서 새로운 창조라는 종말론적 비전은 이미 펼쳐지고 있었다.

---

31) 이것은 헬라어 동사 *phthanō* 의 일차적 의미다.

예수께서는 새 부대와 새 포도주 비유를 통해 새것과 낡은 것은 섞일 수도 없고, 낡은 부대에 새것을 담을 수 없음을 지적하셨다. 이러한 비유는 그리스도가 오시는 시대가 본질적으로 얼마나 새로운지를 가리킨다. 공관복음서마9:16; 막2:21-22; 눅5:36-39에 있는 이러한 비유들이 놓인 문맥을 살펴보면, 하나같이 금식에 관한 유대인들의 관습을 언급하고 있음을 알 수 있다. 예수께서 가져오시는 나라는 유대인의 종교생활을 위한 몇 가지 수정 조항보다 훨씬 더 많은 것을 요구한다. 거기에는 분명히 더 깊은 내용이 암시되어 있다. 1세기 당시 유대교가 제대로 인식할 수 없었던 급진적 새로움이 예수 안에서 도래하였다. 예수의 메시아 선교의 형태와 실체에서 새로움은 하나님의 처음 창조를 새롭게 하시는 것으로 가장 잘 묘사될 수 있을 것이다.

요한복음은 또한 예수의 선교를 새로운 창조라는 용어로 이해한다. Vawter: 417-418, 424-431 요한복음 서문요1:1-5에서 하나님의 처음 창조에 대한 암시가 메시아의 새로운 창조를 위한 무대를 설정하고 있다. 요1:19-2:11 하나님이 처음 창조에서 그의 말씀을 통해 모든 것을 창조하셨던 것처럼, 예수께서는 새로운 창조에서 활동하신 창조적 말씀으로 등장한다. 요1:1,14 처음 창조에서처럼 메시아의 새로운 창조는 7일이라는 시간 간격으로 설정된다. 요1:29,35,39-42,43; 2:1, 32) 이 새로운 창조를 위한 7일이라는 기간은 예수의 영광이 드러남과 동시에 믿는 제자들의 새로운 공동체 창조에서 최고조에 다다른다.2:11

이 개념은 바울 문헌에서 채택되어 널리 사용된 이미지다. 롬8:19-23; 고후5:17; 갈6:15; 엡2:10-16; 골1:15-20 새로운 창조의 이미지는 첫 열매롬6:4-6; 고전15:20-23; 엡4:13; 약1:18, 새로운 인류엡2:15; 4:2-24; 골3:9-11, 그리고 마지막

---

32) "사흘 째 되는 날"이란 구절이 새로운 상징을 소개하고 있음은 의심할 여지가 없다. 이것은 부활에 대한 언급임이 확실하다.

아담롬5:12-21; 고전15:20-22,44-50과 밀접하게 관련되어 있다.

신약성서에 나타난 새로운 창조: 바울 문헌

"할례를 받거나 안 받는 것이 중요한 것이 아니라, 새롭게 창조되는 것이 중요합니다. 이 표준을 따라 사는 사람들에게와 하나님의 백성 이스라엘에 평화와 자비가 있기를 빕니다."갈6:15-16 메시아에 의해 개막된 새로운 시대에 이스라엘의 예언자들이 소망했던 창조의 갱신이 성령의 인도하심으로 시작되었다. 과거에 유대인들과 이방인들을 갈라놓았던 제사의식은 이 새로운 창조를 통해 대체되었다.

새로운 창조는 이러한 외적인 형식을 벗어버리는 것에만 그치지 않았다. 그것은 메시아께서 개막한 시대에서 하나님의 선물인 성령의 역동적인 간섭하심에서부터 성장한다. 갈라디아서를 보면 이러한 것이 더욱 명확해진다. 하나님의 새로운 질서 안에서 사는 것은 "성령께서 인도하여 주시는 대로", "성령의 인도하심을 따라 살아"가는 것이요 "성령이 인도해 주심을 따라" 사는 것을 의미한다.갈5:16,18,22-23,25 또 다른 비유를 사용하자면, "성령에다 심는 사람은 성령에서 영생을 거둘 것입니다."라는 구절은 하나님의 새로운 창조의 수확물을 말한다.갈6:8, 33)

새로운 창조는 개인이 "새로운 피조물"이 되는 것보다 훨씬 더 큰 개념이다. 개인적 경험에서 이러한 현실이 중요한 개념이긴 하지만 말이다. 다음의 구절에서 "하나님의 이스라엘"이란 말은 본질적으로 공동체적 개념이다. "새로운 창조"와 병행구인 "하나님의 이스라엘"은 메시아 안에 모이는 하나님의 새로운 백성이다. "여러분이 그리스도께 속한 사람이면, 여러분은 아브라함의 후손이요, 약속을 따라 정해진 상속자들입니다."갈3:29 과거에 하나님은 아브라함을 부르심창12:1-3으로써, 그리고 출애굽-시내

---

33) 여기에서 "영생"이란 하나님 나라 혹은 그의 새로운 창조와 동의어다.

산 사건사43:15-21을 통해 한 민족을 창조하셨다. 마찬가지로 메시아 공동체는 새로운 창조이자 하나님의 새로운 이스라엘이다. 바울의 비전에 의하면, 교회는 이스라엘의 예언자들이 그토록 염원하던 하나님의 새로운 창조 역사의 현장이다.

교회에 관한 새로운 창조 이미지에 대한 바울의 관점을 이해할 수 있는 또 다른 핵심 본문은 고린도후서 5장 17절이다. "따라서 누구든지 그리스도 안에 있으면, 거기에는 새로운 창조가 일어납니다. 예전의 모든 것은 지나갔습니다. 보십시오. 모든 것이 새로워졌습니다."NRSV에 대한 역자 직역 그러나 대부분 성서의 영어 번역판은 개정표준판RSV을 따르고 있어서 새로운 창조를 교회에 적용하지 않고 예수께 나아오는 개개인에게 일어나는 이미지 정도로 해석한다. "누구든지 그리스도 안에 있으면 그는 새로운 피조물입니다."RSV뿐만 아니라 한글번역성서는 모두 새로운 피조물을 개인으로 해석한다; 역자주

이 구절에 대한 '리빙바이블' The Living Bible의 해석을 살펴보면, 현대 개신교도들이 어느 정도로 서구 개인주의적인 전제와 개인의 죄책감이라는 개념에 사로잡혀 있는지보다 확실하게 제시해 주고 있다. "누군가가 그리스도인이 되면 그는 내면적으로 새로운 제품의 사람이 된다. 그는 더는 예전의 그가 아니다. 새로운 인생이 시작되었다!" 이 구절은 개인의 회심에 대해 개신교에서 널리 신봉하는 관점을 서술하는 고전텍스트가 되었다. 새로운 창조의 이미지를 본질적으로 공동체적 속성으로 이해하는 성서적 관점은 사라지고 말았다.

이러한 식의 번역은 본문을 살펴보면 사실적 근거를 찾을 수 없다.요더, 1980:129-133 첫째, 원문에는 "그"he라는 대명사가 존재하지 않는다. 더욱 부드럽게 읽으려고 그 대명사를 덧붙이게 되면, 그 때문에 글의 내용이 완전히 달라진다. 새로운 창조는 교회라는 공동체라기보다는 그리스도 안

에 있는 개인에 대한 이미지로 전락하고 마는 것이다.

둘째로, ktisis^{피조물}라는 명사는 일반적으로 창조나 창조활동을 뜻한다. 신약성서 어디에도 그 명사가 개인을 뜻하는 것으로 쓰인 적은 없었다. 이 명사가 사람을 나타내는 것으로 쓰이면 그 단어는 사람의 범주나 인간의 제도를 뜻한다.

더 나아가 그 구절이 놓인 문맥을 살펴보면, 바울이 자신의 마음속에 새로운 사회적 질서를 품고 있음을 보여준다. 바울은 더는 사람을 단순히 육체적인 기준이나 세상의 가치관으로 판단하지 않는다.^{고후5:16; 참조. 갈6:15} 유대인이냐 이방인이냐 하는 민족 정체성은 더는 중요하지 않게 되었다. 정말 중요한 것은 그들이 그리스도를 공유하는 새로운 민족이냐 하는 것이다.

고린도후서 5장 17절에 대한 더 정확한 번역은 새개정표준판^{NRSV}나 새영어성서^{NEB}에 나타나 있는데 다음과 같다: "따라서 누구든지 그리스도 안에 거하면 거기에는 새로운 창조가 일어납니다. 옛 질서는 그 힘을 잃었고 새로운 질서가 창조되었습니다." 그리스도는 이러한 새로운 사회적 현실을 만드시는 분이시다.^{고후5:18}

신약성서의 병행구절들은 모두 고린도후서 5장 17절의 이와 같은 해석을 지지하고 있다. 갈라디아서 6장 15절은 신약성서에서 "새로운 창조"^{kainē ktisis}라는 용어가 등장하는 또 다른 곳으로, 새로운 창조를 통해 유대인과 이방인 간의 차이를 제거하는 것을 지칭하고 있다. 또 다른 병행 구절^{엡2:15}에서는 유대인과 이방인을 화해시키는 것이 새로운 인류를 창조하는 것임을 말하고 있다. 에베소서 4장 24절에서는 성도들에게 다음과 같이 권면하고 있다. "하나님의 형상을 따라 참 의로움과 참 거룩함으로 지으심을 받은 새 사람[인류; humanity]을 입으십시오." 이것은 하나 됨을 촉구하는 사도들의 요청에서 정점을 이룬다.^{엡4:1-16} 여기서 또한 새로운 창조는 상호성mutuality을 특징으로 한다.엡4:25,28-29,32 마지막으로, 병행구절인 골로새서 3장 9-11절 또한 창조주의 형상을 따라 새롭게 된 "새 사람"에 대해 언급하고 있다. 따라서 인류를 괴롭히는 모든 사회적 차별은 그리스도 안에서 사라지고 말았다.

골로새서 1장 15-20절의 초기 기독교의 찬송시에 보면, 예수는 하나님의 창조활동이 인격화된 존재로 칭송되고 있다. 그리스도는 창조의 한 가지 유형으로서 뿐만이 아니라 창조가 향해서 움직이는 목표로 제시된다.[34] "그 아들은…. 모든 피조물보다 먼저 나신 분이십니다. 만물이 그분 안에서 창조되었습니다. 하늘에 있는 것들과 땅에 있는 것들이…. 모든 것이 그분으로 말미암아 창조되었고, 그분을 위하여 창조되었습니다." 하나님의 목적이 창조를 새롭게 하는 것이라는 성서적 확신은 고대 이스라엘의 예언자적 전통에 그 뿌리를 두고 있다. 이것을 예수의 메시아 사역을 보고하는 복음서가 채택하였고, 신앙공동체의 믿음과 예배를 통해 통합되었다.

이 찬송시의 두 개의 평행구를 살펴보면, 그리스도를 모든 창조질서의 가장 높은 곳에 계신 분, 즉 "모든 피조물보다 먼저 나신 분"골1:15-17으로 고백하고 있다. 그리고 새로운 창조인 교회의 주인이자 "죽은 사람들 가운데서 가장 먼저 살아나신 분"1:18-20으로 고백하고 있다. "모든 피조물보다 먼저 나신 분"은 그리스도를 선재하신 주님임을 지칭하는 것일 수 있다.cf 1:17 그러나 이러한 성서적 용례에서 "가장 먼저 나신 분"이란 언급은 영광스런 칭호이다.cf 출4:22; 시89:27 그저 단순히 그리스도의 시간적 우선성을 언급하는 것이라기보다는 이 고백에서 이 용어가 갖는 가장 주된 요지는 그분의 탁월성을 나타내는 것임이 확실하다.

"만물이 그분 안에서 창조되었습니다."골1:16는 그리스도가 온 우주를

---

34) 다음 문단을 위해서는 드라이버, 1986:235-241을 보라

조화롭게 회복하고 통일시키는 핵심 인물이라는 신념을 표현하는 것이다. 그리스도 안에서는 "하늘에 있는 것들과 땅에 있는 것들, 보이는 것들과 보이지 않는 것들…. 이 창조되었습니다." 이것은 물질과 존재의 육체적, 영적 영역을 포함해서 사회적 질서까지도 화해시키는 그리스도의 사역의 우주적 특성을 구체적으로 보여준다.

그리스도는 "만물보다 먼저 계시고, 만물은 그분 안에서 존속합니다."골1:17 이 구절은 세상을 향한 선교에서 교회의 머리 되신 분이 창조 질서를 다스리고 계심을 보여주는 역동적 표현이다.Reicke:687 이 구절은 그리스도 안에서의 우주적 차원의 새로운 창조를 찬양하는 제1 연에서 최고조에 이른다. 교회는 그리스도 안에서 전체 창조 질서들이 그들의 진정한 의미와 논리성을 가지고 있다고 고백한다. 그러한 신앙은 세상에서의 교회의 선교를 위한 강력한 동기를 부여한다.

이 찬양시의 두 번째 연은 새로운 창조의 현실을 강조한다. 그리스도는 "교회라는 몸의 머리이십니다. 그는 근원이시며, 죽은 사람들 가운데서 제일 먼저 살아나신 분이십니다."골1:18 바울의 저술에서 "머리"는 권위의 원천일 뿐만 아니라 생명과 성장의 원천임을 보여준다. "태초"부터 그리스도는 새롭게 구속받은 인류인 교회, 즉 "새로운 피조물"참조. 갈6:15; 고후5:17의 토대이시다. "죽은 사람들 가운데 제일 먼저 살아나신 분"이라는 구절은 제1 연"모든 피조물보다 먼저 나신 분", 골1:15과 평행을 이룬다. 부활하신 그리스도는 하나님의 새로운 창조에서 가장 으뜸이시며, 교회뿐만 아니라 온 우주를 통틀어서도 으뜸이시다.

왜냐하면, 그리스도 안에서 "하나님께서는 그분의 안에 모든 충만함을 머무르게 하시기를 기뻐"골1:19하신다. 예수는 하나님의 창조하심과 재창조의 목적을 위한 가장 완전한 표현이시다. 이것은 두 번째 연에서 절정에 이르는데, 그것은 교회를 의미한다. 골로새에서 기독교 모임은 기껏해야

7년밖에 되지 않았고, 따라서 모이는 사람이 얼마 되지 않았을 것이고, 구성원 중 한 사람의 집에 빼곡히 들어앉았던 집단에 불과했다. 이러한 교회에 대해 바울이 사실상 다음과 같이 말하고 있다. "하나님의 회복 역사는 그리스도 안에서 가장 충만히 나타났다. 그분이 이것을 자기의 몸 되신 교회와 공유하신다. 그리고 교회 안에서 이미 시작한 새로운 창조는 최종적으로 전 우주로 확장될 것이다." 놀랍지 않은가! 이것은 신의 내재에 대한 단순한 긍정이 아니다. 이것은 하나님의 우주적 차원의 새로운 창조가 이미 그리스도 안에서와 교회 안에서 시작되고 있다는 사실을 고백하는 것이다. 그리스도와 그의 공동체의 메시아 선교는 모든 새로운 창조를 가리키는 것이다.

또한, 골로새서는 초기 기독교 공동체의 기독론과 교회의 증인들의 상징적 특성 간에 밀접한 관계가 있음을 명백히 인지하였다. 오직 교회가 이 세상에 도래한 새로운 창조를 메시아 사역의 대안으로 가시화할 때에만 그리스도의 참된 속성이 빛을 발하게 될 것이다. 초대 교회가 고백하는 기독론은 후대의 교회가 추구하던 관념적인 신학과는 거리가 멀다. 오히려 초대교회 신학은 교회의 정체성과 역할이 무엇인지에 대한 질문에 가장 직접적으로 대답했다.

교회는 새로운 창조활동에서 하나님께서 출범시키신 화해의 공동체이다. 그러나 새로운 창조로 출현한 공동체는 또한 타락한 악한 세상에 대한 표징이 될 수도 있다.^{빌1:27-28} 그래서 실제로 세상이 어떻게 하나님의 백성들의 상징적 증언에 어떻게 반응하느냐에 따라 구원의 표징이 될 수도 있고 심판의 표징이 될 수도 있다. 새로운 창조의 공동체가 가져다준 선교의 결과는 열방을 매혹하는 표징으로서 하나님의 백성이라는 구약의 주제라는 틀 안에서만 이해할 수 있다.

새로운 창조의 첫 열매

첫 열매는 구약에서 나온 이미지인데 이것은 신약에서는 다양한 방식으로 활용된다. 그것은 새로운 창조로서의 교회를 성서적으로 이해하는 데에 도움이 된다. 야고보서 1장 18절은 다음과 같은 비유를 보여준다. "그[빛들을 지으신 아버지]는 뜻을 정하셔서 진리의 말씀으로 우리를 낳아주셨습니다. 그리하여 그는 우리를 피조물 가운데 첫 열매가 되게 하셨습니다." 이 본문은 교회가 결국 새로운 창조라는 것을 보여주고 있다. 교회는 하나님의 새로운 창조 활동의 첫 번째 작품이다. 첫 열매 이미지는 고대 이스라엘의 종교 제의에서 빌려온 것이다. 첫 열매를 드리는 것은 곡식수확의 만물에 해당한다. 그것은 곧 수확물 전체를 드린다는 것을 상징하는 표시일 뿐만 아니라, 하나님의 풍성하심에 대한 감사의 표시이다. 게다가 그것은 하나님의 백성들이 하나님의 놀라운 역사에 감사할 것을 상기시키는 사건이었다. 주님은 "떠돌아다니면서 사는 아람 사람"으로 시작해서 이스라엘을 "번성하여, 크고 강대한 민족"으로 만드시고, "[그들에게] 젖과 꿀이 흐르는 땅"을 주셨다. 신26:5-9

또한, 첫 열매의 이미지는 신약에서는 오직 8회만 사용되었지만, 그것은 교회를 새로운 창조물로 이해하는 데 매우 중요한 역할을 한다. 롬8:23; 11:16; 16; 5; 고전15:20,23; 16:15; 약1:18; 계14:4 신약성서에서 그 이미지는 기본적으로 다음과 같은 네 가지 방법으로 사용된다. (1) 부활하신 그리스도는 죽은 자들의 첫 열매이다. 고후15:20-23 (2) 성령은 하나님의 새로운 창조를 특징짓는 충만한 가족양자, 양녀와 민족유대인과 이방인들의 첫 열매 또는 약속이다. 롬8:23; 11:16; 고후1:22; 참조. 고후1:22; 5:5 참조 (3) 특정 지역의 처음 믿었던 자들은 첫 열매들이다. 왜냐하면, 그들은 모든 지역에서 일어날 복음의 약속과 능력을 상징하기 때문이다. 롬16:5; 고전16:15 (4) 교회는 인류로부터 맺어진 하나님의 첫 열매이다. 약1:18; 계14:4

로마서 8장 18-25절에 보면, 바울은 그리스도의 구원 사역이 인간과 자연계 모두에게 미칠 것이라고 단언한다.[35] 성서적 비전에 따르면 우주 자체는 인류가 지은 죄의 결과로 고통을 받고 있다.창3:17 인류의 반역은 하나님과의 관계뿐만 아니라 모든 피조물에게 혼란과 폭력을 가져왔다. 인류를 위해 창조된 세상은 인류의 운명을 함께한다. 인류의 죄 때문에 저주를 받은 세상은 인류의 특징인 폭력과 무질서를 공유하게 되었다. 그러나 나중에 인간은 다시 그리스도의 사역의 결과로 영광에 이를 것이며, 마찬가지로 세상의 나머지 부분도 구속을 받게 될 것이다.

우주의 회복은 그리스도 안에서의 인류의 회복과 관련되어 있다. 회복된 인류는 성령께서 변화시킨 세상에서 하나님과 그리고 서로 간에 평화롭게 살아갈 것이다. 그리스도의 죽음과 부활 때문에 인류와 피조물들이 겪는 고통과 수난은 더는 참을 수 없는 죽음의 고통이 아니다. 실제로 그것들은 새 시대의 도래를 알리는 해산의 수고가 되었다. 하나님의 백성들은 성령의 보증 덕분에 이러한 소망을 확고하게 주장한다.

수확물 중 첫 번째 지급금뿐만 아니라 첫 열매도 또한 만물의 최종적 구원에 대한 약속이었다. 첫 열매로서 하나님의 백성 중에서 일하시는 성령은 최종 구원에 대한 염원일 뿐만 아니라 구속받은 인류의 염원이요, 회복된 피조물의 염원이다. 교회는 성령의 임재로 말미암아 개인적, 사회적 구원뿐만 아니라 우주의 회복을 염원한다.고후5:5 그리스도의 영은 지금 여기에서 하나님의 백성의 삶의 핵심이다.롬8:2,4-5,9,11,13-14,16 그의 영은 또한 장차 올 인류와 우주의 구원에 대한 소망의 원천이자 표지다.

35) "창조"(ktisis)로 번역된 용어가 자연, 인류, 혹은 둘 다를 언급하는지의 여부는 여전히 의문으로 남아 있다. 그러나 발터 굿브로트(Walter Gutbrod, Foester: 1029, n. 196)과 후안 마테오스Juan Mateos(1984:1761)은 이 용어를 일차적 언급으로 인류로 해석하고 있다. 이 본문뿐만 아니라 고린도후서 5장17절과 갈라디아서 6장15절에서 인류에 초점을 맞추고 있는 것으로 보인다. 더욱이, 세 본문의 문맥, 하나님의 백성의 고난 중에서의 증언 또한 인류에 대한 일차적 관심을 보여주고 있다. 인류는 성서적 비전에 따르면 창조된 우주의 핵심요소다. 따라서, 이들 본문에서 언급된 "창조"는 포괄적 의미로 이해하는 것이 가장 바람직하다고 본다.

첫 열매의 이미지는 비록 신약에 제한적으로 사용되고 있기는 하지만 교회의 정체성과 역할을 이해하는 데 있어 중요하다. 우선, 이 이미지는 세상에서의 교회의 선교에 대한 강력한 의미를 반영해 주고 있다. 교회는 구원의 역사에서 전략적 역할을 담당한다. 세상에서 살아갈 때 교회는 처음 창조와의 모종의 연대감을 가지고 있을 뿐만 아니라 타락한 상태의 모순을 경험한다.롬8:22-23 그러나 성령의 새로운 공동체로서의 교회는 또한 소망의 표지이기도 하다.롬8:24-25 새로운 창조의 첫 열매는 교회에서 찾을 수 있다. 교회는 인류를 위한 하나님의 원 목적을 성취하기 위해 "[하나님께서] 만드신 바라. 그리스도 예수 안에서 선한 일을 위하여 지으심을 받은 자"다.엡2:10

그리스도의 영의 임재는 "하나님의 창조의 시작"을 가져오는 주체로서 교회를 하나님의 새로운 피조물의 첫 열매로 구별하신다.롬8:14 첫 열매로서의 교회는 타락한 피조물을 새로운 피조물과 연결해주는 소망의 표지다. 교회가 성령의 살아있는 공동체가 되려면, 세상에서 하나님의 선교에 참여해야 한다. 첫 열매로서 교회는 창조주와 모든 피조물과, 타락한 피조물과 새로운 피조물을 이어주는 구원의 연결고리다.

교회는 하나님의 새로운 피조물의 첫 열매로서, "미래의 견인"을 구체화시킨다. 어떤 의미에서 교회의 생명과 선교는 모든 잠재된 역동성 안에서 "미래의 현존"을 실현하게 하는 것으로 구성된다. 이것은 교회와 세상 간에 존재하는 실제적 긴장관계다. 타락한 옛 피조물과 창조주의 형상으로 회복된 새로운 피조물은 평등한 관계로 상호존재하는 것이 아니다. 미래에 대한 하나님의 목적은 옛 피조물이 아니라 새로운 피조물 안에서 표현되었다. 하나님의 처음 피조세계가 근본적으로 "선하다."는 것을 고백한다.고전10:26; 딤전4:4; 계4:11; 10:6 그러나 신약성서는 피조물이 그리스도 안에 있을 때 새로워진다는 것을 강조하고 있다.고후5:17 외

"양자의 영"롬8:15은 멸망의 사슬에서 교회를 자유하게 한다.롬8:20 이러한 수확의 첫 열매는 모든 피조물에 영향을 미치게 된다. 교회 안에 현존하는 첫 열매로서 새로운 피조물은 하나님께서 모든 피조물을 위해 계획하신 변화의 선봉에 서 있다. 이것은 교회가 "온 세상에 나가서 만민에게 복음을 전파하여라"는 사명을 받았다는 문맥 가운데 나오는 내용이다.막16:15; 골1:23 교회의 이러한 전 세계적 선교에 참여하는 것은 "모든 것을 새롭게 한다."계21:5고 약속하신 분의 권위 아래 기쁨과 기대에 찬 확신으로 수행된다.

6장 새로운 인류

새로운 창조와 첫 번째 열매 메타포는 초대교회의 자기 이해에 있어서 새로운 인류 이미지와 더불어 신약성서 본문 곳곳에 등장한다. 엡2:13-18; 4:22-24; 골3:9-11; 롬5:12-21; 6:4-6; 고전15:20-22, 45-49 성서의 비전을 살펴보면, 인류와 창조 세계는 상호 연관되어 있다. 인류와 창조는 똑같이 인류의 불순종 때문에 치명적으로 파괴적인 결과를 경험했다. 하지만, 초대교회 성도들의 고백을 따르면, "마지막 아담"이신 예수 그리스도는 창조 회복의 동인動因이자 새로운 인류의 머리가 되신다. 이것은 포로기 이전과 이후의 중요한 시기에 이스라엘 예언자들이 꿈꾸었던 것이다. 그들의 비전은 하나님의 언약 백성 회복을 위해 메시아 사역을 감당했던 예수께 영감을 불어넣어 주었다. 이러한 메시아 공동체의 회복은 바울 서신서에서는 새로운 인류로 기술되어 있다. 이 비전에서 예수는 "마지막 아담"으로서, 그는 자기의 형상대로 재창조된 새로운 인류의 특징이었다.

구약성서적 배경

신약성서의 설명을 살펴보면, 예수께서 새로운 인류를 창조하셨을 때 인간의 상황은 적개심과 노골적인 증오심으로 점철되어 있었다. 1세기 즈음, 이스라엘은 열방 가운데서 자신의 정체성을 유지하기 위해 비유대인들과의 분리, 격리, 불관용과 노골적 증오심을 드러내면서 잘못된 방향으로 나아가고 있었다. 이방인들은 유대인들을 향해 유사한 태도로 보답했다. 그러나 이러한 불관용과 증오심으로 얼룩진 민족주의적 정신을 완화해 주는 또 다른 흐름이 있었다. 룻기서는 다윗 왕 그리고 예수의 조상 중에 한 경건한 모압 여인이 있었음을 상기시켜 주고 있다. 또한, 요나서는 이스라엘이 가장 증오한 원수들을 향한 하나님의 자비로운 성품과 열방을 향한 선교적 사명을 독자들에게 상기시켜 주었다.

새로운 인류에 대한 신약성서적 관점을 이해하려면, 메시아 시대가 열방의 구원을 위한 것이라는 예언자적 소망을 살펴볼 필요가 있다. 이러한 예언자적 비전은 초기 기독교 공동체뿐만 아니라 예수 자신의 메시아적 자기 이해를 고취했다. 이러한 관점에 의하면, 야훼는 모든 인류를 통치할 것이며, 하나님의 백성들은 그분의 계획 한가운데서 구원 사역을 성취해 나갈 것이다. 예언자들은 다양한 이미지를 통해 이러한 메시지를 공유했다. 사2:1-4; 미4:1-4; 슥8:20-22; 14:6-11을 보라 이것이 바로 이 땅의 백성들 가운데서 새롭고도 가시적인 방식으로 이루어질 "주님의 성전이 서 있는 산"에 관한 비전이다. 열방은 의와 평화, 그리고 구원이라는 언약 관계에 의해 모일 것이며, 이것이 하나님 백성의 특징이다.

이 비전에 의하면 칼을 쳐서 보습을, 창을 쳐서 낫을 만들 것이다. 파괴를 위한 도구가 인류의 필요를 위해 이용할 수 있는 자원이 될 것이다. 전쟁은 더는 갈등 해결을 위한 수단이 되지 못할 것이다. 하나님께서 친히 각기 다른 사람들의 중재자가 되실 것이며, "세상에…. 진실로 정의를 시행할"개역개정 그의 "종"을 통해 일하실 것이다. 사42:1-4 안식년과 희년의 회복을 통해, "사람마다 자기 포도나무와 무화과나무 아래 앉아서, 평화롭게 살 것이다. 사람마다 아무런 위협을 받지 않으면서 살 것이다."미4:4 두려움으로부터의 자유는 새로운 사회 구조, 즉 이 땅의 모든 민족과 나라들로 이루어진 메시아를 따르는 하나님의 백성 가운데서 실현될 것이다.

메시아가 하나님 나라를 회복하심으로 수많은 민족이 모여들 것이다. 그 나라는 유대인-이방인들이 빚어내는 배타성과 노골적인 적대감, 그리고 최악의 상황에서는 추방으로까지 이어지는 것과는 전혀 상반되는 곳이다. 이미 언급한 예언서 이외에도 이사야의 종의 노래는 어떻게 그 종이 성령으로 기름 부음 받아서 뭇 민족에게 공의를 베풀고, "백성의 언약과 이방의 빛"을 제공하는지를 말씀하고 있다. 이것은 "땅끝까지 [하나님의] 구원이 미치게" 하기 위함이다. 사42:1,6; 49:6 "그날에 많은 나라가 여호와께 속하여 내 백성이 될 것이요 나는 네 가운데에 머물리라" 슥2:11 예언자들이 모든 나라를 향한 하나님의 구원 계획을 언급한 것은 예수께서 자신의 메시아 이해를 언급할 때 인용하셨던 내용 중에도 나타난다.

예수의 메시아 선교

누가복음 4장 17-30절이 예수의 메시아 선교를 예고적으로 요약해 주는 것이란 관점은 대다수 학자가 동의하는 바다. 이사야 61:1-2절을 인용함으로써, 하나님께서 자기 백성 가운데서 정의를 세우려고 제정하신 안식년과 희년 조항이 메시아가 제시한 구원과 똑같은 패러다임임을 보여주었다. 누가복음에서 저자는 예수께서 이러한 비전을 따라 선포 사역과 섬김의 선교를 수행하셨음을 보여주고 있다.

예수께서 하나님의 구원 계획안에 이방인이 포함된다고 말씀하신 것눅4:24-27은 나사렛 회당에 참석한 사람들이 받아들이기 쉽지 않은 내용이었다. 그래서 그들은 예수를 죽이려고 시도했던 것이다. 누가복음의 이 본문은 예수의 메시아 선교의 축소판이다. 메시아 선교란 하나님께서 자기 백성에게 평화와 정의, 그리고 구원을 베푸시며, 심지어는 메시아의 생명까지도 베푸시는 것이다.

예수의 메시아 사역에 관한 공관복음서 이야기는 누가복음의 메시아 취임 설교와 정확히 일치하고 있다. 마태12:18-20는 궁핍한 자들을 위한 예수의 사역이 이사야 42장 1-4절의 성취였다고 주장한다. 더욱 주목할 만한 점은, 메시아 사역이 이방인을 포함하는 것임을 강조하고 있다는 사실이다. 마태복음에서 동방 박사 이야기는 하나님의 통치가 모든 나라에 미치게 될 것이란 소망을 반영하고 있다. 하나님께서 다시금 이스라엘을 통치하실 것이란 예언자들의 비전은 모든 인류를 향한 하나님의 계획을 표현한 것이었다. "이방나라들이 너희 빛을 보고 찾아오고, 뭇 왕이 떠오르는 너의 광명을 보고 너에게로 올 것이다…. 모든 사남이 금과 유향을 가지고 와서, 주님께서 하신 일을 찬양할 것이다."사60:3, 6b; 참조. 시72:10b-14

마태복음의 족보 명단은 예수가 하나님 백성의 후손이요, 아브라함의 후손이며, 다윗의 후손임을 보여주기 위함이다. 그러나 예수의 조상 가운데 네 명의 이방 여인들 이름은 1세기 유대교에 널리 퍼져 있었던 도덕적 우월성과 민족적 편견이 원시 메시아 공동체에서는 찾아볼 수 없었음을 보여준다.[36]

이스라엘 안에서 예수의 사역은 그 당시 보편적인 종교적 신념에 의해 구원의 문이 닫혀 있었던 가난한 자들, 소외계층, 소망이 없는 자들을 향한 것이었다. 유대종교지도자들은 예수의 메시아 사역을 완전히 오해하여, 예수가 유대인들을 버리고 이방인들에게 가실지도 모른다는 심각한 의문에 봉착하기도 했다. 요7:35 예수의 사마리아인들에 관한 관심은 복음

---

[36] 디말과 라합은 가나안 부족 출신이었다. 룻은 새로운 민족과 신을 선택했던 모압 사람이었다. 밧세바는 헷족속 우리아의 아내였다

서 전체에 고루 보도되고 있다.

마가는 성전정화 사건을 통해 이방인 모티프를 다시금 전면에 내세운다. 하나님의 집은 "만민이 기도하는 집이라고 불릴 것이다."막11:17; 참조. 시56:7 마가11:18와 누가19:47는 이 일 때문에 "대제사장들과 율법학자들과 백성의 우두머리들이 예수를 없애버리려고"눅19:47 했다고 기록하고 있다. 예수는 이방인의 뜰을 본래 목적인 기도를 위한 곳으로 회복시키기 위해 그 일에 개입하셨던 것이다. 그리고 이 행동이 예수의 십자가 처형으로 막을 내리게 한 단초가 되었다.

4 복음서를 보면, 예수는 사람들에게 그의 제자로서 따라오라고, 그리고 메시아공동체의 구성원으로 초청하심으로 자신의 선교를 시작하셨다. 최초의 제자들은 당연히 갈릴리 사람이라는 동종집단으로 구성되었지만, 그 공동체는 얼마 지나지 않아 다양한 그룹으로 발전했다. 이 그룹 안에는 유다 출신과 갈릴리 출신, 전직 열심당 출신, 기존 정권에 협조했던 사람들까지 포함되어 있었다. 예수께서 "고을과 마을을 두루 다니면서 하나님의 나라를 두루 선포하며 그 기쁜 소식을 전하였"을 때 이 여행에 여자들과 남자들이 함께 동참했다.눅8:1-3 예수는 하나의 공동체로 모으셔서, 그 안에서 적대적이었던 집단이 서로 화해하도록 유도하셨다.

부자들과 가난한 사람들, 교육을 받은 자들과 받지 못한 자들, 시골사람들과 도시거주자들, 남자와 여자들이 모두 화해 공동체로 모여들었다. 남자와 여자들이 예수의 제자 그룹에 소속되었다. 예수는 처음부터 이처럼 다양한 제자그룹을 통해 새롭게 세워진 하나님 백성을 상징하도록 의도했던 것이다. 예수는 모든 부류의 사람들을 메시아공동체로 초청하셨다. 그렇게 함으로 여성이나 가난한 자들, 실패한 자들이나 어린이들에 대한 차별이 없는 사회질서를 세우는 것이 하나님 나라의 새로운 양식임을 보여주셨다. 이것이 바로 초대교회가 지향한 비전이었다.

에베소서 2장 13-18절에서 개관하는 바울의 비전은 단순한 비유적 표현이 아니다. 복음서를 보면 예수께서는 문자 그대로 평화와 정의로 특징되는 새로운 인류의 창조를 위해 자신의 목숨을 내놓으셨다. 유대인뿐만 아니라 이방인도 이 새로운 인류에 온전히 참여할 수 있게 되었다. 이방인과 유대인이 얼마 지나지 않아 새로운 하나님의 백성으로 통합되었다는 사실은 사도행전과 서신서에서 광범위하게 그 증거를 찾을 수 있다. 반대파들에 대한 사회적, 종교적 압박에 직면한 상황에서도, 논리적으로 도무지 일어나지 않을 법한 일이 아주 급속도로 발생했다. 롬1:16; 골3:11 이것은 확언컨대 예수 그리스도의 생애와 죽음 그리고 부활의 효력과 신앙공동체 안에서 지속적으로 역사하시는 성령의 영향 때문이다.

새로운 인류에 대한 바울의 비전

여러분이 전에는 하나님에게서 멀리 떨어져 있었으나, 이제는 그리스도 예수 안에서 그분의 피로 하나님께 가까워졌습니다. 그리스도는 우리의 평화이십니다. 그리스도께서는 유대 사람과 이방 사람이 양쪽으로 갈려 있는 것을 하나로 만드신 분이십니다. 그는 유대 사람과 이방 사람 사이를 가르는 담을 자기 몸으로 허무셔서, 원수 된 것을 없애시고, 여러 가지 조문으로 된 계명의 율법을 폐하셨습니다. 그것은, 이 둘을 자기 안에서 하나의 새 사람으로 만드셔서, 평화를 이루시고, 원수 된 것을 십자가로 소멸하시고, 십자가로 이 둘을 한 몸으로 만드셔서, 하나님과 화해시키시려는 것입니다. 그분께서는 오셔서, 하나님에게서 멀리 떠나 있는 이방인 여러분에게 평화를 전하시고, 하나님께 가까이 있는 사람들에게도 평화를 전하셨습니다. 이방 사람과 유대 사람 양쪽 모두, 그리스도로 말미암아 한 성령 안에서 아버지께로 나아가게 되었습니다. 엡2:13-18

이 본문은 바울의 관점에서 지배와 착취갈3:25-29; 골3:9-11 그리고 하나님으로부터의 소외골1:13로 훼손된 인류의 문제를 그리스도께서 어떻게 회복하셨는지를 잘 요약해 보여주고 있다. 이것은 새로운 메시아 공동체, 즉 교회의 창조를 가리키며, 이는 모든 창조물뿐만 아니라 인류를 위한 하나님의 계획 한가운데 자리하는 것이다.엡3:3-11; 참조 골1:13-14 새로운 창조새로운 인류는 평화, 화해 그리고 하나님의 성령 안에서의 공동체적 삶을 특징으로 한다.드라이버, 1986:213-229를 보라

에베소서 2장 13-18절은 새로운 인류가 누구를 통해 어떻게, 어떤 도구에 의해 창조되었는지를 설명해 주는 일련의 구절들이다. 평화가 하나님과 더불어 그리고 유대인과 이방인 사이에서 이루어졌다. 이 평화는 메시아가 세우신 것이다. 이것은 오직 "그리스도 예수 안에서", "그의 육체 안에서", "한 몸 안에서", "그를 통해서만" 발견된다.2:13-14,16,18 이 사실이 초대교회의 근본적인 사상으로, 그들은 예수를 평화의 인격체로 보았다. "그리스도는 우리의 평화이십니다."2:14

다른 구절들은 그리스도가 이러한 평화를 성취하신 방법에 대해 언급하고 있다. "그리스도의 피로 말미암아", "그의 육체로", "십자가를 통해"엡2:13-16 또 다른 구절들도 평화를 이루는 수단에 대해 설명해주고 있다. 그가 "두 집단을 하나로 만드셨다", "원수 된 것의 막힌 담을 허무셨다", "여러 가지 조문으로 된 계명의 율법을 폐하시고", "이 둘을 자기 안에서 하나의 새 인류로 만드셨으며", "오셔서 평화를 전하셨다."2:14-17

그러나 무엇보다도 이 메시아 공동체는 사회적 현실이라는 점이다. 이 본문에서 그리스도께서 찬송을 받는 이유는, 그분이 개인의 영혼에 평안을 가져다주셨기 때문이 아니다. 물론 이것도 중요한 부수적 효과이긴 하지만. 여기에 나타난 평화는 교회 안에서의 사회적 현실이다. 이것은 무엇보다도 인류, 즉 유대인과 이방인 사이의 평화요, 하나님과 모든 인류 사

이의 평화다. 엡2:16-17; 바르트:262쪽

전통적으로, 속죄론은 개인과 하나님 사이에 놓인 장벽이 제거되었다는 사실에만 집중하는 경향이 있었다. 그러나 이 본문에서 다루고자 하는 주된 내용은, 그리스도께서 죽으심으로 인간 집단을 분리시켰던 장벽이 제거되었다는 점이다. 이것이 두 집단의 사람들이 하나님과 화해하는 새로운 인류의 창조로 이어진다. 엡2:14-16

베드로와 바울은 모두 예수 그리스도께서 "평화의 복음"행10:36; 롬10:15; 엡2:17; 6:15이 가져다준 기쁜 소식의 실체에 대해 언급하고 있다. 예수께서는 메시아 선포와 사역을 통해 바깥에 있는 사람들과 안에 머무는 사람들을 화해시키셨다. 그는 메시아 공동체 안에서 평화를 창조하셨고, 제자들 사이에서 발생했던 분열을 화해시키셨다. 초대교회에서, 메시아 공동체의 구성원이 된다는 것은 타인과 화해하는 것을 뜻했고, 그렇게 함으로써 평화를 경험했다.

평화에 관한 바울의 이해는 때로 교회에 관한 이론과 실천 측면에서 모호한 것처럼 보인다. 이 본문을 살펴보면, 구약에서 평화의 의미의 뿌리를 찾을 수 있다. 샬롬은 아주 포괄적인 개념으로, 사람들 간의 관계와 하나님과 인간의 관계를 성서적으로 이해하는 데 필수적이다. 예언자들에 의하면, 진정한 평화는 정의가 편만 했을 때, 사람들이 평등하게 대접받고 존중받았을 때, 구원이 번성했을 때 보편화하였다. 이 일은 자비하신 하나님께서 자기 백성에게 베푸신 언약을 통해 이루신 사회 질서 내에서 발생했다.

무엇보다 샬롬은 메시아 공동체의 특징으로, 이 공동체 안에서 하나님의 백성을 향한 그분의 계획이 실현될 것이다. 이러한 비전은 이사야서에서 가장 명확하게 드러난다.

> 놀랍고도 반가워라!
> 희소식을 전하려고
> 산을 넘어 달려오는 저 발이여!
> 평화가 왔다고 외치며, 복된 희소식을 전하는구나.
> 구원이 이르렀다고 선포하면서,
> 시온을 보고 이르기를
> "너희 하나님께서 통치하신다!" 하는구나. ^사52:7

샬롬은 메시아를 통해 나타나는 하나님의 정의로운 통치 영역에서 경험된다. 이것은 초대교회가 "그는 우리의 평화다."^{엡2:17}라고 고백한 이유와, 그리고 평화를 그리스도, 즉 새로운 인류의 창조주와 연결해서 생각했던 이유를 이해하도록 도와준다.

평화에 기초한 새로운 사회 질서

평화에 기초한 새로운 인류의 형성이 바로 새로운 창조 행위다. 그런데 대경실색할만한 일은, 이 사건이 십자가 위에서 시작되었다는 사실이다. 처음 창조가 자연으로 시작되어 인간 창조에서 절정을 이루었다면, 새로운 창조는 우주적 차원에서 회복의 첫 열매인 새로운 인류의 창조로 시작한다. ^{롬8:18-22}

새로움이란 개념은, 특히 창조를 언급하면서 사용할 때는, 성서에서는 하나님의 뜻과 역사의 절정 혹은 최종적 결실을 암시한다.^{바르트:309쪽} 새로움을 나타내는 두 개의 헬라어 단어 중에서, 새로운 인류와 새로운 창조에 관한 용어는 일반적으로 카이노스^{kainos, 37)} 라는 단어를 사용하는데,

---

37) 이것은 에베소서 2장15절과 4장24절의 "새로운 인류"와 고린도후서 5장17절과 갈라디아서 6장15절의 "새로운 피조물"에 대해서도 사실이다.

이것은 일시적 혁신[38]과 대조되는 질적인 새로움을 의미한다. 이 용어는 명료한 종말론적 내용을 담지하고 있으며, 그리스도 안에서 새로운 창조와 더불어 동터오는 "새로운 시대"를 지칭한다.^{Behm:449쪽}

"한 새로운 인류"가 유대인과 이방인으로부터 창조되었다는 사실은 에베소서 2장 14-16절에서 강조되고 있다. 그러나 이 "새로운 인류"는 유대인과 이방인이 제3의 동종 민족으로 환원되었다는 의미가 아니다. 오히려 교회는 유대인과 이방인 모두를 위해 죽으신 그리스도에 의해 화해를 이룬 두 집단으로 구성되어 있다. 새로운 인류는 민족주의라는 상호배타성, 종교적 자만과 개인주의로부터의 해방에 토대를 둔다. 이것은 전적으로 새로운 종류의 사회적 행동을 특징으로 한다. 이와 같은 은혜로운 파괴와 건설 사역은 유대인과 이방인 모두에게 일어났다. 두 집단을 "하나의 새로운 인류"를 창조했다는 말은 둘 중 어느 하나도 상대방이 없으면 구원과 평화, 그리고 생명을 누릴 수 없다는 뜻을 내포하고 있다. 인간은 구원을 받기 위해서는 서로를 필요로 한다.^{Barth:311}

새로운 인류는 단순히 마음이 통하는 사람들, 같은 수준의 사람들로 구성된 집단이 아니다. 신약성서는 과거의 원수지간에 있던 사람들의 화해가 "하나의 새로운 인류"를 창조하는 길을 열어놓았음을 보여준다.^{마5:23-24, 43-48; 갈2:11-14; 롬5:6-10} 이 새로운 인류는 말 그대로 혁명적인, 전혀 새로운 공동체다. 그것은 자신의 존재를 위해 전적으로 하나님을 의지하는 사회적 현실이다. 그것은 하나님께서 그리스도 안에서 행하셨듯이 사랑하고 용서하는 공동체다.^{엡4:32-5:2} 새로운 인류는 평화를 기초로 하고 있는데, 이것은 우연한 일치도 아니고, 그리스도의 구원 사역의 부수적 결과도 아니다. 개인적, 사회적, 그리고 경제적 반목이 화해를 통해 극복되는

---

38) 골로새서 3장10절, 고린도전서 5장7절, 그리고 히브리서 12장24절은 두 용어가 때로 동의어로 사용되고 있음을 보여주는 예외적인 경우다

새로운 인류의 창조는 하나님의 메시아의 생애와 죽음, 그리고 부활의 직접적이고도 일차적인 결과다.

예수의 제자들과 새로운 인류

새로운 인류 이미지는 새로운 제자들에게 세례와 초대교회에 참여하는 방법을 가르치고 준비시킬 때 사용되었다.

> 여러분은 옛 사람을 그 행실과 함께 벗어버리고, 새 사람을 입으십시오. 이 새 사람은 자기를 창조하신 분의 형상을 따라 끊임없이 새로워져서 참지식에 이르게 됩니다. 거기에는 그리스인과 유대인도, 할례받은 자와 할례받지 않은 자도, 야만인도 스구디아인도, 종도 자유인도 없습니다. 오직 그리스도만이 모든 것이며, 모든 것 안에 계십니다. 골3:9b-11

에베소서 4장 22-24절에도 같은 내용이 기록되어 있다.

> 여러분은 지난날의 생활방식대로 허망한 욕정을 따라 살다가 썩어 없어질 그 옛 사람을 벗어버리고, 마음의 영을 새롭게 하여 하나님의 형상을 따라 참 의로움과 참 거룩함으로 지으심을 받은 새 사람을 입으십시오.

로마서 6장 4-6절에도 같은 이미지를 사용하여 비슷한 개념을 표현하고 있다. "우리의 옛사람이 그리스도와 함께 십자가에 달려 죽은 것은"[6a] "우리도 또한 새 생명 안에서 살아가기 위함입니다."[4c] 위의 세 본문은 모두 초대교회 공동체 안에서 새신자들을 가르칠 때 사용된 것들이 분명하다.

초대교회에서 기본적인 가르침이 개개 그리스도인들의 개인적인 제자도에 대해 암시하고 있지만, 새로운 인류 이미지는 일차적으로 공동체성을 내포하고 있다. 초대교회에서 신앙 교육의 주된 관심은 단순히 개인의 엄격한 윤리에 관한 것이 아니라 그들이 어떤 사람이 될 것인가에 관한 것이었다. 메시아 공동체의 구성원이 되려면 새로운 인류에 참여해야 했다.

본질적으로 새로운 인류가 갖는 공동체적 성격은 에베소서 4장 13-14절에서도 강조되고 있다. "성숙[온전한 사람]"과 "그리스도의 충만하심의 경지"는 "어린아이"의 불안정성과 상반되는 개념이다. 메시아 공동체 안에서 부활하신 그리스도께서 그의 몸에 베푸시는 은혜의 선물은 새로운 인류인 신앙공동체의 성장과 완성에 이바지한다.

이들 본문에는 교회가 자신을 새로운 인류로 이해하고 있음을 수차례 명확하게 암시하고 있다. (1) 인류는 타락한 "옛 인류"와 하나님의 형상대로 재창조된 "새로운 인류"라는 두 개의 분명한 사회 집단으로 구분된다. (2) "새로운 인류"는 "참된 의와 거룩함"으로 "창조주의 형상을 닮아가는" 계속적인 갱신 과정을 특징으로 한다. (3) "옛 인류"와 "새로운 인류"는 공동체적 현실을 지칭하며 어느 한 쪽에 참여하는 것은 개인의 윤리적 선택이라는 단순한 문제 그 이상이다. 이것은 새로운 인류라는 사회 구조 속으로 편입한 공동체에 관한 것이다. 속임수와 덧없는 옛 질서와 반대되는 새로운 사회 질서에 참여하는 것이다.

(4) 옛 정권에서 민족, 국가, 문화, 계급과 종교의 분열이 일어나게 하는 파괴적인 불화는 대처 불가능한 것으로 드러났다. 새로운 인류에서 이러한 불화는 모두 극복되었고 그리스도의 영은 만물에 스며들어 있다. (5) "창조주의 형상"은 새로운 인류를 나타내는 사회 구조를 결정한다. 이들 본문의 문맥에 따르면, 예수의 새로운 길은 새로운 공동체 안에서 사회적 행동에 대한 구체적 모델을 제시한다. 사실 예수 자신이 새로운 인간, 새로운 인류, 새로운 아담이다.

마지막 아담

인간의 대표성이라는 이미지의 원형은 첫 번째 아담과 마지막 아담이라는 용어로 표현되었다.롬5:12-21; 고전15:20-22,44-49 이것은 새로운 인류라는 성서적 이미지를 이해하도록 도와준다. 하지만, 훨씬 더 중요한 것은, 이것이 교회(새로운 인류)와 예수 그리스도(새로운 인간)의 관계를 이해하도록 도와준다는 사실이다.39)

복음서에서 예수는 종종 자신을 인자로 표현했다. 이 단어가 바울 서신서에는 나타나지 않지만, 그는 이와 유사한 의미의 단어를 사용하였다. "장차 오실 분", 단순히 아담 혹은 "한 사람"으로 불리는, 죄를 범한 인간 아담과 대조되는 "[그] 한 사람"롬5:12-21이다. 고린도전서 15장 45-49절에서 그리스도는 "마지막 아담", "둘째 사람", 그리고 "하늘에 속한 그분"으로 불렸고, 이는 "첫 사람, 아담"과 대조를 이룬다. 예수께서 인자와 관련하여 행하셨듯이막10:45, 바울은 "마지막 아담" 모티프를 "영원한 생명에 이르게 하는 의"를 가져온 야훼의 고난받는 종과 관련짓고 있다.롬5:12-21; 빌2:6-11; 예레미야스, 1964:141-143

바울이 이러한 용어를 사용한 이면에는 한 민족의 생사, 즉 공동체의 생사는 그 공동체의 지도자에게 달렸다는 히브리적 개념이 놓여 있다. 이것은 하나님의 백성이 자기 자신을 스스로 어떻게 했는지를 보여주는 중요한 개념이었다. 왕은 "야훼의 기름 부음 받은 자"로서 이스라엘의 운명을 짊어지고 가는 대표성을 지닌 인물이었다.렘30:18-22 이 인물의 주된 특성은 하나님이 선택하신 자요, 자기 백성을 위해 하나님의 목적에 복종했다는 점이다.

신약성서는 복종과 하나님의 기름 부름 받은 자(메시아)의 대속적 고난과 그리스도의 왕권이 시행되는 방식 간의 밀접한 관계를 보여주고 있다. 이

---

39) "아담"이라는 단어가 갖는 기본적 의미는 "인간" 혹은 "인류"다.

것은 결코 우연한 일치가 아니었다.참조. 빌2:5-11 "어린 양이 그들을 이길 것이다. 그것은 어린 양이 만주의 주요 만왕의 왕이기 때문이며, 어린 양과 함께 있는 사람들이 부르심을 받고 택하심을 받은 신실한 사람들이기 때문이다."계17:14 "피로 물든 옷을 입으신 어린 양"이 그의 이름, 즉 그의 입에서 나오는 날카로운 칼로 상징되는 "하나님의 말씀"으로 이기신다.계19:9, 13-15; 참조 히4:12 그분은 "왕들의 왕, 군주들의 군주"시다.계19:16

예수는 하나님의 기름 부음 받은 자요 하나님의 백성의 대표자로서, 그들을 위한 선교를 수행하며 그들의 운명을 쥐고 있다. 그 백성의 생명과 그들을 위한 선교는 그리스도의 구원 사역 가운데서 예견되어 있다. 그의 고난과 승리를 통해 예수는 하나님 백성의 고난과 승리를 전달해 주고 있다.

이러한 연대 정신은 생生과 사死를 포함한다. 새로운 아담으로서의 그리스도의 대표성은 아버지께 절대적으로 복종하셨던 그의 대속적 죽음을 포함하고 있다. 이 죽음은 우리가 모두 참여하게 될 죽음이다.롬5:12-21 예수는 또한 부활 관점에서 새로운 아담으로 나타난다.고전 15:20-22, 45-49 그는 생명을 주시는 영이요, 구속된 인류가 결국 따르게 될 상像이다. 새로운 창조와 새로운 인류 이미지가 그 특징인 바울의 저술들엡2:15; 4:13, 22, 24; 골3:9에서 그리스도는 하나님의 백성이 충만함에 이르게 될엡4:13 대표적 인간으로 나타난다.

로마서 5장 12-21절에서, 바울은 공동체적 인간에 대한 성서적 비전을 상정한다. 이것은 타락한 상태에 있는 아담과의 유대를 포함한다. 그러나 그리스도를 "생명을 얻게 하는 의"로 특징되는 새로운 인류의 대표적 인간으로 묘사한다. 아담은 타락, 죄와 죽음에서 벗어날 수 없는 옛 창조를 대표한다. 하지만, 예수는 인자로서, 그분 안에서 성취의 시대가 시작되었다.

구체적으로 바울은 인류의 대표성을 지닌 그리스도를 우리를 위해 아버지께 죽기까지 복종한 분으로 이해한다. 그리스도의 사역이 갖는 대표성은 그분의 죽으심의 대표성을 말해주고 있다. 예수의 죽음은 그가 우리를 대신해 죽으셔서 그리스도인이 죽음을 면제받았다는 의미가 아니다. 예수는 새로운 아담으로서 그의 죽음과 부활은 우리가 죽고 그와 더불어 살아날 것을 고대케 하는 대표성을 갖는다.^{살전4:14; 5:10; 고후5:15; 4:10; 롬14:9}

고린도전서 15장 20-22절에 나타난 바울이 사용하는 인류의 대표성 이미지는 예수의 부활에 초점을 맞추고 있으며, 이 부활을 통해 예수는 모든 사람을 위한 생명의 전달자가 되신다. 그는 "생명을 주시는 영"^{고전15:45}이시며, 새로운 인류가 따르게 될 대표적 인간^{15:49}이시다. 주님께서 실제로 우리 안에서 역사하시는 창조의 영이시기 때문에 이러한 변화는 이미 발생하기 시작했다.^{고후3:18; 4:10-12}

아담이나 예수는 단순히 사적인 개인이 아니었다. 두 사람은 모두 대표적 인간인 "아담"이었다. 그 둘은 다른 사람들이 따라야 할 자들이었다. 첫 번째 아담에 속한 자들은 본질상 육체적이고 세속적인 존재로 단순히 살아있는 영living souls이었다. 그러나 새로운 시대에 참여하는 사람들은 마지막 아담이 그러하셨듯이, 영적이며 하늘을 지향하는 자요, 생명을 주시는 영life-giving Spirit의 능력을 공유하는 자들이 되었다.^{고전15:45; 참조. 요6:63}

따라서 바울이 아담과 예수 그리스도에 관해 이야기할 때 그는 두 인류를 대표적 인물로 언급하는 것이다. 아담은 하나님과의 교제를 위해 창조된 인간이었으나 결국 자아의 노예가 되고 말았다. 예수는 죽었을 뿐만 아니라 다시 살아나신, 새로운 종류의 인류를 대표한다. 예수의 대표성은 새로운 인류의 현재 모습뿐만 아니라 미래의 모습을 포함한다. 그는 우리의 현재와 장차 이루어질 미래를 대표한다. 그곳이 바로 하나님의 구원과 화해 선교가 수행되는 공동체이자, 하나님과의 교제가 회복될 미래를 고대하는 공동체다.

바울은 또한 예수께서 "보이지 않는 하나님의 형상eikon이시요…. 교회라는 몸의 머리이십니다. 그는 근원이시며, 죽은 사람들 가운데서 제일 먼저 살아나신 분이십니다."골1:15-18라고 쓰고 있다. 이 메타포는 1세기 당시 일반 골로새 교회 그리스도인에게 강력한 메시지였을 것이다. 예수는 보이지 않으시고 멀리 계신 하나님의 살아계신 형상이시다. 그러나 예수는 하나님의 형상만이 아니시다. 그분은 인류의 형상이시며, 그것이 바로 하나님이 계획하신 것이다. 예수는 타락 이후 거의 기억 저편에 묻혀 있던 하나님의 형상대로 창조된 인류의 비전을 제공하신다. 골로새서의 찬송시는 예수를 바라보라고 우리를 초청한다. 그는 하나님이 어떤 분인지를 보여준다. 그뿐만 아니라 우리가 본래 어떤 존재가 되도록 창조되었는지를 보여준다. 여기에, 새로운 인간 안에서 하나님께서 의도하셨던 인류가 존재한다. 아버지께 철저하게, 심지어 죽기까지 충성함으로써 예수는, 회복된 인류가 어떤 존재가 될 것인지를 보여주셨다.

첫 번째 아담과 달리 예수 그리스도는 참 인간이요, 하나님의 참 형상이시다. 예수는 그의 제자들이 "입을" "하나님의 형상을 따라…. 지으심을 받은 새 사람"으로 성육신하셨다.엡4:24; 골3:10 죽기까지 복종하심으로 자신의 메시아 선교를 수행하신 예수는 새로운 메시아 백성이 본받도록 부름 받은 모습을 대표한다. 메시아 예수, 마지막 아담 또는 새로운 인간은 아버지께 절대적으로 복종하심으로, 메시아 공동체를 위한 선교의 실체와 형상을 결정지었다.

이것은 새로운 인류가 예수 그리스도, 새로운 인간에 의해 형성되었음을 내포한다. 이 세상에서 예수의 길은 구체적으로 새로운 인류가 걸어가야 할 길의 모델이다. 예수께서 거절하신 대중적 메시아가 되라는 유혹은 단순히 사도 공동체를 위한 역사적 골동품이 아니다. 예수께서 살아내신 야훼의 종이라는 구체적 형상은 우리를 위한 모본이다. 그것은 예수의 새로운 제자들이 새로운 인류에 통합되는 것이 무슨 의미인지 알 수 있도록 서술되었다. 교회와 선교에서 구원에 이르는 지름길은 존재하지 않는다. 그리스도와 산다는 것은 먼저 그와 함께 죽는 것을 의미한다. 그것은 또한 선교가 항상 십자가 형태임을 의미한다. 그리스도께서 죽으셨다는 것은 모든 사람이 죽었다는 의미이며, 그리스도와 죽는 구체적 결과를 수행해 나가야 함을 의미한다. 예수를 메시아로 받아들이는 것은 그의 고난에 기꺼이 참여하는 것이다. 그런 의미에서 그리스도의 고난은 우리의 고난을 대신하는 것이 아니라 우리가 따라야 할 양식이다.Hooker: 82쪽

이것은 또한 화해를 구체적으로 표현하는 것이 새로운 인류를 가리키는 표지임을 의미한다. 그렇다고 이것이 반드시 모든 민족이 새로운 창조에 참여해야 한다는 것을 의미하는 것이 아니다. 교회의 선교를 위한 이 이미지의 요점은 평화 만들기peacemaking가 주목적이다. 이것은 예수 그리스도를 통해 보여주신 진정한 용서와 사랑의 경험을 통해, 지난날의 원수 되었던 자들이 하나님과 화해하였음을 의미한다. 분리와 적개심의 장벽이 무너지는 것이야말로 선교의 참된 표지로서, 이것이 바로 새로운 인류를 위해 새로운 인간the New Man이 보여주셨던 것이다.

선교적 교회에 대한 성서의 이미지

백성 이미지
7장_ 하나님의 백성
8장_ 하나님의 가족
9장_ 목자와 양떼

7장 · 하나님의 백성

우리가 신약성서에서 찾을 수 있는 거의 수백 개에 달하는 교회의 정체성에 관한 표현 중 "하나님의 백성"이라는 개념은 아마 가장 오래된 것이고 가장 기본이 되는 것이다.Küng 1967:119 신약이 이러한 '백성'의 이미지를 자주 사용했다는 것에서 이 이미지가 얼마나 중요한지를 보여준다.[40] 그 숫자로 보면 전체 신약성서 중 총 14권에서 이러한 이미지가 사용되고 있다. 이스라엘과 관련된 이미지, 열두 부족, 할례, 그리고 하나님의 가족이라는 말은 갈라디아서, 에베소서, 빌립보서, 골로새서, 데살로니가전후서, 그리고 야고보서에 사용되고 있다. 신약성서에서 오직 6권딤전후,몬,요1,2,3에서만 이 개념이 사용되지 않았다.[41] 그래서 그 이미지는 초기 기독교 공동체의 자기 정체성 이해에서 매우 주도적으로 역할을 하였고, 그 중 가장 대표적인 구절을 꼽기 어려울 정도로 매우 많다.[42]

---

40) 신약성서에서 *Laos*는 140회 정도 출현한다. 그 용어가 문자적 의미로만 사용될 때가 언제인지, 또는 하나님의 백성을 언급하기 위해 상징적 의미로 사용되고 있는 것인지 항상 명확한 것은 아니다.
41) 처음 세 성서에서 이 용어가 사용되지 않는 것은 그리 중요해 보이지 않으며, 요한이 거의 사용하지 않는 것이 요한공동체와 회당간의 갈등 때문에 요한 전승에 적합하지 않았을지도 모른다는 의문을 갖게 만든다.
42) **Minear**는 하나님의 백성이 교회의 자의식을 위해 특별한 의미를 지니고 있는 본문들을

신약에서 사용된 개념을 살펴보면, 이 이미지는 주로 하나님의 선택된 백성을 원시 기독교 공동체의 본질로 나타내는 데 사용됐다. 그들 안에서 구원의 약속은 계속해서 성취되었고, 비록 이러한 용어들이 신약에서는 더는 사용되지 않지만, 예수님의 제자들이 그들 자신이 진정한 이스라엘 백성임을 깨달은 것만은 확실하다. 그리고 얼마 지나지 않아 자신들이 '새' 이스라엘 백성임을 깨닫는다.^{Küng 1967:108}

어떤 의미에서 1세기 유대교와는 달리 메시아 공동체는 하나님의 옛 언약이 이미 완성되었다고 믿었다. 하나님의 통치가 도래했다. 새 시대의 선물인 하나님의 영이 이미 그들 가운데 임했다. 그들은 임박한 하나님 나라의 완성을 기대하며 살았다. 회개^{metanoia}와 믿음을 특징으로 하는 하나님의 진정한 새로운 백성들이 옛 이스라엘 백성 가운데에서 일어났다. 이러한 특징들이 "육신 상의 이스라엘 백성"^{고전10:18}안에서는 더는 발전할 수 없었고, 그때 메시아 공동체는 매우 자연스럽게 그의 정체성과 선교의 의미를 새롭고 참된 이스라엘이란 면에서 "하나님의 백성 이스라엘"^{갈6:16}로서 이해하였다. 한때는 하나님의 백성이 아니었던 자들이 지금은, 실로, "살아계신 하나님의 자녀"^{롬9:26}, "하나님의 소유가 된 백성"^{벧전2:9}이 되었다.

우리의 목표는 이러한 "하나님의 백성"이라는 이미지가 신약공동체에서 가지고 있던 의미를 성서적으로 이해하는 것이다. 따라서 우리는 초대교회가 했듯이 이런 것들을 구약의 문맥 가운데서 이해할 필요가 있다. 자기 이해를 위해 교회가 사용한 하나님 백성 이미지는 구약에서 그 뿌리를 두고 있기 때문이다.

다음과 같이 제시해 주고 있다. 마1:21; 2:6; 4:16, 23; 요11:50; 18:14; 롬9:25-26; 11:1-2; 15:10; 딛2:14; 행3:23; 7:34; 13:17-31; 15:14; 18:10; 고후6:16; 히2:17; 4:9; 8:10; 10:30; 13:12; 벧전2:9-10; 눅1:17, 77; 2:10, 31-32; 7:16; 계18:4; 21:3(Minear, 1960:272, n.1).

구약에 뿌리를 둔 하나님의 백성

하나님의 백성의 이미지*laos theou*는 당시 이교도 문학에서는 거의 나타나지 않지만 70인역에서 2,000번 이상 나온다. 이렇게 두드러지게 나타나는 이유는 분명히 구약성서 자체의 속성 때문이다. 구약성서는 하나님께서 축복의 대상이요 축복의 통로로 선택하신 민족의 구원 역사를 기록한 책이다. 성서에서 그 용어의 용례를 살펴보면, 그것은 사회적, 영적 유대감을 지닌 공동체적 의미가 있다. 그에 비해, 고전적인 그리스어에서 그 용어는 주로 그곳에 사는 군중 또 단체의 구성원들을 지칭할 때 사용되었다. 그것은 특히 통치자가 아닌, 통치자들에게 종속된 일반 주민들을 지칭한다. 그 단어가 복수형으로 쓰일 때, 이것은 단순히 "무리를 구성하는 개인의 숫자"Strathmann,1967a:30를 나타낸다. 그러나 성서에서는 그 용어는 특정 부류의 민족을 가리킨다. 그것은 이 백성과 그들의 하나님의 관계성뿐만 아니라 그 백성의 사회적, 영적 일치를 강조한다.

하나님의 백성 이미지를 보면 이스라엘 백성들이 어떻게 자기 자신을 이해했는지 알 수 있다. 이스라엘 백성들의 믿음은 다음의 말로 요약할 수 있다. 야훼는 이스라엘의 하나님이요, 이스라엘은 야훼의 백성이다.Küng,1967:117 이스라엘이 야훼께 속해 있다는 사실은 하나님의 백성 이미지에 부여된 이미지다. 이것이 모세 사역의 기저를 이루고 있다.

> 나는 주다, 나는 이집트 사람들이 너희를 강제로 부리지 못하게 거기에서 너희를 이끌어 내고, 그 종살이에서 너희를 건지고, 나의 팔을 펴서 큰 심판을 내리면서 너희를 구하여 내겠다. 그래서 너희를 나의 백성으로 삼고, 나는 너희의 하나님이 될 것이다. 출6:6-7a

이것이 시내산 언약의 특징이다. "이제 너희가 정말로 나의 말을 듣고,

내가 세워준 언약을 지키면, 너희는 모든 민족 가운데서 나의 보물이 될 것이다. 온 세상이 다 나의 것이다. 그러므로 너희는 내가 선택한 백성이 되고, 너희의 나라는 나를 섬기는 제사장 나라가 되고, 너희는 거룩한 민족이 될 것이다."출19:5-6a 이 내용은 하나님의 백성이 따라야 할 안식년과 희년 조항의 문맥에서 언급된 것이다.레25장 "너희와 세운 언약을 나는 꼭 지킨다…. 너희가 사는 곳에서 나도 같이 살겠다…. 나는 너희 사이에서 거닐겠다. 나는 너희의 하나님이 되고, 너희는 나의 백성이 될 것이다."레26:9-12

하나님의 통치를 받는 백성이라는 기본적 관계가 가진 신학적 의미는 신명기에서 훨씬 발전한 모습으로 나타난다. 이스라엘 백성은 야훼께서 자기 백성을 선택하실 때 표현한 그의 구원 계획에 그 토대를 두고 있다. "당신들은 주 당신들의 하나님의 거룩한 백성이요, 주 당신들의 하나님이 땅 위의 많은 백성 가운데서 선택하셔서 자기의 보배로 삼으신 백성이기 때문입니다."신7:6; 참조. 4:37; 14:2 그들이 영광스런 하나님의 백성으로 선택받은 이유는, 이스라엘이 가진 힘이나 도덕성, 인구, 경제, 군사력 때문이 아니었다. 오히려 그들이 소수이자, 약자였기 때문이고, 가난한 자에 대한 하나님의 사랑 때문이었다.신7:6-12; 참조.4:37

이스라엘은 하나님의 선택하심과, 언약에 기초한 구원 통치 때문에 생존할 수 있었고, 이스라엘은 그런 하나님께 자발적으로 헌신했다.출19:8, 43) 하나님의 백성들의 삶은 하나님의 행동과 성품에 전적으로 달렸었다. 하나님의 사랑이 이스라엘을 존재케 했기 때문에, 이러한 관계의 본질은 그의 백성들에게 하나님을 사랑하고 그의 명령을 지키도록 요청한다.신7:9 주님께서 말씀하셨다. "너희의 하나님인 나 주가 거룩하니 너희도 거룩해야 한다."레19:2 하나님의 백성에게 이것은 언약이자 명령이다. 구체적으

---

43) "이스라엘"은 본래 "하나님이 통치하신다"라는 의미다(Küng,1967a:114).

로, 이스라엘의 하나님이 선택하신 길은 독특하다. 따라서 그의 백성도 [세상과] 달라야 한다. 이 거룩함이 이스라엘 예배의 특성을 결정한다.

"제사장 나라"출19:6로서 그들의 대표 제사장과 함께, 이 백성들은 "하나님께서 기쁘게 받으실 신령한 제사"를 드린다.벧전2:5 그러한 제사는 종교적 제사 영역을 능가한다. 성서적 거룩함은 특별히 사회적 거룩함이다. 하나님의 백성들을 거룩함으로서의 초대한 것은, 하나님처럼 행동하고, 하나님의 구원 계획에 동참하라는 부르심이다. 실제로 이것은 언약을 지키고 출19:5-6, 그의 명령을 지키며신7:9; 레20:7-8, 경제적으로 생산 능력이 없는 노인을 돌보며, 노예들에게 안식일 휴식을 허용하는 것과 같은 방식으로레19:3 정의를 실천하는 것을 의미한다. 하나님의 백성들은 하나님의 존재와 행동 방식으로 하나님과 함께 길을 걷는 사람들이다.레26:12 이스라엘은 그들이 야훼를 따라서 행동할 때에만 야훼의 백성들이 될 수 있다.신28:9; 민15:40; 레19:2

하나님의 백성은 그들이 도덕적 혹은 제의적 행위로 자신을 스스로 거룩하게 할 능력이 있는 것이 아니다. 그들은 "주 당신들의 하나님의 거룩한 백성"신7:6; Strathmann, 1967a:35쪽이라는 사실 덕분에 거룩한 것이다. 이것은 하나님의 백성들의 거룩함이 허구라는 말이 아니다.그것은 사실이 아니라 전가된 것이라고 선포되었다 이것은 오히려 하나님 백성의 거룩함의 궁극적인 원천은 하나님 자신이시고, 그로 말미암아 백성들이 행동하고 존재할 수 있다는 사실을 꾸준히 상기시킨다.

"내가 거룩하니 너희도 거룩하라"는 언약적 명령은 항상 하나님의 백성에게 경각심을 불러일으킨다. 그렇게 함으로써 그들은 하나님의 은혜를 근거로 거룩함을 다른 것과 맞교환하려는 유혹으로부터 구원받을 수 있을 것이다. 하나님의 백성이 드리는 예배는 백성의 거룩함은 경직된 인간의 노력이 아니라 예배와 삶에서 받아들이고 축하하는 것시135편 동임을 상기시켜 준다.

정말로 대단한 것은 야훼가 이스라엘의 하나님이고 이스라엘은 하나님의 백성이라는 믿음이다. 이것은 구약성서 전체에 걸쳐 중요한 역할을 한다. 언약 관계라는 문맥에서 하나님의 통치를 받는 백성의 비전은 모세오경과 역대기 저자의 구원 이야기, 시편의 예배와 예언자들의 선포를 통합하는 기능을 한다. 야훼의 선택적이고도 지속적인 언약적 사랑이 갖는 관계의 토대는 신명기에서 가장 강력하게 서술하고 있다. 야훼께서 그의 백성들을 해방하시고 언약을 세우시는 활동은 예언자들의 견해에 의하면 유일무이한 것이다.

이런 구원의 원천은 확실히 이스라엘 자체 안에서는 찾아볼 수 없다. 구원은 "당신들을 사랑하시고 택하신"신7:7; 참조. 4:32-39; 7:6-11 야훼에게 전적인 토대를 두고 있다. 하나님의 구속 활동의 상대인 이스라엘은 야훼께 속해 있다. 하나님의 소유란 거룩함과 복종으로의 예언자적 초대를 강조한다. 백성됨은 하나님의 선택과 은혜, 사랑과 신실함에 근거한 것이다. 주님은 자비로 족장 아브라함을 부르셨고, 이집트 종살이에서 자기 백성을 해방하셨고, 자비로운 율법 조항들로 이루어진 언약을 주셨으며, 약속의 땅에서 지속적인 삶을 살아가도록 그들을 보호하셨다. 자기 백성의 역사에서 하나님의 자비로운 행동이 그들의 정체성을 결정짓는다. 이스라엘은 하나님이 선택하는 대상이자 구원사역의 도구로서 창조의 구심점이고 세상과 역사의 중심이며, 하나님 소유의 백성딛2:14이 된다.

하나님의 언약적 사랑은 이스라엘의 충성과 복종을 위한 강력한 동인이었다. 그러나 하나님의 백성들은 유혹으로 하나님의 약속을 어겼고, 하나님의 언약은 영원하고 다윗의 도성은 난공불락이라는 신념을 토대로 불의한 기득권층을 정당화해 주었다.미3:11 이러한 각축장에서 주전 7,8세기경 이스라엘과 유다의 위대한 예언자들은 언약을 충실하게 지키시는

하나님께 충성을 다해 복종함으로 이스라엘을 참된 백성으로 만들려고 씨름하였다.[44)]

이스라엘 백성은 하나님을 버리고, 은혜로운 하나님의 약속에 등을 돌려 불의와 폭력에 의지할지도 모른다. 그러면 그들은 하나님의 백성이 아니고 언약을 맺으신 야훼께서 실제로 그들의 하나님이 아니심을 보여주는 것이 된다.[호1:9] 호세아와 동시대의 남왕국 예언자는 단호했다. "너희 소돔의 통치자들아! 주님의 말씀을 들어라. 니희 고모라의 백성아! 우리 하나님의 법에 귀를 기울여라"[사1:10] 비록 그들이 제사 행위를 유지했을지라도, 사회관계 속에서 언약에 기초한 정의가 부재한 것은 그들이 하나님의 소유된 백성이라기보다는 주변의 가장 못된 이교도에 더 가깝다는 사실을 보여주었다.[사1:10-23]

그러나 불의에 대한 고발과 심판을 선포하는 것이 예언자들의 최종적인 말이 아니다. 호세아는 비통한 말을 한 후에 희망의 메시지를 전한다. "그때가 되면, 사람들이 너희를 로암미[내 백성이 아니다]라고 부른 땅에서, '살아계신 하나님의 자녀'라고 부를 것이다."[호1:10] 그리고 이사야는 주님에게서 온 새로운 말씀을 들려준다. "너희의 죄가 주홍빛과 같다 하여도 눈과 같이 희어질 것이며, 진홍빛과 같이 붉어도 양털과 같이 희어질 것이다."[사1:18] 하나님의 백성들의 계속되는 삶의 희망은 그들이 기꺼이 회개하고 야훼의 은혜로운 언약 아래 하나님 백성의 상태로 돌아가려는 의지에 놓여 있다.

하나님의 심판이 마침내 남왕국을 휩쓸었을 때, 예레미야는 황폐화된 유대 왕국에 있었고, 에스겔은 바빌론에서 유배자들과 함께 있었다. 두 사람은 하나님의 백성들 사이에서 살아있는 언약 신앙을 지키려고 고군

---

44) 아모스와 호세아는 이스라엘에서, 그리고 이사야, 미가, 스바냐, 예레미야, 나훔, 하박국과 에스겔은 유다에서(그리고 마지막엔 유배지에서) 활동하였다.

분투하였다. 그들은 이스라엘 백성이라는 기초, 즉 고대 출애굽-시내산 신앙에 뿌리를 두었다. 그래서 그들은 비극적인 심판 너머를 볼 수 있었고, 심지어 충실한 언약의 하나님이 자기 백성을 위해 쌓아두신 미래를 살짝 엿볼 수도 있었다.

> 너희에게 새로운 마음을 주고 너희 속에 새로운 영을 넣어 주며, 너희 몸에서 돌같이 굳은 마음을 없애고 살갗처럼 부드러운 마음을 주며, 너희 속에 내 영을 두어 너희가 나의 모든 율례대로 행동하게 하겠다. 그러면 너희가 내 모든 규례를 지키고 실천할 것이다. 겔36:26-27

> 그때가 오면 내가 이스라엘 가문과 유다 가문에 새 언약을 세우겠다. 나 주의 말이다. 이것은 내가 그들 조상의 손을 붙잡고 이집트 땅에서 데리고 나오던 때에 세운 언약과는 다른 것이다. 그들은 나의 언약을 깨뜨려 버렸다. 나 주의 말이다. 그러나 그 시절이 지난 뒤에, 내가 이스라엘 가문과 언약을 세울 것이니, 나는 나의 율법을 그들의 가슴속에 넣어 주며, 그들의 마음 판에 새겨 기록하여, 나는 그들의 하나님이 되고 그들은 나의 백성이 될 것이다. 나 주의 말이다. 렘31:31-33

새로운 백성들에 대한 이러한 예언자적 비전은 하나님의 자비로운 새 언약 아래에 있는 백성이 전 세계에 걸쳐 일어날 것이란 선교적 비전의 출발점을 제공한다. 하나님의 언약적 통치 아래에 사는 새로운 백성들은 모든 나라에 매력적인 존재가 될 것이다. 한 가지 이미지에 따르면, 하나님의 백성들은 모든 산 가운데 으뜸가는 산이 될 것이며, 모든 언덕보다 높이 솟을 것이니 모든 민족이 물밀듯 그리로 몰려들 것이다. 사2:2-4; 미4:1-4 또 다른 이미지를 보면, 생명수가 예루살렘에서 모든 나라로 흘러갈 것이

다. 겔47:1-12; 슥14:6-9

하나님의 백성을 선교적 특성으로 바라볼 때 모든 가식과 배타성 혹은 특권 의식은 사라질 것이다. 하나님의 백성들은 그의 메시아와 더불어 "이방의 빛"이요 "땅끝까지 [미칠] 구원"의 도구다.^사42:6; 49:6 마지막으로, 메시아의 새 언약 아래에 사는 백성은 구약이 마무리되는 예언자의 기록에서 기대되고 있다. "도성 시온아, 기뻐하며 노래를 불러라. 내가 간다. 내가 네 안에서 머무르며 살겠다. 나 주의 말이다. 그날에 많은 이방 백성들이 주님께 와서 그의 백성이 될 것이며"^슥2:10-11a

초기 기독교 공동체는 그 자신을 "하나님의 교회^ekklesia"라고 칭하였다.^참조, 고전15:9; 갈1:13 당시 헬라어 에클레시아^ekklesia는 공공모임, 대중적인 정치적 공동체 모임을 의미했다. 그러나 이런 용어 사용의 신약의 주된 뿌리는 구약에 있다. 70인 역은 에클레시아를 카할^qahal, 즉 하나님의 임재 안에 있는 야훼의 언약 백성의 모임이라고 번역했다. 예를 들어, 신명기 23장 2-9절에서 에클레시아는 부도덕함^unholiness과 불순^impurity으로부터 분리된, 참된 하나님의 백성을 의미한다. 이런 문맥에서 초기 기독공동체는 자신을 "하나님의 교회", 하나님의 선택된 백성, 참된 이스라엘이라고 지칭했다.

이와 연관된 "성도"라는 개념도 에클레시아와 밀접하게 연관되어 있으며, 이는 초기 기독교 공동체가 자신을 어떻게 이해했는지를 보여준다. 이 이미지는 구약의 하나님 백성이라는 개념과 연결되어 사용되었고, 특별히 하나님 백성들의 종말론적 회복을 지칭했다.^단7장 메시아 공동체는 그 자신을 하나님의 장차 다가올 통치의 일부분으로 회복되고 있는, 거룩한 백성으로 보았다. 이러한 자기 정체성은 교회가 고대 유대교라는 모체에서 떨어져 나와 사회 구조에서 현저하게 이방인이 되고서도 여전히 강했다. 그래서 그들은 계속해서 그 자신을 본질적으로 하나님의 거룩한 백성,

하나님의 진정한 이스라엘 백성으로 이해했던 것이다.

신약성서에 나타난 하나님의 백성

하나님의 백성에 대한 예언자적 비전에 따라, 메시아 예수님에 대한 믿음을 토대로 모인 공동체는 점차 그들 자신을 참된 이스라엘, 참된 하나님의 백성으로 생각했다. 이방인들이 이러한 백성의 범주에 진입한 사실은 하나님 백성들의 예언자적, 종말론적 견해를 확고히 했다. 사실, 하나님의 백성이나 이와 비슷한 이미지들은, 이스라엘에 붙여진 고대의 이름으로 "그리스도인"과 같은 더 최근의 신조어보다 초기 교회의 자기 이해를 위해 훨씬 더 근본적인 것이었다.

신약성서에서 "백성"*loas*라는 말은 종종 70인 역과 같은 의미로 사용된다. 이것은 많은 구절에서 단순히 "나라"를 의미했다. 더욱 중요한 것은, 이 용어가 특별히 하나님께서 자신의 백성으로 선택하신 이스라엘에 적용되었고, 그들을 "나라들"과 구별하게 해주었다. 그러나 신약은 헬라어 구약성서 개념을 넘어서서 종종 라오스*loas*란 명칭을 메시아적 공동체에 적용했다.45) 예루살렘 회의에서 야고보는 "하나님께서 이방 사람들을 돌아보셔서, 그들 가운데서 자기 이름을 위하여 처음으로 한 백성을 택하"셨다고 진술했다.^{행15:14} 이것은 분명히 유대인들에게 충격적으로 들렸을 것이다. 하나님의 백성들과 이방인들은 유대교에서 보면 상호 배타적인 용어였다. 그러나 그것은 초대 교회가 예수께로부터 받은, 하나님의 백성들의 예언자적 선교 비전을 반영한다.

사도행전 18장 10절의 "백성"이라는 용어 역시 매우 놀라운 용어다. 바울은 고린도 지역의 회당에서 출입이 거부되어 그곳을 떠났다. 그는 유대

---

45) 행15:14; 18:10; 롬9:25-26; 고후6:16; 딛2:14; 벧전2:9-10; 히4:9; 8:10; 10:30; 13:12; 계 18:4; 21:3.

교에 의하면 하나님의 백성이 아닌 이방인들에게 헌신적으로 노력했다. 이 지점에서 바울은 주님으로부터 자신의 선교를 확인하고 "이 도시에는 나의 백성이 많다"는 환상을 받았다.

마찬가지로 바울은 시내산 언약레26:12과 에스겔의 예언자적 비전겔37:27을 통합하여 그것들을 고린도의 기독교 공동체에 적용하였다. "내가 그들 가운데에서 살며, 그들 가운데로 다닐 것이다. 나는 그들의 하나님이 되고, 그들은 내 백성이 될 것이다."고후6:16 같은 맥락에서 호세아 2장 23절과 1장 10절을 인용하고 있는데, 그 본문에서 예언자 호세아는 회개와 회복된 이스라엘을 언급하여 하나님의 백성에는 유대인과 이방인 모두를 포함하고 있음을 보여주고 있다.

> 하나님께서는 우리를 부르시되, 유대 사람 가운데서 만이 아니라, 이방 사람 가운데서도 부르셨습니다. 그것은 하나님이 호세아의 글 속에서 하신 말씀과 같습니다. "나는 내 백성이 아닌 사람을 '내 백성'이라고 하겠다. 내가 사랑하지 않던 백성을 '사랑하는 백성'이라고 하겠다." '너희는 내 백성이 아니다' 하고 말씀하신 그곳에서, 그들은 살아 계신 하나님의 자녀라고 일컬음을 받을 것이다. 롬9:24-26

히브리서는 하나님께서 "이스라엘 가문과 유다 가문"과 예레미야의 새 언약에 관한 환상을 선택하였다. 렘31:31-34 히브리서 저자는 그 환상을 새 언약의 새 백성들에게 적용하고 하나님의 말씀을 독자들에게 전달했다. "나는 그들의 하나님이 되고, 그들은 내 백성이 될 것이다."히8:10-12 하나님의 백성 개념은 히브리서의 주된 특징으로, 때로는 불분명한 추론으로, 때로는 명확하게 언급하고 있다.Küng,1967:122쪽

요한계시록에는 새 하늘과 새 땅 환상이 에스겔 37장 27절에 나오는 용

어로 묘사되고 있다. "보아라, 하나님의 집이 사람들 가운데 있다. 하나님이 그들과 함께 계실 것이요, 그들의 하나님의 백성이 될 것이다. 하나님이 친히 그들과 함께 계시고"계21:3 요한계시록은 구약의 예언자적 부르심을 하나님의 백성에게 적용하여 바벨론 포로에서 벗어나 구원의 새로운 출애굽으로 들어오라고 초청한다. 시48:20; 렘50:8; 51:45 계시록 저자는 하나님의 새로운 메시아 백성에게 1세기 타락한 "바빌론"의 복잡하고 악한 체제에서 벗어나라고 호소하고 있다. "내 백성아, 그 도시에서 떠나거라. 너희는 그 도시의 죄에 가담하지 말고, 그 도시가 당하는 재난을 당하지 않도록 하여라"계18:4

디도서 2장 14절에서 하나님의 백성이란 구약의 호칭을 기독교 공동체에 적용한 것은 결정적이다. 시편 기자는 주님은 "이스라엘을 모든 죄에서 속량하"실 분이라고 선언하고 있다. 시130:8 디도서는 이것을 메시아와 기독교 공동체에 적용한다. "예수 그리스도"는 "우리를 위하여 자기 몸을 내주셨습니다. 그것은 우리를 모든 불법에서 건져내"신 분이시다. 그러나 훨씬 더 중요한 점은, 이스라엘을 하나님의 소유된 백성으로 언급하는 것출19:5-6; 신7:6; 14:2이 이제 기독교 공동체, 즉 "하나님 자신의 백성"에 적용되고 있다는 사실이다.

그러나 베드로전서 2장 9-10절은 이스라엘에 적용되었던 백성에 대한 구약의 호칭을 가장 강력하게 이끌어 내고 있다. 이것은 하나님의 새로운 메시아 백성의 본질과 선교에 대해 서술하는 데 사용하고 있다. 베드로전서의 백성에 대한 네 가지 고대 호칭은 모두, 하나님의 소유에 대한 수식어와 함께, 구약의 이스라엘을 지칭한다. 이사야 43장 20c-21에서, 이스라엘은 "내가 택한 내 백성…. 나를 위하라고 내가 지은 백성…. 나를 찬양할" 백성으로 불릴 것이다.

베드로전서에서 등장하는 세 가지 호칭은 모두 출애굽기 19장 5-6절에서 나온 것들이다. "너희는…. 나의 보물이 될 것이다…. [그리고] 너희의 나라는 나를 섬기는 제사장 나라가 되고, 너희는 거룩한 민족이 될 것이다."참조. 사43:21; 신7:6; 말3:17 이 본문은 하나님의 구원 역사의 공동체적 차원을 강조하는 것일 뿐만 아니라, 이 세상에서의 하나님 백성의 지위가 선교와 긴밀하게 연결되어 있음을 보여준다. "왕과 같은 제사장들"벧전2:9이란 그들의 왕인 하나님에 대한 경배와 섬김에 헌신하는 백성을 가리킨다. 민족들 가운데서 이러한 행동은 그들의 하나님을 충실히 나타내는 것이어야 한다. "거룩한 민족"은 또한 그의 정체성이 하나님과의 관계에 의해 결정되는 백성을 가리킨다.

"하나님의 소유가 된 백성"벧전2:9은 모세에서 예언자들에까지 이르는 구약 전반을 통해 흐르는 신념을 반영하며, 주님께 대한 소속감의 근거가 된다. 이것은 또한 하나님의 새로운 백성들의 특징이자 그들의 삶과 선교를 이해하도록 알려주는 신념이다. 바울이 했던 것처럼 베드로는 새롭게 된 이스라엘에 대한 호세아의 언급을 대부분 이방인 메시아 공동체에 적용하는데 주저하지 않았다. 이 구절에서 하나님 백성의 선교적 본질에 대한 예언자적 비전은 구약의 이사야서에서 절정에 이르렀고, 신약성서에서 가장 많이 등장한다. 그것은 예수를 통해 초대 교회의 전통으로 자리 잡은 공동체적 증언에 대한 필수적 비전이다.참조. 마5:13 등

하나님 백성이라는 성서적 이미지는 백성이 없이는 하나님도 없다는 것을 말해준다. 하나님을 안다는 것은 백성, 즉 하나님 백성의 구성원이 되는 것이다. 그러므로 백성됨은 복음의 한 부분이며, 복음 선포에서 필수적 도구다. 베드로와 바울은 모두 이 사실을 매우 분명히 밝혔다. 베드로는 백성이 아닌 이들은 하나님의 은혜를 받지 못한 자라고 명시하였다. 거꾸로 하나님의 백성이 되는 것은 하나님의 은혜를 경험하는 것이다.벧전2:10 바울은 이스라엘 공동체로부터 멀어지는 것은 "하나님 없이" 사는 것이라

했다.엡2:12 반대로 하나님 아버지와의 관계는 하나님의 백성, 하나님의 가족이라는 개념에서 찾을 수 있다.엡2:18-19

결론

이스라엘의 경험에서 하나님의 백성됨에 관한 성서적 개념을 민족적 그리고 영적-도덕적 차원으로만 통합하는 것은 잘못된 것임이 명확해졌다. 이러한 이유로 예언자들은 두 번째 요소가 꼭 필요하다고 보았다. 그러므로 오로지 심판을 폐기함으로써만 이스라엘이라는 민족에게 구원이 임할 것이다.

구약에서 예언된 것이 신약에서 실제로 실현되었다. 교회에서 기본적으로 영적-윤리적 백성됨은 그리스도의 화해 사역과 성령의 창조적 능력과 활동으로 실현되고 있다. 참된 하나님의 백성 안에서 민족, 성, 경제적, 사회적 조건으로 분열된 차이가 모두 극복된다.갈3:26-29 초기 기독교 공동체에서 하나님의 약속에 비추어 볼 때 하나님 백성의 신실함은 백성됨의 특징이었다. 이것은 누가 하나님의 참된 백성인지에 대한 회당과의 논쟁에서 그들을 인도하는 지침이 되었다.갈3:1-7; 3:8-9; 4:28; 6:16

참된 백성됨 대한 같은 시각은 고린도전서에서도 특징적으로 나타난다. 이스라엘의 배교와 불신앙은 하나님의 메시아 백성을 경고하는 부정적 예시로 작용한다.고전10:1-13 구약의 백성들에게 가려진 계시가 이제 성령의 공동체에게 임하였다.고후3장 메시아 공동체의 백성됨이 그들의 삶과 선교를 결정하는 조건이다. 본질과 기능 사이의 관계는 특히 고린도후서 6장 16-18절에 잘 나와 있다. "그들은 내 백성이 될 것이다."16절 그러므로 그들은 하나님의 백성으로 살아야 하며17절, 그리하여 그들은 진실로 하나님의 백성이 될 수 있다.18절.

하나님의 백성이라는 고대의 호칭이 이스라엘에서부터 메시아 공동체로 이동한 것은 교회가 자신을 종말론적 공동체로 이해하는 데 근본적이다. 믿음을 가진 육체를 따르는 옛 이스라엘의 남은 자는 하나님의 감람나무, 즉 하나님의 선택된 백성인 교회에 도로 접붙임 받을 수 있다.롬9-11장 예수님은 자신의 선교가 율법과 예언자를 성취하는 것임을 알고 계셨다. 마찬가지로 그의 공동체는 하나님의 참된 백성, 하나님의 참 이스라엘갈6:16, 아브라함의 참된 후손갈3:29, 참 할례받은 자빌3:3, 참된 성전고전3:16, 하나님의 참된 회중*ekklēsia*이다. 신약에서 다른 관련된 메타포에 대한 언급은 초대교회가 자신을 하나님의 백성이란 용어로 가장 잘 표현했다는 확신을 강화시켜 준다.[46)]

속사도 시대의 교회는 계속해서 그 자신을 옛 이스라엘 또는 첫 번째 이스라엘과 반대되는 "새로운 하나님의 백성"으로 바라보았다.바나바서 7:5; 13:1 그러나 교회가 그의 구약의 뿌리에서 벗어나면서, 하나님의 백성으로서의 자기 이해는 희미해졌다. 주 후 150년경으로부터, 기독교 작가들은 '라오스' *laos*라는 단어를 예배를 위해 모인, 지도자와 구별되는 회중이란 의미로 사용하기 시작했고, 이러한 강력한 백성됨 이미지가 왜곡되기 시작했으며, 교회 안에는 업무에 따라 평신도laity=laos와 사제라는 비성서적인 구별을 만들어냈다.Martyr, *Apology* 1.65, 47)

---

46) 이러한 이미지들 가운데 "열두 지파"(마19:28 약1:1; 계7:4), "할례"(빌3:3; 롬2:25-29; 골2:11-12), "하나님의 이스라엘"(갈6:16); "이스라엘 집"(히8:8); "이스라엘 공동체"(엡2:12) 등이 있다
47) 결국 "평신도"(laos)라는 용어는 사제가 아닌 모든 사람을 언급하기에 이르렀다. 그러나 이것은 전적으로 전체 교회에 대한 이미지로서 성서적 의미와는 부관한 것이나.

8장 · 하나님의 가족

"하나님의 가족"이라는 메타포는 기본적 형태에서, 신약성서에서 드물게 사용되었다. 그러나 성서를 읽다 보면 그와 관련된 이미지들과 함께, 가족 이미지가 교회의 본질과 선교를 이해하는데 있어서 중요한 성서적 비유 중 하나임을 알 수 있다. 지난 세기의 중요한 성서신학자 중 한 명이었던 요하킴 예레미아스는 이 메타포가 하나님의 새로운 백성에 대한 언급으로 "예수께서 가장 선호했던 이미지"였다고 말했다.1971:169 바울 신학에서 가족 이미지는 메시아 공동체의 본질과 선교를 되짚어 보는 데 있어서 주요한 역할을 한다.Banks:53-54

이러한 구성에서 주된 이미지는 "하나님의 가족"[48] 또는 "믿음의 가정"[49] 이다. 그러나 신약에서의 여섯 가지의 명쾌한 언급 이외에도, 초기 기독교 공동체를 하나님의 가족으로 지칭하는 그와 관련된 많은 표현이 존재한다. 그것들은 아버지, 아들과 딸, 형제와 자매, 노예, 종, 그리고 청지기 등을 포함한다. 그러나 초기 기독교 공동체가 자신을 하나님의 가족

---

[48] 에베소서 2장 19절(oikeioi tou theou); 디모데전서 3장 15절(oikos theou); 베드로전서 4장 17절(oikou tou theou); 히브리서 3장 1-6절(oikon autou); 10장 21절(oikon tou theou).
[49] 갈라디아서 6장 10절(oikeious tēs pisteos).

으로 이해하는데 있어서 더 중요한 것은, 초기 그리스도인들이 취했던 구체적인 가족 형태다. 이것은 특히 사도행전과 바울 서신에서 간헐적이지만 가정교회를 언급할 때 명확해진다.50) 예수는 초대 교회의 삶과 선교를 이해하기 위한 가족 이미지의 직접적인 원천이다; 간접적으로는 가족 이미지의 뿌리는 구약에서 찾을 수 있다.

구약성서에 등장하는 가족 이미지

가족 이미지는 고대 이스라엘과 관련해서 다양한 방식으로 사용되었다. 히브리어로 '가족'은 대체로 '집'으로 번역되는데, 이는 "이스라엘의 집"사5:7으로서 전체 민족에 적용하거나, 한 지붕 아래에서 살아가는 "식구"를 뜻했다.출12:4 관련용어들이 "지파", "씨족", "가족"과 "가정" 등으로 다양하게 번역된다. 이러한 용어의 의미는 어느 정도 유동적이다. 그러나 배우자와 자녀에 국한되는 현대 핵가족의 개념은 성서적 관점과 확연히 다른 개념이다.

구약에서 가족이라는 말은 본질적으로 사회적, 정치적 의미로 사용되었다. 아브라함의 소명 사건에서, "이 땅에 사는 모든 가족이 복을 받을 것이다."창12:3라는 표현이 있다. 예언자 이사야의 비전에 따르면, "만군의 여호와의 포도원은 이스라엘의 집"사5:7이라는 표현이 나온다. 모든 백성을 지칭하는 이러한 가족 용어들을 사용하는 것은 성서적 이해와 조화를 이룬다. 이것은 단지 모든 개인이 특정 가족 단위의 구성원이기 때문만은 아니다. 그것은 또한 가족이라는 개념이 전체 사회집단의 기본이며, 따라서 전체 공동체의 속성을 이해하는 데 필수적이기 때문이다.

출애굽-광야에서 이스라엘과 그들을 구원한 야훼와의 관계는 가족 용

---

50) 가정교회에 대한 직간접적인 언급들은 행2:46; 5:42; 8:3; 10:2,22; 16:15,31,34; 18:8; 20:20; 21:8; 롬16:5,14-15; 고전1:16; 16:19; 골4:15; 딤전3:4-5,12; 딤후1:16; 4:19; 딛1:11; 몬2 등이다

어를 사용해 생생하게 묘사되고 있다. "나 주가 이렇게 말한다. 이스라엘은 나의 맏아들이다. 내가 너에게 나의 아들을 놓아 보내어 나를 예배하게 하라고 하였건만, 너는 그를 놓아 보내지 않았다. 그러므로 이제 내가 너의 맏아들을 죽게 하겠다."출4:22-23 모세는 나중에 백성들에게 말했다. "또한, 당신들은 주 당신들의 하나님이, 마치 아버지가 아들을 돌보는 것과 같이, 당신들이 이곳에 이를 때까지 걸어온 그 모든 길에서 줄곧 당신들을 돌보아 주시는 것을 광야에서 직접 보았소."신1:31

상황이 좀 더 나아지자, 야훼는 자애로운 아버지이시며, 백성으로서의 생명과 존재는 야훼의 덕분이라고 고백하였다. "이스라엘이 어린 아이일 때에, 내가 그를 사랑하여 내 아들을 이집트에서 불러냈다.호11:1 이스라엘은 언약 관점에서 자신을 형제자매로서의 하나님의 가족이라고 이해했다. 렘31:31-34; 참조. 신15장

이스라엘의 예언자들은 가족이미지를 사용해서 백성들의 불신앙을 비난하고, 하나님의 백성에게 돌이켜 구원의 언약 관계를 회복하도록 요청하였다. 호세아2장, 에스겔16장, 이사야54:4-8는 하나님과 백성의 관계를 남자와 아내의 혼인서약이라는 용어로 비유하였다.

에스겔의 해석에 따르면, 유다의 기원은 버림받은 위태로운 신생아였다가16:4-6, 훗날 아름다운 여인으로 성장하여16:7 혼인 서약으로 하나님의 아내가 된 자로 묘사되고 있다. 그러나 국가의 번영에 내재하여 있는 유혹과 제국의 권력은 결국 유다의 악행으로 이어지고 만다.16:8~18 하나님의 백성의 불신앙은 신실치 못한 아내가 음란한 창녀라는 이미지를 통해 비난을 받았고, 이는 일반적인 매춘부의 타락 수준을 능가하는 것이었다.16:31-36 하나님의 노여움은, 마치 버림받은 배우자의 질투처럼, 일찍이 유다가 악인들과 공모하였다가 이제는 원수가 되어 처벌받는, 자기 백성에 대한 심판으로 표현되었다.16:35~42 하나님의 심판은 이스라엘 백성들

의 불의와 불신앙의 결과로, 그들은 처참히 망하고 말 것이다.16:43.

그러나 하나님의 백성들의 음란함과 불신앙이 이 이야기의 끝은 아니다. 하나님은, 신실한 남편으로서, 자신이 맺은 사랑의 언약을 기억하셨고, 관계가 회복됨으로 하나님의 자비로운 언약을 새롭게 기억하는 일이 있을 것이다. 겔16:59~63 하나님의 백성은 "정의와 공평, 변함없는 사랑과 긍휼"로 새롭게 된 언약의 관계라는 형태로 구원을 받게 될 것이다.호 2:16~19

신약성서에서 이러한 남편-아내 은유는 에베소서5:23~32에도 등장하는데, 그리스도남편으로서와 새로운 언약 공동체아내로서 사이의 깊은 관계와 친밀성을 보여준다. 요한계시록19:6~9에 보면 어린양의 신부19:7는 "땅의 음녀들과 가증한 것들의 어미, 큰 바빌론"17:5과 상반된 모습으로 등장한다. 여기에서 혼인 은유는 새로운 언약으로 모든 민족이 하나님과 어린양그리스도과의 관계 회복을 축하하는 원시 공동체의 일부분으로 묘사된다.51)

고대 이스라엘에서는 모든 사람이 가족에 속해 있었다. 가족은 사람으로서의 정체성을 갖는데 근본적 요소였다. 따라서 가족은 공동체를 정의하는 출발점이었다. 성서적 관점에서 보면, 가족은 그 아버지와 떼려야 뗄 수 없는 관계였고, 족장 이야기는 곧 가족의 이야기였다. 이러한 공동체 역사에 참여하는 것은 단순히 그들의 생물학적 조상이 누구였는지 밝혀내는 것보다 그 공동체의 정체성을 정의하는데 훨씬 더 중요했다. 족장은 단순한 개인이 아니었고, 그렇다고 해서 단순히 부족의 상징도 아니었다. 조상으로서 그들은 부족에서 일어나는 모든 일에 몸소 참여했고, 죽음은 곧 조상에게로 돌아간다는 것을 의미했다. 고대 이스라엘사회에서 완전한 인간이 되려는 개개인들은 이러한 가족 구성원의 온전한 일원이 되어

---

51) 이어시는 문단들은 대체로 Minear, 1960:165-169에 근거하고 있다.

야 했는데, 그들의 이야기에는 과거에 맺은 언약적 은총, 현재의 언약적 충성, 그리고 미래를 위해 맺은 언약을 포함한다. 이러한 은총 이야기 안에, 그것을 계승하는 각 세대가 참여한다.

가족 혈연관계는 단순히 혈연관계보다는 "공통된 특징"common character 에 보다 중요하게 기초하고 있다. 가족의 경계선은 유동적이었다. 심지어 혈연관계는 아니더라도, 가족의 특징인 공통의 가치관에 참여하고, 공통의 이야기를 가지고 있으면, 그것이 가족 구성원으로서 표지가 된다. 이러한 공통된 특징을 상실하는 곳에서 백성됨은 위기에 처할 수밖에 없으며, 가족은 "백성 아닌 자"non-people가 되어 멸망에 이른다. 가족구성원이 된다는 것은 가족의 공통된 전통에 참여하고, 공통된 특징과 공통 운명을 공유하는 것을 의미한다. 이것이야말로 하나님의 언약과 조상들의 신실함을 특징으로 하는 "이스라엘의 집"에 관한 성서적 비전이며, 그것이 신약성서를 이해하는 기초가 된다. 모세가 충실한 종으로 있었던 "하나님의 집"은 이제 그리스도께서 "아들로서" 충실하신 하나님이 집이 되었고, "우리가 그 소망에 대하여 확신과 자부심을 지니고 있으면, 우리는 하나님의 집안 사람"이 된다.히3:1-6

이러한 구약 성서에 따른 배경은 신약성서에서 사용된 가족 이미지를 이해하는 데 필수적이다. 이러한 비전을 이어받아 세례요한은 자기에게 세례받으러 온 바리새인들과 사두개인들의 위선을 꼬집어 비난했다. 요한은 "아브라함이 우리의 조상이다."라는 주장이 얼마나 공허한지를 폭로하였다.마3:9 바리새인들의 궤변과 사두개인들의 권력에 대한 음모와 갈망은 아브라함의 신앙과 첨예한 대조를 이룬다. 아브라함의 성품은 본받지 않은 채 오로지 생물학적 연속성만을 가지고 있다는 사실만으로 혈연관계를 주장하는 것은 충분치 못하다. 대신 하나님의 가족은 진정한 회개의 열매를 맺고 하나님의 언약에 성실하게 복종하는 사람이 포함된다.

가족을 이렇게 이해하는 것은 요한복음 8장에 기록된, 예수와 유대인들과의 대화에서 더욱 잘 나타나 있다. 유대인들은 자신들이 "아브라함의 자손"8:33,39이라고 주장했다. 이에 대한 예수의 대답은 가족에 관한 성서적 의미의 핵심을 찌르는 것이었다. "너희가 아브라함의 자녀라면, 아브라함이 한 일을 하셨을 것이다."8:39 가족관계를 구성하는 것은 생물학적 계승이라기보다는 "공통된 특징"을 공유하는 것이다.

신약성서에 나타난 가족 이미지

신약성서에서 교회에 적용된 가족이미지의 뿌리를 하나님과 자기 백성의 관계를 이해하는 구약에서 찾을 수 있음에도 불구하고, 예수께서는 직접 그 용어를 정당화하기도 하였다. 그 당시 유대교 안에서 널리 퍼져 있었던 오해에 대하여, 예수께서는 "가족"이란 용어의 성서적 의미를 급진적으로 재정의 하셨다. 그는 물었다. "'누가 나의 어머니이며, 누가 나의 형제들이냐?' 그리고 손을 내밀어 제자들을 가리키고서 말씀하셨다. '보아라, 나의 어머니와 나의 형제들이다.'"마12:48-50

마가복음에서 우리는 "진정한 가족"에 참여하는 것이 무슨 의미인지에 대한 명쾌한 진술을 찾을 수 있다. 마가복음에서는 다음의 세 가지는 진정한 가족을 위한 대안이 되지 못한다고 명확하게 진술하고 있다. 즉, 생물학적 가족마3:20-21,31-35, 종교적 차원에서의 가족3:22-30, 그리고 지리학적 또는 정치적 차원에서의 가족6:1-6이 그것이다. 이 세 가지 가족 중 어느 하나도 하나님의 구원 대안인 그의 나라가 예수 안에 존재한다는 사실을 인식할 수 없다. 따라서 그 안에서는 하나님의 진정한 가족 안에서 살아가도록 구비시키는 급진적 회심이 불가능했다.

그러나 이런 것과는 반대로, 네 번째 대안이 있었다. 이것이 바로 아버지의 뜻을 행하는 예수의 제자들로 구성된 메시아 공동체였다.3:13-19,34-

35,6:7-13 이들은 새로운 질서를 따르는 하나님의 가족구성원으로 참여하기 위해 그야말로 "모든 것을 버렸다."*Pikaza*:52-54; 막10:28-31 역설적으로, 하나님의 회복된 새로운 가족에는, 또다시 형제와 자매, 어머니와 자녀들이 있지만, 아버지는 존재하지 않는다. 하나님의 새로운 가족에는 존칭이 배제된다. 가부장적인 지배는, 그것이 지니는 상징과 더불어 다음과 같이 대체되었다. 새로운 가족에는 하늘에 계신 아버지 한 분만이 계시다.마23:9 이러한 새로운 가족의 탄생은 도래하는 하나님 나라의 신호다.

예수께서 사용한 가족 이미지의 원천은 분명히 구약성서를 급진적으로 해석한 데서 연유하며, 이는 당시 유대교와 대척점을 이루는 지점이다. 비록 구약성서가 이스라엘에 대한 야훼의 해방과 구원 사역을 이해하기 위해 아버지란 이미지를 사용했을지라도, 유대교에서는 대체로 이 메타포를 사용하지 않았다. 형제자매라는 용어는 하나님과 언약 백성의 관계를 설명하는 데 없어서는 안 될 필수용어이다. 그러나 유대교에서 형제자매라는 용어는 공식적으로 같은 유대인들을 일컫는 말로 사용했다. 바리새인들은 그들의 "아들들"이 있었고, 랍비들은 종종 "아버지"로 묘사되었다. 그러나 궤변만 일삼는 결의법에만 주로 신경 쓰느라, 언약관계에 기초한 사랑이라는 핵심 특징을 놓치고 말았다. 결국, 유대교에서는 성서적 형제애와 자매애가 사라지고, 어느 순간 남성중심의 형제애만 남게 되었다. 그러나 예수와 메시아 공동체는 이러한 성적인 편견을 극복한 가족애로 구성되는 곳이라는 온전한 비전을 회복하였다.

예수는 당대의 사람들과는 확연히 달랐다. 그는 메시아 공동체의 본질과 선교를 이해하는데 있어서 가족의 이미지를 즐겨 사용하시곤 하셨다. 또한, 예수께서는 가족의 의미를 재정의하셨다. 예수께서는 제자들에게 자신이 하나님 아버지께 기도하듯이, 하나님을 파격적으로 친밀한 용어인 '아빠' *Abba*라고 부르면서 기도하라고 가르치셨다. 막14:36; 롬8:15; 갈4:6

이러한 가족 안에는, 이른바 계급이나 일신상의 명예 등은 배제된다. 크고자 하는 자들은 모든 이들의 종이 되어야 했기 때문이다. 이러한 가족의 형태에서 가족구성원들 간의 차이는 기능상의 차이일 뿐이고, 공동체의 삶을 풍성하게 하는 데 이바지한다. "너희는 모두 형제·자매들이다. 또 너희는 지도자라는 호칭을 듣지 말아라. 너희의 지도자는 그리스도 한 분뿐이시다." 마23:8~10

종말론적 가족은 순수한 생물학적 가족보다 우위에 있다. 예수와의 공동생활은 그 이전에 그들이 가지고 있던 다른 유대관계보다 우선시되었다. 예수와 함께 살아가는 제자들의 공동체는 다분히 운명공동체였고, 그 안에서 그들은 기꺼이 예수께서 당하신 똑같은 고통을 감내할 준비가 되어 있었다. 10:38 이러한 가족 안에서, 하나님께서 아버지가 되신다. 23:9 예수님은 그 가정의 주인이시고, 제자들은 가족 구성원이 된다. 10:25 나이 많은 여자가 어머니이고, 남자들과 젊은이들은 형제이고 자매다. 막3:34 그러나 동시에 모든 사람들은 예수의 말씀을 듣는 어린 자녀들이요, 심지어 아기들이다. 마11:25; 막10:24

하나님의 가족으로 살아가는 삶의 축소판은 공동식사. 이러한 교제는 구원에 대한 종말론적 큰 잔치의 기대에서 기원한다. 세상 속에서 선교할 때 메시아 가족은 다른 사람들에게 형제요 자매로서 다가간다. 마25:40; Jeremias, 1971:169-170

아버지로서의 하나님

가족 이미지는 하나님 아버지와 그의 자녀라는 기본적인 관계를 강조하고 있다. 그러나 본질적으로 생물학적인 가족관계와는 달리, 하나님의 가족구성원이 되는 것은 자유롭게 언약관계를 맺음으로써 이루어진다. 하나님의 가족 관계에서 특징은 생물학적 가족이 아니라, 사랑과 헌신, 책임과 복종과 같은 개인적 사명이다.

고대 근동 사회의 종교들과는 반대로, 성서는 아들이라는 개념을 자연 생성이라는 용어로 설명하지 않는다. 그러나 우리가 말하는 "출생"이나 "입양"은 하나님의 자비로운 주도권에만 부응한다. 사람이 된다는 것은 어느 한 가족의 구성원이 되고, 한 민족에게 통합되는 것을 뜻한다. 하나님의 구원 역사에 힘입어 우리는 하나의 온전한 사람이 되었다. 하나님의 은혜로 아무것도 아니었던 존재가 온전한 사람이 되었다. "'너희는 내 백성이 아니다' 하고 말씀하신 그곳에, 그들은 살아 계신 하나님의 자녀라고 일컬음을 받을 것이다."롬9:26

하나님은 "믿음의 가정"의 아버지이시며, 예수님은 "대가족의 맏아들"로서 그 집안의 주님이시다.롬8:29 교리적 전통에서 교회가 종종 강조했던 것과는 반대로, 아들로서의 특징은 아들이 갖는 권리보다 우선권을 갖는다. 그리스도에 부여된 "맏아들"이라는 호칭은 일시적 호칭이 아니라 원형적 이미지이다. "맏아들"이신 예수는 "죽기까지"빌2:8 복종하셨다는 점에서 지극히 높으신 분이자 유일한 존재다. 그분은 또한 "대가족의 맏아들"로서, 그의 가족구성원들에게 복종을 요구하신다.롬8:29; 골1:15 예수께서는 확고하게 우리의 자녀됨의 척도이자 규범이시다. 하나님의 아들과 딸로서 우리는 "자기 아들의 형상과 같은 모습이 되도록 미리 정하"신 사람들이다.롬8:29

"하나님의 가족"에서 아버지의 성품이 아들과 딸들에게 새겨졌다. 이러한 비전이 바로 신약성서의 주된 메시지이며, 이러한 사상은 에베소서 5장 1절에 잘 정리되어 있다. "그러므로 여러분은 사랑을 받는 자녀답게, 하나님을 본받는 사람이 되십시오." 이러한 자녀 역할의 구체적인 표지는 하나님의 가족의 본질을 이루고 있고, 또한 신약성서 전반에 걸쳐 곳곳에 나타나 있다. 하나님의 자녀는 그들의 아버지처럼, 평화를 만드는 사람이 될 것이다.^마5:9 그들은 하나님께서 그리스도 안에서 용서하신 것과 같이 다른 사람들을 용서할 것이다.^엡4:32 그들은 하나님께서 그리스도를 통해 사랑하신 것처럼, 다른 사람을 위해 자신을 내어줌으로써 그들을 사랑할 것이다.^엡5:2 하나님께서 사랑하셨듯이 사랑하라는 말은, 친구뿐 아니라 원수까지도 돌보라는 의미이다.^마5; 43~48; 요일3:10-11

"하나님은 빛이시요", "하나님께서 빛 가운데 계신 것과 같이, 우리가 빛 가운데 살아"간다.^요일 1:5,7; 엡5:8; 롬13:12-14 우리는 하나님의 자녀로서 아버지에게 복종한다.^벧전1:14; 막3:35 하나님의 자녀는 메시아를 통해 거룩하게 지음을 받는다.^히2:14 그들은 죽음의 공포를 포함한 모든 공포로부터 해방되었다.^히2:15 하나님의 가족으로서 우리는 아버지의 온전한 신실함을 확신함으로써 살아갈 뿐만 아니라, 그야말로 생존을 해나간다.^갈3:26 하나님의 아들과 딸로서 우리는 세상에서 하나님의 아들의 선교를 계속 이어가도록 부름을 받았다.^요17:18~23, 52)

형제와 자매

하나님 가족으로 살아간다는 것은 기본적인 아버지와 자녀관계만이 있는 것은 아니다. 이런 하나님의 가족은 하나님의 성품을 간직하고 있기 때문에, 가족 안에서 형제자매간의 수평적인 관계 또한 주목할 만하며, 이것은 구원에 영향을 끼친다. "믿는 자들의 가족" 또는 "형제와 자매" NSRV "형제애"; *adelphotēs*라는 용어 자체는 단 두 번밖에 나오지 않는다.^벧전 2:17; 5:9 그러나 하나님의 가족 안에 있는 형제 · 자매라는 개념은 신약 전체에 고루 퍼져 있다.

"형제들"NRSV는 종종 "형제와 자매"로 표현이라는 용어는 신약성서에서 그리스도인들에 대해 가장 널리 사용되는 호칭이다. 사도행전과 서신서에

---

52) 아들됨의 부가적 결실을 위해서는, Minear, 1960:170을 보라.

서 250번 이상이나 사용되었다. 이 단어는 선교 여행에서 동료를 언급할 때, 더 기술적인 의미에서 종종 사용했지만^{갈1:2}, 바울이 단순히 형식적인 의미에서 이 용어를 사용한 것은 아니었다. 이 용어는 믿음의 가정에서 신자-제자를 연합시키는 실제적인 관계를 의미한다.^{예를 들어, 빌3:1; 4:1; 고전15:58을 보라}

신약성서에서 형제애에 관한 구체적 의미를 잘 보여주는 예로서, 고린도전서 8장을 인용해 볼 수 있다. 바울은 보다 믿음이 강한 그리스도인은 약한 자를 향해 보여야 할 관심을 아주 감동적으로 서술하고 있다. 이것은 "그리스도께서는 그 약한 신도를 위하여 죽으셨"을 뿐만 아니라, 그가 "나의 형제"이기 때문이며, 나의 "가족"의 "구성원들"을 향한 나의 책임이 직접적이고 구체적이기 때문이다.^{8:13, RSV; NRSV '주'를 보라} 요한1서 3장 16-17절에서 하나님의 가족은 하나님께서 사랑하신 것처럼 자신의 생명을 내어주는 사람들의 공동체로 정의된다. "우리를 위해 자기 목숨을 버리신" 예수님처럼 말이다. 이것은 곧 "궁핍에 처한 형제나 자매들"과 필요한 물건과 삶을 나누는 것을 의미한다.

바울이 데살로니가전후서에서 상기시켜 주고 있듯이, 하나님의 가족 안에 거하는 "형제·자매들의 사랑"*philadelphia*은 아버지께로부터 직접 배운 독특한 것이다.^{살전4:9} 하나님이 아버지가 되시는 가정에서만, 에베소서 4장 32-5장 2절에서 나오는 자들이 이해하는 것처럼, 서로에게 권면할 수 있다. "서로 친절히 대하여, 불쌍히 여기며, 하나님께서 그리스도 안에서 여러분을 용서하신 것과 같이, 서로 용서하십시오. 그러므로 여러분은 사랑받는 자녀답게 하나님을 본받는 사람이 되십시오. 그리스도께서 여러분을 사랑하셔서, 우리를 위하여 하나님 앞에 향기로운 예물과 제물로 자기 몸을 내어주신 것과 같이, 여러분도 사랑으로 살아가십시오."

신약성서에서 "형제자매들"이란 용어가 사용되는 빈도수는 이러한 호칭을 사용하는 공동체의 핵심적인 특징을 반영해 주고 있다. 하나님의 성령이 성도의 교제koinonia를 창조하는 공동체 안에서, 가족 이미지는 특히 신앙공동체의 정체성을 이해하는데 유용하다. 가족 이미지는 동시대에 존재했던 유대교로도 하여금 가족의 본질적 의미를 되새기고, 메시아가 불러 모으고 계시는 "하나님의 가족" 안에서 진정한 정체성이 무엇인가를 찾도록 도전하였다. 그러한 가족 이미지는 또한 1세기경 그리스와 로마 사회에서 널리 퍼져 나갔다. 그 사회서 사람들은 종종 사람다운 삶을 살지 못하고 추방당하거나 떠돌이 생활을 하곤 했다. 성도의 교제를 나누는 하나님의 가족 안에서 온전한 인간이 되는 것이야말로 진정한 구원을 경험할 수 있다. 하나님의 가족 안에 거하는 형제와 자매들은 상호 간의 사랑과 이타적 책임감을 통해 그 관계를 발전시켜 나간다. 이것이 원시기독교 공동체의 특징이었다.

아버지, 아들과 딸들, 형제와 자매들, 종과 청지기와 같은 관련 이미지를 포함해, 가족 은유는 구원이 갖는 사회적 특징을 강조한다. 성서적 관점에서 개개인은 그들이 가족 안에 거하는 사람일 때 진정한 의미에서 인간이 된다. 하나님의 가족에 참여하는 것은 하늘에 계신 우리 아버지의 아들과 딸이 되는 것이요, 믿음의 가정 안에서 서로 형제와 자매가 되는 것을 의미한다. 여기서 사람들은 진정한 성서적 의미의 구원을 경험한다. 자율적인 개인은 실제로 온전한 인간이 아니다. 성서적 관점에서도 이들은 구원받은 자들이 아니다. 구원은 하나님과 이웃과 성도의 교제를 회복하는 것을 의미한다. 구약의 예언자들은 이러한 현실을 샬롬shalom으로 언급했다. 사도들은 이런 경험을 코이노니아koinonia라고 불렀다. 이 두 용어는 구원이 갖는 구체적인 사회적 형태를 말해준다. 이것이 바로 초대교회가 자기 자신을 이해하는 데 있어 왜 가족 이미지를 사용했는지를 보여준다.

신약성서에 나타난 가정교회

가정 혹은 가족은 원시 메시아 운동의 선교적 삶에서 중요한 역할을 했다. 사회의 기본적인 단위는 확대 가족이었다. 이곳은 남편과 아내 그리고 아마도 그들의 노부모들, 자녀, 노예, 종과 친구들과 상호 간의 유익을 위해 가족 단위에 참여했던 지인들이 포함되었다. 이들은 아마도 사도행전 2장 46절에 등장하는 교회를 말하는 것이다. 구성원들은 함께 예배하고, 공동식사에서 서로 빵을 떼고, 공통의 신앙과 삶에서 가르침을 받았고, 복음을 증거하였다.행5:42

"가족" 모델로서 교회는 사도들의 선교에서 계속 이어져 예루살렘 너머까지 뻗어나갔다. 가이사랴의 고넬료 가정은 이방인 중에서 세워진 것으로 보고된 최초의 기독교 공동체였다.행10:7,24 빌립보에서는 루디아나 간수장의 집에 기독교 공동체가 형성되었다.행16:15,31-34 고린도에서는 스데반의 가정고전16:15과 가이우스행18:8; 고전1:14-16; 롬16:23의 가정이 기독교 공동체에 포함되었다. 고린도 교회에 문안인사를 보내는 아시아의 교회 중에서 "아굴라와 브리스가와 그 집에 모이는 교회"를 찾을 수 있다.고전16:19

신약성서에서 언급된 또 다른 가정교회들에는 "오네시보로의 집"딤후1:16; 4:19, 빌레몬몬1-2과 "눔바와 그 부인의 집에서 모이는 교회"골4:15가 있었다. 로마에는 로마서가 쓰였을 당시에 적어도 다섯 개의 가정교회가 있었던 것으로 보인다. "브리스가와 아굴라…. 그들의 집에서 모이는 교회"롬16:3-5, "아리스도불로의 가족"16:10, "주님 안에 있는 나깃수의 가족" 16:11, "아순그리도와 블레곤과 허메와 바드로바와 허마와, 그들과 함께 있는 형제·자매들"16:14, "빌롤로고와 율리아와 네레오와 그의 자매와 올름바와 그들과 함께 있는 모든 성도."16:15

이러한 초기 가정교회의 중요성을 과소평가해서는 안 된다. 바울 자신도 가정교회를 세우고 거기에 참여했다. 이것은 고대 사회에 깊숙이 내재하여 있던 사회적, 민족적, 경제적, 종교적 장벽이 무너져 내리고 상대화되었던 중요한 장소였다. 유대인과 이방인, 자유인과 노예, 남자와 여자, 높은 자와 낮은 자, 교육을 받은 자와 못 받은 자들 사이에 놓였던 장벽이 새로운 가족 안에서 허물어졌다. 이러한 가정교회는 침투해 들어오는 하나님의 새로운 질서가 가장 확실하게 드러나는 장소였다. 가정교회는 인류를 향한 하나님의 새로운 질서의 신호였다.

이러한 초기 가정교회는 기독교적인 가족애가 실현되고 가장 구체화한 장소였다. 주님의 식탁에서의 교제는 단순한 상징이 아니었다. 그것은 현실이었다. 이러한 교제는 초대교회의 예배, 환대와 복음전도의 핵심이었다. 이러한 새로운 형태의 "열린 가족"의 구조는 타인을 향한 개방성을 특징으로 하며, 이 특징이 가족질서를 초월하게 하는 동인이 되었다. 이것이 바로 초대교회의 선교에서 핵심 요소였다.

초대 가정교회의 성장은 괄목할만한 것이었다. 2세기 말 교회는 로마제국 전역과 심지어는 국경 너머까지 퍼져 나갔다. 조직화한 선교 활동 때문에 교회가 성장했던 것이 아니었다. 로빈 레인 팍스Robin Lane Fox는 인도의 판테누스와 한두 곳을 제외하고는 교회 당국이 주도한 선교의 흔적은 찾을 수 없고, 바울부터 콘스탄틴 황제 사이의 단 한 명의 기독교 선교사의 이름도 찾아볼 수 없다고 덧붙였다.Fox:282

이러한 복음전도를 통한 성장의 비밀은 다양한 종류의 사람들로 이루어진, 제국 내에서는 가정교회 형태로 모였던 "하나님의 집"에서 그 원인을 찾을 수 있다. 이러한 변혁 공동체는 그들의 교제권 안으로 그레코-로마 사회의 천민과 국외자들을 끌어들였고, 효과적으로 그들에게 구원을 제시했다. "여인들의 집"대개 전통적인 가옥의 안뜰에 있던은 가장 효과적으로 선교사역이 이루어지던 장소였음을 알 수 있다.

회중들이 구성원 중 한 사람의 집에서 모였는지 혹은 다양한 확대 가족 단위가 그 자체로 교회였는지, 아니면 둘 다였는지 결론을 내리기는 어렵다. 그러나 한 가지 명백한 사실은 가정은 교회가 자신의 정체성과 선교를 이해하는데 있어서 핵심역할을 했다는 것이다. 가족 은유는 신약성서에서 말하는 교회의 개념을 이해하는데 있어서 매우 중요하다.

공동체 모임에서 가정이라는 상황context과 더불어, 우리는 또한 가족 구성원들 간의 관계를 설명하기 위한 가족 언어를 가지고 있다. 이러한 상호관계는 그저 우연이었을 수도 있다. 또한, 원시공동체는 마땅히 만날 곳이 없었기 때문에 자기들 집에서 모인 것이라는 주장도 가능하다. 다른 한편으로는 가족 은유에서 표현했던 초대 교회의 자기 정체성 이해는 모임 장소의 필요와 함께 자연스럽게 뒤섞였다. 이 사건에서 가정 교회는 초기 기독교 공동체가 했던 최초의 선택이었을 것이다.

기독교 공동체가 갖는 가족적 특징에 비추어 볼 때, 구성원들의 가정은 "그들이 공통으로 가지고 있었던 유대감을 표현할 수 있도록 그에 걸맞은 분위기"를 제공했을 것이다.Banks:60-61 흥미로운 사실은 최초의 그리스도인들의 "만남의 집"이 발견되었는데, 이것은 240년부터 시작된 것으로 밝혀졌다는 점이다. 이것은 가족들의 거처에 덧붙인 확장된 방이었다.

따라서 가족 은유가 초대교회가 자신의 본질과 선교를 이해했던 주요 이미지 중 하나였다는 것은 놀랄 일이 아니다. 하나님의 집 이미지가 구약에서 그 뿌리를 두고 있기 때문에, 초대교회가 이 이미지를 사용한 것은 적절한 시도였다고 할 수 있겠다. 구약은 하나님과 이스라엘 백성 간의 관계를 하나님 아버지의 거룩한 성품을 지닌 가족 은유를 통해 서술하였다. 하나님의 집 이미지는 또한 가족 이미지가 상징하는 관계가 실제로 신앙 공동체의 식탁 교제 가운데서 경험되었기 때문에 적절한 선택이었다고 말할 수 있다. 메시아 공동체에서 "가족"은 단순한 은유에 그치지 않고 구체적인 영적, 사회적 현실이 되었다.

    그 후 4세기 초반, 콘스탄틴 체제로의 전환이 가져 온 기타 변화들과 더불어, 기독교 회중은 점차 교회의 모체가 되는 가족 이미지를 포기하기 시작했다. 그리고 곧바로 대형 교회, 대중 집회, 설교할 때마다 박수갈채를 받는 유창한 설교가가 중심이 되는 새로운 시대가 출현하였다. 로마제국의 교회가 원시 기독교 공동체의 가족 컨텍스트로부터 탈피하자, 가족 은유 또한 교회의 상상력을 자극하는 능력을 상실하고 말았다. 그 당시에 가족 이미지를 버리고 이미 그들은 편의상 현대 교회의 현실과 아주 유사한 이미지들을 사용하였다.

9장 · 목자와 양떼

목자와 양떼 메타포는 선교적 교회의 본질을 강력하게 반영해 준다. 무엇보다 그것은 악한 권력, 세속적·종교적, 물질적·영적 억압으로부터 구원받은 하나님의 백성에 대해 말하고 있다. 이 메타포는 하나님의 백성이 메시아 시대에 어떻게 회복될지를 보여준다. 이것은 소망 없는 사람들에게 소망을, 쫓겨난 자들에게 정체성을 부여해 준다. 이 메타포는 그리스도 안에서 수행하는 하나님의 선교를 지칭한다. 또한, 역사의 참된 의미가 성취되는 변혁된 공동체요, 변혁하는 공동체의 창조를 가리킨다.

목자와 양떼의 이미지는 신구약 성서에서 두루두루 사용되고 있다. 구약성서에서 그것은 하나님의 백성을 지칭하며, 신약성서에서는 메시아 공동체를 가리킨다. 신구약 성서에서 이 이미지가 널리 사용되고 있는 것으로 보아 이 이미지가 하나님 백성의 특징과 그들의 선교를 이해하는 데 중요한 역할을 하고 있음을 알 수 있다. 이처럼 여러 이미지 중 목자와 양떼는 중요한 이미지다. 하지만, 이것은 최소한 목자와 양이 내포한 뜻을 알아야 이해가 가능하다. 구약성서에서 목자는 하나님 자신이거나, 하나님께서 지정하신 목자를 말한다. 신약성서에서 하나님은 궁극적으로 양떼의 목자-통치자이시며, 예수 그리스도는 목자장이시다. 사람들이 목자가 될 수는 있지만, 양떼는 하나님의 소유이며, 메시아께서 모으신 자들이다.

신약이 목가적 이미지를 교회의 자기 이해로 받아들인 것은, 구약에서 이 이미지가 다양하게 사용되었기 때문이다. 그것은 모세오경, 시편과 예언서와 같은 주요 부분에서 찾아볼 수 있다. 이 메타포에 대한 신약성서의 용례와 교회의 자기 이해에서 그 역할을 자세히 살펴보기 전에 구약성서에서 그 뿌리를 살펴보도록 하자.

구약성서에 나타난 목자-양떼 이미지

창세기 48장 15절과 49장 24절은 야훼를 이스라엘의 목자로 묘사한다. 고대 근동에서는 신들에게 목자란 호칭이 주어지지만, 고대 이스라엘에서는 그렇지 않았다. 하나님을 이렇게 호칭한 것은 상당히 드물다.창48:15; 49:24; 시23:1; 80:1; 참조 겔34:15; 사40:11; 렘31:10 그러나 히브리 신앙은 야훼께서 이스라엘을 목양하시는 모습을 찬양하고 있다.Jeremias, 1968:487-489 야훼는 목자가 되셔서 "이스라엘 백성을 이집트 땅으로부터"53) 이끌어내신다. 출애굽-광야 경험에서 하나님의 구원 역사는 목자-양떼 메타포로 그 의미를 가득 채우고 있다. 하나님의 백성이 자신들의 역사를 서술할 때, 그리고 예배행사에서 이 구원을 기념하고 있다.

하나님은 "백성 앞에서 앞장서서 나아가시며 광야에서 행진"시68:7하시는 목자로 경배를 받으신다. 그분은 자신의 양떼를 인도하시며시23:3, 푸른 풀밭과 쉴만한 물가로 인도하실 뿐만 아니라시23:2; 렘50:19, 자기 막대기로 그들을 보호하시며시23:4, "쫓겨난 이스라엘 사람을 모으시는"사56:8 목자시다.

---

53) 비슷한 언어가 요10:3에서 사용된다. 이곳에서 예수는 선한 목자로 "자기 양들의 이름을 하나하나 불러서 이끌고 나간다."

목자-양떼 메타포와 출애굽-광야 경험 간의 상관관계는 이스라엘 역사의 특징을 보여준다. 출애굽기와 신명기에서 목자라는 용어는 출애굽 이야기의 특징을 이루고 있다. "이끄시다", "인도하시다", "앞서 가시다." 그러나 출애굽기에서 목자라는 용어가 함축적으로 사용됐지만, 시편에서는 중요한 메타포가 된다.시23:1-4; 28:9; 68:7; 74:1; 77:20; 78:52-53; 79:13; 80:1; 95:7; 100:3; 121:4 또한, 예언자의 소망의 메시지에서도 핵심적인 이미지다.렘23:3; 31:10; 50:19; 겔34:11-22; 사40:10-11; 49:9-10; 미4:6-8; 7:14

시편 기자는 출애굽-홍해 경험에서 야훼의 위대한 구원 역사를 인용하면서, 다음과 같이 결론을 맺고 있다. "주님께서는, 주님의 백성을 양 떼처럼, 모세와 아론의 손으로 인도하셨습니다."시77:11-20 시편 78편에서도 이와 유사한 구원사가 반복되고 있는데, 목자-양떼 메타포를 사용해 출애굽의 해방과 약속의 땅으로의 진입으로 요약하고 있다. "그는 백성을 양 떼처럼 인도하시고, 가축 떼처럼 광야로 이끄셨다. 그들을 안전하게 이끄시니, 그들은 두려워하지 않았고"시78:52-53a

이와 같은 경험 때문에 이스라엘은 나라의 회복을 위한 기도에서 이 이미지를 반복해서 사용하였다. "아, 이스라엘의 목자이신 주님, 요셉을 양 떼처럼 인도하시는 주님, 귀를 기울여 주십시오…. 우리를 도우러 와주십시오…. 우리를 회복시켜 주십시오"시80:1-3 이 메타포는 이스라엘의 공동체 예배를 풍요롭게 해주었다.

> 오너라, 우리가 엎드려 경배하자.
> 우리를 지으신 주님 앞에 무릎을 꿇자.
> 그는 우리의 하나님이시오, 우리는 그가 기르시는 백성이며,
> 그가 손수 이끄시는 양 떼다.
> 시95:6-7; 참조 100:3

고대 근동에서 "목자"란 칭호는 정치적, 군사적 지도자에게 적용되었다. 그러나 유다와 이스라엘에서는 이 용어를 통치자들이나 왕족에 대한 호칭으로 사용하지 않았다. 그 반대로, 포로기의 예언자들은 하나님 백성의 신실치 못한 지도자들을 목자라고 불렀고, 그들에게 임박한 심판을 선언했다. 그들은 왕족에 대한 이 호칭을, 고대하는 "다윗의 자손"으로 오실 메시아에게 부여했다. 여기에서 우리는 신약성서가 이 용어를 예수에게 적용하고 있는지를 이해할 수 있다. 문자적으로 교회에서 사람들에 대한 목회적 돌봄이라는 목양적 이미지로 그것을 이해하기보다는, 실제로 그것은 메시아의 주되심이란 칭호로 사용되었다.

예레미야는 유다와 이스라엘의 남은 자들의 회복을 약속하고 있을 뿐만 아니라렘23:1-8; 31:10, 하나님의 양떼에 충성스럽지 못한 목자들에게 심판을 선언하고 있다. 하나님은 자기 양떼를 "공평과 정의"로 통치하실 메시아로서의 목자를 세우실 것이다. 예레미야는 하나님의 백성을 위한 새롭고도 더 위대한 구원의 출애굽을 기대하고 있으며, 그 속에서 그의 약속하신 정의가 편만해질 것이다.

에스겔도 마찬가지로 이스라엘의 목자들을 향해 말씀을 선포하면서, 자신만을 돌보는 야욕, 착취와 폭력겔34:1-6에 대해 고발하였다. 그들의 악행의 대가로 하나님의 심판이 그들에게 임할 것이다. 과거에 이집트로부터 자기 양떼를 구속하셨던 하나님께서, 이제 그들 군주의 억압으로부터 그의 양들을 반드시 구원하실 것이다.34:7-10 야훼께서 친히 그의 흩어진 양들을 모으실 것이며, 심판 때문에 흩어졌던 땅으로부터 구출하실 것이며, 약한 자들을 힘주시고, 정의로 그들을 먹이시며, 두려움이 사라진 "평화의 언약"을 통해 얻은 안전을 그들에게 제공하실 것이다. "그때에야 비로소 그들이 나 주 그들의 하나님이 그들과 함께 있다는 것과, 그들이 내 백성이 이스라엘 족속이라는 것을 알게 될 것이다. 나 주 하나님의 말이다. 너희는 내 양떼요, 내 목장의 양떼다. 너희는 사람이요, 나는 너희의 하나님이다. 나 주 하나님의 말이다.'34:30-31 예수께서는 이것을 바탕으로 자기 백성을 이해하셨고, 나아가 자신의 사역도 이해하셨던 것이 분명하다. 요10:1-18; 마18:12-14; 눅15:4-7을 보라

바벨론 포로 이후에 이어지는 소망의 메시지에서 예언자 이사야는 40장에서 예레미야와 에스겔과 똑같은 이미지를 선택한다. 하나님은 또다시 이스라엘의 목자가 되실 것이다. "그는 목자와 같이 그의 양떼를 먹이시며, 어린 양들을 팔로 모으시고, 품에 안으시며, 젖을 먹이는 어린 양들을 조심스럽게 이끄신다."사40:11 네 번째 종의 노래에서 야훼의 종은 흩어진 양떼를 모으실 것을 노래하고 있다. 구약의 목자-양떼 이미지는 대속적 고난을 통해 하나님의 양떼를 구원하는 환상에서 절정에 다다른다.53:6

한편, 포로로부터 귀환한 유다의 지도자들은 계속해서 거짓 목자로 살아가고 있다. 이에 대해 스가랴는 "주 그들의 하나님이 백성을 양떼같이 여기시고 구원하"실 것이라고 약속했다. 이집트 탈출과 포로 귀환 때 행하셨던 것처럼, 하나님은 단언컨대, 흩어지고 억압받는 자들을 다시 모으실 것이다. 슥9:16; 10:2-12

신약에 나타난 목자-양떼 이미지

양떼 이미지는 신약의 일곱 개 본문에서 사용된다.[54] 목자와 양떼 이미지가 주를 이루고 있다. 목자[55] 와 양떼[56] 는 신약에서는 다만 암시적으로 나타나 있을 뿐이다. 목자와 양떼에 관한 은유까지 포함한다면, 목자와

---

54) Poimnē와 poimnion: 마26:31; 눅2:8; 12:32; 요10:16; 행20:28-29; 고전9:7; 벧전5:2-3. 다음 문단에서 필자는 Minear, 1960:84-89에 빚을 지고 있다.
55) Arnion, aren, probaton: 마7:15; 9:36; 평행구절; 10:6,16; 평행구절; 15:24; 25:32; 눅10:3; 요10:1-27; 21:15-17; 롬8:36; 히13:20; 벧전2:25.
56) Poimnēn: 마9:36; 평행구절; 25:32; 26:31; 평행구절; 눅2:8, 20; 요10:2-16; 엡4:11; 히13:20; 벧전 2:25.

양떼 이미지는 신약에서 아주 중요한 자리를 차지하고 있음을 알게 될 것이다. 이 이미지 그룹은 7명의 저자가 쓴 저술에서 각기 다른 18개의 구절이 등장한다. 이 비유를 사용하는 이유는 그것들이 구약에서 널리 사용되었기 때문이다. 이 이미지는 특히 초기 팔레스타인 기독교 공동체가 이해하기 쉬웠다.

메시아이자 목자가 이스라엘의 흩어진 양떼를 모으실 것이란 예언자의 종말론적 환상겔34장은 예수의 설교에 영감을 불어넣었을 것이다. 하나님은 예수를 통해 자기 백성을 회복하셨다. 목자와 양떼 이미지는 하나님의 통치를 받는 참된 백성의 회복을 가리킨다. 열두 제자들은 "길 잃은 양 떼인 이스라엘 백성에게로 가거라"마10:6라는 명령을 받았다. 예수는 자신의 선교 대상이 우선 "이스라엘 집의 길을 잃은 양들"마15:24이라고 이해했다. 초기 유대 그리스도인들은 하나님께서 손수 "영원한 언약의 피를 흘려서 양들의 위대한 목자"히13:20를 통해 그의 백성에게 오셨다고 고백했다.

실제로 매번 양떼는 하나님의 소유로 전제하고 있다.행20:28; 벧전5:2 그래서 신약은 단순히 구약의 전통을 따르는 셈이다. 하나님께서 "양들의 위대한 목자"로 메시아를 보내셨다.히13:20 궁극적으로 하나님께서 양떼의 목자-통치자시다. 예수님은 목자장이시다. 예수께서 행하셨던 것처럼, 지배자가 아니라 삶의 모범을 통해 다스리는 작은 목자들undershepherds이 있다. 그러나 양떼는 하나님의 소유로 남아 있다.벧전5:2-4 예수께서는 그의 제자들에게 위로의 말씀을 주셨다. "두려워하지 마라, 적은 무리여. 너희 아버지께서 그의 나라를 너희에게 주시기를 기뻐하신다."눅12:32 양떼는 아버지께 속해 있는 것이다.

누가복음 12장 32절에서 예수께서 확신하고 이런 말씀을 하셨는데, 이는 목자-양떼 이미지가 초기 기독교 공동체가 자기 이해를 어떻게 하고 있있는지를 보여주는 귀중한 실마리를 제공해 주고 있다. 첫 번째 실마리는 이 이미지가 놓여 있는 문맥 가운데서 찾을 수 있다. 예수는 제자들에게 하나님의 섭리하심을 확신할 것과, 하나님의 정의와 평화의 통치를 최우선에 두라고 호소한다. 이러한 태도는 "적은 무리"가 취할 삶의 특징이었다.눅12:22-34 마태는 메시아 공동체를 요약설명하는 부분에서, 이와 똑같은 교훈을 포함했다.마5-7장 예언자적 환상과 동일선상렘23:1-8; 겔34; 사40:11; 53:6에서, 양떼는 하나님의 백성 중 회복된 남은 자와 동일시된다. 그들은 하나님의 종 메시아가 보여주셨듯이, 하나님 언약의 신실함을 과감히 신뢰하는 자들이었다. 더욱이 이 적은 무리는, 독특한 가치관과 거대한 혜택을 누리고 새로운 시대를 대망하는 공동체다. "두려워 말라"라는 격려는 하나님의 백성에게 약속하신 회복이 이미 메시아 공동체 안에서 시작되었다는 확신을 전제하고 있다. "적은 무리"라는 용어는 단순히 애정 어린 표현 그 이상을 의미한다. 예수께서는 새로운 공동체를 이사야 40장 11절과 에스겔 34장 12절에서 언급한 양떼로 보셨으며, 이 안에서 신적인 회복이 이미 시작되었다고 이해하셨다. 이 양떼는 하나님께서 모으시겠다고 약속하신 자들이었다. 외국인뿐만 아니라 이스라엘에서 쫓겨났던 자들outcasts이 하나님의 양떼로 소집될 것이며, 하나님의 집은 "만민이 기도하는 집"이 될 것이다.사56:6-8 예수는 선한 목자가 감당할 필수적 과업이 다른 양들을 우리 안으로 데리고 들어가는 것이라고 이해했다.요10:16 이것은 목자 없는 양에 대한 연민막6:34; 마9:36을 의미하며, 잃어버린 자들을 모으는 것을 의미한다.마10:6; 15:24

예수의 비전에 동의한 메시아 공동체는 자신을 새로운 질서의 핵심세력으로 간주하였다. 부활 후 얼마 지나지 않아, 그리스도인들은 교회를 하나님 나라와 동일시하려는 유혹을 받았다.행1:6 하지만, 하나님 나라가 모든 인간 제도를 초월하기 때문에 그들의 생각은 잘못된 것이었다. 그럼에도 불구하고, 메시아 공동체가 기다려왔던 미래의 국가의 전령사 정도로 말하는 것은 충분치 않다. 교회는 그리스도 안에서 이미 시작한, 다가올 세대에 참여하기 위해 하나님의 권세에 힘입어 이 세대의 권세의 억압으로부터 해방된 적은 무리다.

메시아께서 이루신 해방을 기념하다: 요10:1-21

요한복음 10장에 나오는 비유는, 신약성서에서 목자와 양떼 이미지를 다루는 구절 중 가장 중요한 구절이 아닐까 싶다. 요한은 유대교의 명절에 따라 요한복음의 구조를 형성하였다. 이러한 제의적 명절은 세 개의 유월절2:13; 6:4; 11:55, 이름이 밝혀지지 않은 명절5:1, 초막절또는 장막절; 7:2과 성전봉헌절10:22을 포함하고 있다. 목자와 양떼 메타포가 요한복음 10장에 등장하기 때문에, 초막절과 성전봉헌절은 문맥상 교회의 자기 이해에서 이 이미지의 의미를 이해하는데 핵심적인 역할을 제공한다.

초막절요7:2은 고대 이스라엘에서 세 개의 주요 순례 절기 중 하나였다. 나뭇가지로 만든 초막은 이스라엘 백성에게 그들이 한해 가을에 소출을 거두면서 머물렀던 쉼터를 떠올렸을 것이다. 그러나 이것보다 더 중요한 것은, 그 절기가 이스라엘 백성들이 이집트로부터 탈출한 출애굽 이후 광야를 통과했던 순례 여행을 상기시켰다는 점이다.레23:43

아마도 초막절은 이스라엘 명절 중 가장 인기가 많았던 절기였던 것으로 보인다.de Vaux: 94쪽 7일간 초막에서 먹고 자는 것 이외에도, 그 명절에 색채를 더하는 다른 행사들이 있었다. 할렐Hallel의 노래를 부르며 매일 제단에 물을 뿌리는 의식이 거행되었다.시113-118편 여기에서 순례자들은 큰 소리로 다음과 같이 외쳤다. "우리를 구원하여 주십시오. 주님, 간구합니다."히브리어: 호사아나; 호산나; 시118:25; 막11:9-10 두 번째로 큰 행사는 성전 뜰에 있는 거대한 횃불에 불을 붙이는 의식으로, 이때 이 레위인들이 시편 120-134편을 노래했다.

신명기 16장에 따르면, 세 가지 주요 절기들은 자기 백성을 위해 야훼께서 행하신 놀라운 구원 역사를 상기시키기 위해 고안된 것이었다. 그것은 모든 이스라엘 백성이 그들이 이집트에서 종 되었던 때를 기억하는 시간이었다.신16:12 "당신들은 이 절기에 당신들과 당신들의 아들과 딸과 남종과 여종과 성 안에서 같이 사는 레위 사람과 떠돌이와 고아와 과부까지도 함께 즐거워해야 합니다."신16:14

절기의 사회적 차원은 신명기 31장 10-13절에 훨씬 더 강조되고 있다. 초막절에 땅을 휴경하고, 몸 붙여 사는 종을 풀어주고, 갚지 못한 빚을 탕감해 주라는 안식일 조항을 제정하는 행사가 있었다.참조. 출2:1-11; 신15:1-18 1세기 팔레스타인 유대교는 초막절에 안식년 요소를 통합하였다. 초막절 기간 언약법신31:11-13을 낭독함으로써 이 축제에 자유의 의미를 덧붙였던 것이다.

레위기 23장 39-43절은 이 절기의 신학적 의미를 제공해 준다. 초막 사용은 이스라엘의 광야에서의 유랑생활을 상징한다. 이 절기의 의미는 단순명료하게 진술되어 있기 때문에 이해하기 쉽다. "이렇게 하여야 너희의 자손이, 내가 이스라엘 자손을 이집트 땅에서 인도하여 낼 때에, 그들을 초막에서 살게 한 것을 알게 될 것이다. 나는 주 너희의 하나님이다."레23:43

시편 81편은 초막절 축제에서 대표적으로 사용된 제의문이었다.de Vaux:791; Westminster:716; Murphy:590 이스라엘 절기 중 가장 인기가 있었던 절기로, 이 시의 첫 번째 줄에 축제의 기쁨이 잘 드러나 있다. "우리의 피난처이신 하나님께 즐거이 노래를 불러라. 야곱의 하나님께 큰 환성을 올려라. 시를 읊으면서 소구를 두드려라. 수금을 타면서, 즐거운 가락으로 거문고를 타라. 새 달과 대보름날에, 우리의 축제날에, 나팔을 불어라". 이것은 해방의 선포와 더불어 희년을 알리는 나팔소리를 언급하는 것이

다.레25:9-10

시편 81절 6-7a절은 이집트 종살이에서의 해방을 표현하고 있다. "내가 네 어깨에서 짐을 벗겨 주고, 네 손에서 무거운 광주리를 내려놓게 하였다. 너희가 고난 가운데 부르짖을 때에, 내가 건져 주고." 초막절의 역사적 모티프에 맞추어 다음 구절이 이 절기의 의미를 상기시켜 주고 있다. "나는 너희를 이집트 땅에서 이끌어 낸 주 너희의 하나님이다."시81:10 이곳에 나타난 모든 모티프들은 초막절을 상징하는 것들이다.

시편 113-118편과 120-134편은 초막절을 포함해 주요 절기의 제의에서 사용되었다. 이 시들의 공통적인 요소는 정의를 세우시고, 억압받는 자들과 가난한 자들, 궁핍한 자들을 해방하시고, 보존하시고, 복 주시는 천지의 대주재이신 야훼를 향한 찬양을 포함하고 있다. 출애굽과 광야 생활 40년 동안 자기 백성을 위해 베푸신 전능한 야훼의 역사가 확실한 표지로서, 그가 자기 백성에게 구원의 의와 평화를 가져다주실 것이며, 그분만이 참 하나님이심을 모든 민족이 알게 될 것이다.

성전봉헌절요10:22은 주전 165년 유다 마카비가 성전을 재탈환하고 정결케 한 때로부터 시작되었다. 이 절기는 초막절과 의도적으로 유사성을 띠고 있다. 9월 25일에 축제가 시작되어 9일간 지속하는 이 축제는 한마디로 기쁨의 축제였다.제1마카비 4:52-59 초막절과 마찬가지로, 백성들은 억압자로부터 해방된 한없는 기쁨과, 야훼께서 세우신 장소에서 예배할 수 있는 자유를 축하하였다. 초막절에서 그러했듯이, 백성들은 푸른 가지와 어린 야자수 가지를 가지고 와서, 할렐을 암송하면서 기쁨을 표현했다.시113-118 또한, 성전 뜰 안에 거대한 횃불을 밝혔고, 이 때문에 이 절기를 빛의 축제Festival of Lights라는 별칭으로 부르기도 했다.참조. 요8:12 이 횃불들은 언약의 율법을 상징하는 것으로, 성전 파괴 후에는 각자의 집에서 이 횃불을 두고 이 축제를 계속해서 축하했다.

초막절이 "광야에서 야훼께 예배하기" 위해 이집트에서 해방된 것을 회상하고 축하하기 위한 이벤트를 제공했던 것처럼, 성전봉헌절도 2개월 전 셀류키드 압제 하에서 산중 은신처와 동굴에서 짐승처럼 은신처를 찾아 헤매야 했던 때를 백성들이 기억하도록 했다.제2마카비서 10:6-7 요한복음 10장에서 예수께서 예로 사용한 목자와 양떼 비유는 이 두 절기를 배경으로 하고 있다.요7:2; 10:22

1세기에 이르러, 공식적인 바리새파운동은 이와 같은 자유를 기념하는 축제가 갖는 풍성한 상징을 영적 제의로 축소하기 시작했다. 하나님의 언약은 미래를 위해 주어진 것이고, 따라서 그들은 더는 당대의 종교적, 사회적 억압에 대해서는 언급하지 않았다. 그러나 요한복음은 초막절이 가진 상징을 통해, 메시아 공동체가 그리스도와 정의와 평화를 가져오는 해방적 선교의 의미를 이해하도록 도왔다. 제4복음서에서, 예수께서는 하나님의 양떼뿐만 아니라 우리에 들지 않은 "다른 양떼"에게도 메시아가 주시는 해방을 경험할 기회를 제공하셨다.요10:16; Zorilla:52-63

목자와 양떼 비유는 요한복음 7장 1-10:22절에 자리 잡고 있으며, 초막절과 성전봉헌절이라는 쌍둥이 절기가 이 본문을 감싸고 있다. 요한복음 7장 1-9절에서 예수의 활동범위는 예수의 대적자들인 유대교 지도자들의 본부인 유대와는 상반되는 "이방 사람들의 갈릴리"마4:15였다. 유대교 지도자들은 온 백성들의 축제인 초막절을 관장했다. 예수와 관련자들은 여러 나라에서 온 순례자들 가운데 섞여 있었다. 그 절기에 그가 나타나 가르쳤다는 것은 유대교 지도자들과 그들의 가식에 도전장을 내민 격이었다.7:10-24 지도자들이 예수를 죽이고자 결정한 것7:19,30은, 결국 믿지 않는 유대인들은 참여할 수 없는 새로운 출애굽의 실마리가 될 것이다.참조.눅9:31, "떠나가심"은 헬라어로 exodus다 그러나 그 땅의 백성들과 이방인들을 포함해서 국외자들이 이 절기가 상징하는 새로운 출애굽에 참여할 것이

다. 요7:25-36

물을 붓는 의식은 생수의 근원이신 예수 그리고 그의 성령를 드러내는 사건이었다. 예수는 하나님의 양떼들의 갈증을 해결하기 위해, 그의 백성들이 마실 물이 나오는 반석이 되신다. 출17:1-7; 참조. 고전10:4 사마리아인과 같은 국외자들을 위해서 예수는, 야곱의 우물을 대체하실 것이다. 요7:37-39; 참조. 4:1-42 예수는 새로운 모세요, 오랫동안 기다려 온 예언자다. 7:40-44 예수의 친구라면 누구든지 당국자들의 고소를 당할 것이고, 갈릴리 사람이라는 멸시를 받을 각오를 해야 한다. 7:45-52

요한복음 7장 53-8장 11절에서 율법학자들과 바리새인들은 예수와 팽팽하게 맞서 있었다. 유대교의 "율법 수호자들"과 율법보다 더 크신 분이 마주하는 상황에서, 피고 여인이 놓임을 받아 자유롭게 되고, 반면에 그 여인을 고소한 자들은 고소를 당했다.

"나는 세상의 빛이다."요8:12; 9:5라는 구절은, 아마도 성전 뜰에 있는 커다란 횃불에 불을 붙이는 축제 행사를 반영해 주는 것 같다. 이것은 새로운 출애굽-광야 체류에서 인도하실 예수를 지칭한다. 이것은 물론 유대 당국자들이 받아들이기 어려운 내용이었다. 초막절 기간, 예수는 세 번씩이나 자신을 "나는 ~이다."I AM:8:24,28,58라고 말씀하심으로 자신을 절대자와 동일시했다. 이에 한걸음 더 나아가, 자신을 그의 아버지, 출애굽의 하나님, 그리고 광야 생활에서 주어진 언약과 동일시했다. 또다시 예수는 국외자였던 사마리아 사람이요, 마귀에 사로잡힌 자라는 비난을 받았다. 예수는 두 번째 고소는 부정했으나, 첫 번째 비난은 순순히 받아들였다. 국외자들이 새로운 출애굽이 가져오는 해방에 참여하기 위해 예수를 따랐기 때문이다. 8:36

요한복음 9장 1-41절에서 소경은, 예수께서 찾으신 사람이었고, 빛을 향해 나온 유대교의 국외자들을 상징한다. 예수는 소경에게 샘에 가서 씻

으라고 명하셨는데, 이 샘은 메시아의 축복의 상징인 초막절 의식에서 물을 길으러 오는 곳이었다. 이것은 예수께서 모든 축복의 근원이심을 보여주는 대목이다. 하지만, 바리새파 사람들은 출애굽 당시 이집트의 압제자들과 마찬가지로, 그들의 죄와 어두워진 눈 때문에 죽음을 면할 수 없게 되었다.9:39-41

요한복음 10장 1-22절은 7-9장에서 전개되었던 내용을 이어받고 있다. 예수는 쫓겨난 자들을 해방하심으로 초막절의 참된 정신을 구현하셨다. 유대 지도자들은 스스로를 율법의 보호자요 보호기관이라고 주창하며 초막절 정신과는 다르게 행동했고, 해방자the Liberator를 제거하려고 했다. 이것이 믿는 유대인들과 예수의 말씀을 거부한 사람들이 나뉘는 지점이었다.

요한복음 10장 1-22절은 중요한 두 가지 비유10:6-7a과 19-22가 이 비유에 대한 설명과 함께 배치되어 있다. 첫 번째 비유에서는 목자와 낯선 사람이 대조적으로 등장한다. 목자는 문으로 들어가 자기 양을 부르고, 그들을 이끌고 나오며, 그들보다 앞서 가신다. 양들은 목자의 음성을 알고 있기 때문에 그를 따라간다. 낯선 사람은 다른 곳으로 넘어들어가지만, 양들은 그를 따르지 않는다. "낯선 사람"이 거짓 메시아를 지칭한다면, 그 호칭은 유대교 지도자들을 가리킬 것이다. 그들은 예수께서 하나님 나라로 모아들일 세리와 죄인들, 가난한 자들, 사마리아인들, 그리고 작은 자들에게는 완전히 낯선 자들이었다.

"이끌고 나간다"요10:3, exagei와 "자기 양들을 다 불러내다"10:4, ekbalē와 같이, 동사를 강조한 것은 확실히 의도적이다. 첫 번째 동사는 출애굽-광야 경험에서 이집트로부터 자기 백성을 인도해 낸, 양을 인도한 야훼의 행위를 연상케 한다. 두 번째 동사는, 요한복음 9장 34절에서 "그들은 그를 바깥으로 내쫓았다"라고 번역된 것과 같은 동사다. 유대인이 내쫓은 사람들과 메시아가 인도해 낸 국외자들 사이에 직접적인 관계가 존재한다.

두 번째 비유가 위치한 문단은 문요10:7b-10과 선한 목자요10:11-18라는 이중 비유로 구성되어 있다. 예수는 양의 문이다. 이 이미지는 초막절 기간에 불렀던 할렐 시편에 포함되어 있다. "이것이 주님의 문이다. 의인들이 그리로 들어갈 것이다."시118:20 여기에서 또다시 문으로 상징되는 예수와 "도둑과 강도"로 알려진 유대교 지도자들이 대조를 이룬다. 예수는 구원과 자유, 부양과 풍성한 삶을 제공하신다. 반대로 유대 지도자들은 죽음과 파멸을 가져올 뿐이다.

선한 목자이신 예수께서는 "양들을 위하여 자기 목숨을 버린다."요10:11-18 이 이미지는 메시아 시대에 하나님께서 자기 백성을 위해 택하신 목자에 관한 예언자적 비전을 반영해 주고 있다.겔34장 실제로 이 이미지는 메시아에 대한 단호한 주장이었기에 예수의 대적들이 결코 그냥 지나칠 수 없었다.요10:31-39 이 이미지는 구약에서 간절히 고대했던 것이었다. 하지만, 선한 목자는 "양들은 위하여 자기 목숨을 버린다"라는 예수의 말씀은 구약과 그 후 유대교에서 나타난 목자 이미지와는 전혀 판판이다.참조.요15:13; 요일3:16 이것은 구원을 위해 고난을 감당하는 야훼의 종에 관한 비전과 평행을 이루고 있다.사52:13-53:12 선한 목자이신 예수와 반대로 유대지도자들은 백성을 위험과 파멸의 구덩이로 던져버리는 삯군들이다.

메시아로 오시는 목자가 아버지와 맺은 관계는 매우 경험적이다. 그를 알고, 그가 알기 위해서는요10:14-15a 하나님의 양떼 공동체의 삶에 참여해야 한다. 성서적 관점에 따르면, 하나님은 출애굽의 구원 경험을 통해 이미 자기 백성에게 자신을 확실하게 알리셨다.출6:3-9 그러나 예언자들은 이스라엘이 하나님을 알지 못하였다고 탄식했다.사1:3 이 이미지는 신실한 메시아 공동체, 즉 자신의 목자가 누구인지 아는 하나님의 양떼 그림을 연상시켜 준다.

예수는 "우리에 들지 않았지만, 장차 메시아공동체에 들어올 다른 양들"요10:16에 관한 관심을 표현하셨다. 그때가 되면 선한 목자의 돌봄을 받을 양떼는 하나로 통합된다. 이것은 공론의 대상이 되어 왔다.57) 목자-양떼 이미지가 구약에서 나왔던 점을 고려하면, 이사야 56장 8절은 특히 적절한 구절이다. "쫓겨난 이스라엘 사람을 모으시는 주 하나님께서 말씀하시다. 내가 이미 나에게 모아들인 사람들 외에 또 더 모아들이겠다." 메시아 공동체를 이루는 양떼는 이스라엘에서 쫓겨난 사람들로 구성된다. 복음서 이야기에 따르면, 말 그대로 현실이 되었다.요9:34 간음하다 붙잡힌 여인과 치유를 받은 소경은 복음서에서 가난한 사람들, 작은 자들, 세리와 죄인 등 다양한 이름으로 알려진 그룹을 대표하는 사람들이다.

예수를 영접하지 않았던 "그의 백성"요1:11은 그의 "소유의" 양들10:14뿐만 아니라 "다른 양들"10:16로 대체되었다. 유대교에서 쫓겨난 사람들 이외에도, 사마리아인들이 이 범주에 포함될 수 있다. 목자와 양떼에 관해 예언자들은 메시아 시대의 축복이 유다와 이스라엘에게 임할 것이라고 보았다.여기엔 사마리아인들이 포함된다; 렘23:6; 겔34:23 이 양떼에는 유대교에서 쫓겨난 사람들과, 그들의 원수들인 사마리아인들로 이루어졌다.이방인들은 물론이고 그들이 하나 되는 모습은 메시아 시대가 도래했다는 강력한 증거가 될 것이다.요17:20-21

사마리아인들이 선한 목자의 양떼에 포함되었다는 것은, 예수께서 사마리아 사람이라는 비난에 의해 뒷받침된다.8:48 또한, 종교지도자들은 이방인들 안에서 가르치려는 예수의 의지를 감지했다.7:35 예수는 사마리아인들을 향한 열린 태도를 보이고 있었고요4장 등, 이러한 태도는 초기 기독교 공동체도 마찬가지였다.행8장 등 이러한 모습은 그 당시 다른 모든 유대

---

57) 일반적으로 학자들은 그들을 이방인에 대한 언급으로 본다. 그러나 그들을 사마리안 사람으로 해석하는 것도 무난한 것으로 보인다(Zorilla:52,63을 보라).

인 집단의 입장과는 확연한 차이를 보이는 것이다. 교회는 근본적으로 원수 되었던 자들의 화해 공동체라는 바울의 주장은, 선교에 대한 예수의 이해에 확고한 토대를 두고 있다. 교회의 선교는 메시아가 가지고 온 구원의 시대에 흩어진 하나님의 양떼를 모으는 것이었다.

하나님께서 회복하신 양떼들의 생명은, 그들을 위해 기꺼이 자신의 생명을 버리신 목자에게 빚을 지고 있다. 요한복음은 이러한 공동체에 관하여 언급하고 있다. 예수께서는 쫓겨난 사람들을 모으시겠다고 주장하셨고, 또한 그들의 목자가 되어 주시겠다고 말씀하셨다. 그리고는 자신의 생명을 내놓으셨다. 쫓겨난 사람들과 사마리아인들은 믿지 않았던 유대인들을 대체하였다. 믿는 자들은 새로운 출애굽에서 예수를 따르는 양들이다.

초막절은 요한복음의 목자와 양떼 이미지가 지닌 의미를 이해하는 기본 열쇠를 제공하고 있다. 하나님의 양떼가 된다는 것은 곧 구원의 새로운 출애굽에서 메시아를 따르는 것을 의미한다. 이것은 하나님의 나라에 들어가는 것으로, 할렐 시편이 초막절 절기를 위해 모여든 순례자들에게 상기시키고 있는 바와 같이, 구원받고 의로운 사람이 된다는 것을 뜻한다.시 118:20-21 나아가 이 세상의 쫓겨난 사람들을 모으고 원수된 모든 사람과 화해하는 것을 의미했다. 유대교에서 쫓겨난 사람들, 그리고 사마리아인들과 이방인들을 통합시키는 메시아 선교를 수행했던 곳이 바로 교회 공동체였다.

그러나 유대교 지도자들과 마찬가지로 교회는 종종 종교적, 교리적 구조를 유지하는데 몰두하게 되었고, 구체적으로 출애굽의 해방과 광야의 삶을 살아내는 일을 중단하였다. 따라서 교회의 핵심 비전은 흐릿해졌고, 쫓겨난 자들과 이전의 원수된 자들을 향한 선교는 무디어졌다. 목자와 양떼 이미지는 교회가 선교에 대한 열정을 갖도록 고취하기보다는, 무기력

상태에 빠진 교회의 개개인들을 위로하기 위한 목회적 수단으로 전락하였다.

목자와 양떼 이미지는 계시록에도 등장한다.7:9-17 여기서도 마찬가지로, 이 이미지를 이해하기 위한 열쇠는 초막절이다. 온전한 하나님의 양떼는 "모든 민족과 종족과 백성과 언어에서" 나온 사람들이다.7:9 그들 손에 들려진 종려나무는 의와 승리를 축하하는 초막절의 무한한 기쁨을 떠올려 준다. 그들은 기쁨에 겨워 외친다. "구원은 보좌에 앉아 계신 우리 하나님과 어린 양의 것입니다."7:10 이것은 할렐의 외침이 성취되었음을 보여주는 대목이다. "주님, 간구합니다. 우리를 구원하여 주십시오."시118:25

이 구절은 하나님의 양떼를 "인도하는"poimanēi 어린양을 묘사한다. 이 이미지는 "자기 목숨을 버리는" 목자의 권능을 강조하는 것이다. "보좌 한 가운데 계신 어린 양이 그들의 목자가 되셔서, 생명의 샘물로 그들을 인도하실 것이"계7:17다. 그러나 이러한 목가적 비전은 "그들은 어린 양이 흘리신 피에 자기들의 두루마기를 빨아서 희게 하였습니다."7:14란 사실에 의지한다. 목자의 피가 양떼의 두루마기를 희게 만든다.

어린 양은 자신의 양떼를 돌볼 뿐만 아니라, 모든 민족을 "인도할" 것이다.계19:15 하나님 나라에서 십자가는 영광이다. 선한 목자이자 죽임당하신 어린양 예수는 하나님의 양떼들의 일반적인 삶에 온전히 스며들었다. 바울은 에베소 장로들에게 "여러분은 자기 자신을 잘 살피고 양떼를 잘 보살피십시오……. 하나님께서 자기 아들의 피로 사신 교회를 돌보게 하셨습니다."행20:28라는 말로 책임을 부여하였다. 이 사실이 양과 목자의 행동을 결정짓는다. Minear, 1960:86쪽 이하를 보라 이러한 이유로 하나님의 양떼를 돌보는 일은 고난받는 종의 모습을 취할 때 가능한 일이다.벧전5:1-5 등

"그 보좌에 앉으신 분이" 피난처를 제공하실 것이다.skenōsei 말 그대로 그분이 "그들을 덮는 장막이 되어 주실 것"이다.7:15 또한 "어린 양이…. 생

명의 샘물로 그들을 인도하실 것"이다.7:17 이 두 가지는 모두 초막절 혹은 장막을 떠올린다. 그들은 메시아가 사람들 가운데서 장막을 펼치시는 목자라는 사실 앞에 기쁨을 감추지 못한다.요1:14, eskēnōsen 그는 새로운 해방의 출애굽을 통해 하나님의 양떼를 인도해 나가실 것이며, 이것은 모든 민족을 모으심으로 완성될 것이다.

선교적 교회에 대한 성서의 이미지

변혁 이미지
10장_ 소금, 빛 그리고 도시
11장_ 영적인 집
12장_ 증언 공동체

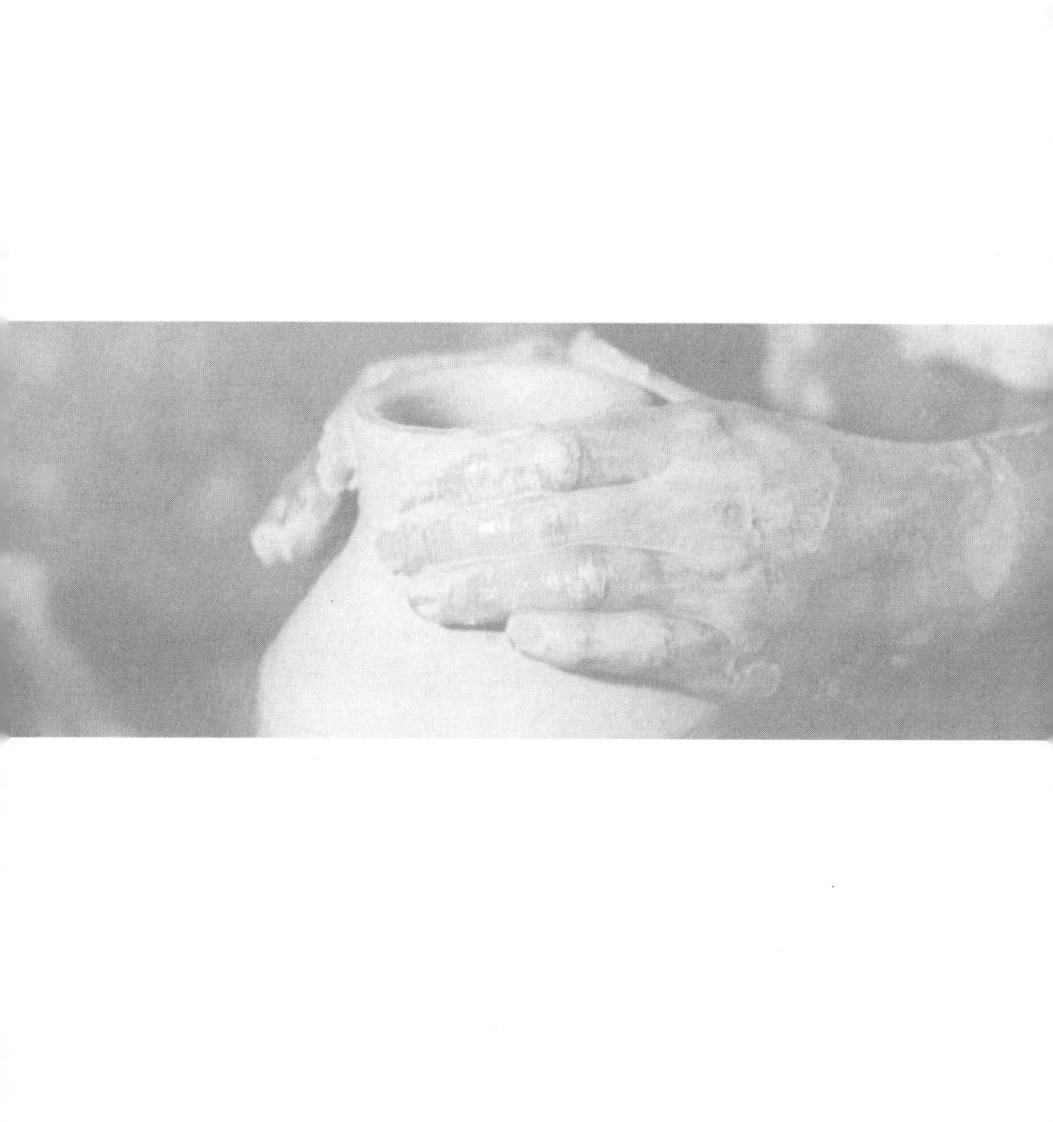

10장 · 소금과 빛, 산 위의 도시

마태복음 5장 13-16을 보면, 메시아적 공동체를 설명하기 위해 예수께서는 세 가지 이미지를 사용하셨다. 이러한 이미지들은 예수와 초대 기독교 공동체가 인식했던 것과 마찬가지로 하나님 백성의 특징과 선교에 대한 우리들의 이해에 특히 결정적이다. 그러나 그것의 메시지가 주는 영향력을 이해하기 위해서 우리는 그것의 인접 문맥, 즉 이전 문맥(팔복, 마5:3-11과 이후 문맥(하나님의 언약법에 대한 예수의 태도, 마5:17-20 속에서 이 본문을 이해해야 한다.

저자가 이전 문단(마5:13-16에서 복수형 대명사를 배타적으로 사용하는 것을 보면, 이러한 이미지들은 본질적으로 집단적 의미로 사용되었음을 알 수 있다. 그것들은 팔복에서 설명하는 특정 형태의 공동체를 반영하고 있다. 이 몸은 살아있으며 산상수훈에서 이례적으로 명쾌하게 정리하는 특별한 가치의 메시지를 선포한다. 오직 이렇게 회복된 공동체만이 하나님 백성의 선교를 위해 예수의 비전과 일치한 참된 선교사가 될 것이다.

이후 문단(마5:17-20에는 메시아 공동체와 언약법에 대한 관계를 예수가 어떻게 이해하고 있는지가 언급되고 있다. 이 설명은 종종 그나음 문단(마

5:21-48의 더 높은 의를 행하라는 예수의 요구에 대한 서론으로 받아들여진다. 그러나 메시아 공동체와 언약법에 대한 예수의 태도를 설명하는 선교 이미지가 병치 되어 있다는 것은 그저 우연이라고 말할 수 없을 것이다. 그것은 우리가 빛과 소금 그리고 산 위의 도시에 의거하여 메시아 공동체의 정체성과 역할을 제대로 이해할 수 있도록 의도되었다고 볼 수밖에 없다.

구약성서적 배경

위의 세 가지 메타포는 모두가 구약에서 기원한 것이다. 소금은 야훼의 자비로운 언약은 물론이고 자기 백성의 제의 행위와 관련된 상징이었다. 빛과 산 위의 도시에 대한 언급은 메시아 시대에 임할 회복에 관한 예언자적 비전과 하나님 백성의 선교에 관한 부분이었다.

마태복음에서 사용된 것과 마찬가지로, 소금 이미지는 제자 공동체가 사회를 살맛 나게 하고 부패로부터 사회를 보존하는 기능을 감당해야 함을 내포하는 것이라고 해석하는 사람들이 있다. 하지만, 이 이미지의 근원은 그보다 더 심오하다. 구약에서 소금은 제사를 완전하게 만드는 기능을 가지고 있었다. "네가 바치는 모든 곡식제물에는 소금을 넣어야 한다. 네가 바치는 곡식제물에는 네 하나님과 언약을 세울 때에 넣는 그 소금을 빼놓지 말아라. 네가 바치는 모든 제물에는 소금을 넣도록 하여라"레2:13 소금은 이스라엘의 제물을 거룩하게 만드는 일에 이바지했던 것이 분명하다. 소금은 언약 관계의 증표였고, "언약의 소금"은 "소금 언약"민18:19; 대하13:5과 조화를 이룬다. 이것은 소금으로 맛을 낸 고기를 먹음으로써 언약을 확정 지었던 동양의 잔치 관습을 반영하고 있다. 따라서 소금은 하나님과 자기 백성 사이의 언약 관계를 상징하며, 그 언약 관계 위에 희생제사 제도가 기초하고 있었다.

소금은

> 하나님과 제사장…. 왕과 그들을 통해 백성들과 하나로 묶어 주었던 끈이 었다. 모든 세대가 이러한 끈으로 연결되어 있었기에 하나님에 대한 그들의 의무와 하나님을 의지하는 모든 사람은 하나로 여겨졌다…. 요약하면, 소금 언약은 나라nationhood, 제사장직, 왕권, 예배, 죄 용서, 국가의 정체성과 운명의 전체적 경륜에 본질적인 것이었다.Minear, 1997:37

이러한 배경하에서, 마태복음 5장 13절 본문은 이 세상에서 하나님의 백성이 거룩하게 만드는 선교를 지칭하는 것 같다.참조. 막9:49-50; 눅14:34-35 하나님의 백성은 독특한 언약 공동체로서, 타자他者를 언약 교제로 초청하고 이 세상을 거룩하게 만드는 과업을 성취한다.참조. 벧전2:9 소금 메타포는 타자의 구원을 위한 하나님의 대조 공동체로서의 메시아 공동체를 지칭한다. "세상의 소금"으로서 메시아로 말미암아 회복된 이 공동체는 이 땅을 포함해 모든 피조물이 참여하게 될 우주적 회복을 고대하고 있다.Minear, 1997:37-40

예언자적 비전에 의하면, 야훼의 종은 열방의 빛이 될 것이다: "…너를 백성의 언약과 이방의 빛이 되게 할 것이니"사42:6, "…땅끝까지 나의 구원이 미치게 하려고…."49:6 열방에 대한 하나님의 구원 사역은 그분의 구원 언약 계획에 따라서 자기 백성의 회복을 통해 수행될 것이다. 이러한 이미지를 사용하면서, 예수는 메시아 공동체를 회복과 증언이라는 고대의 예언자적 비전과 동일시하는 것이다.

이러한 예언자적 비전에서 결정적인 요소는, 이스라엘에서 구원의 가시적 표현에 매료된 이방인들이 자유롭게 하나님의 백성에게로 인도될 것이다. 이러한 일은 선교 활동의 결과일 뿐만 아니라 하나님의 백성에게 그들이 매료된 결과로 말미암아 일어날 것이다. 하나님의 회복된 백성들은 하나님의 영광의 빛 자체가 어두운 세상에 빛을 밝히는 중심부란 사실을 그들이 깨닫게 될 것이다. "…주님께서 너의 영원한 빛이 되시고, 하나님께서 너의 영광이 되실 것이다."사60:19 "이방 나라들이 너의 빛을 보고 찾아오고, 뭇 왕이 떠오르는 너의 광명을 보고, 너에게로 올 것이다."사60:3 하나님의 구원 계획은 이스라엘 전역에 밝게 비춤으로써 다른 사람들이 하나님 백성의 삶에 매료될 것이다. "오너라, 야곱 족속아! 주님의 빛 가운데서 걸어가자!"사2:5

예언자들은 또한 열방이 모이게 될 산 위의 도시라는 말로 메시아적 회복과 하나님 백성의 선교에 대해 설명하였다. "주님의 성전이 서 있는 산이 모든 산 가운데서 으뜸가는 산이 될 것이며…. 모든 민족[또는 백성들]이 물밀 듯 그리로 모여들 것이다."사2:2-3; 미4:1-2; 참조 슥8:20,22 이 비전과 동일선상에서 예수는 메시아가 세운 팔복 공동체가 다른 공동체와 어떻게 다른지를 설명했다. 다른 사람들이 보게 될 산 위의 도시처럼 메시아 공동체는 다른 사람들을 매료시키는 공동체가 될 것이다. "[사람들이] 너희의 착한 행실을 보고, 하늘에 계신 너희 아버지께 영광을 돌리게 하여라"마5:16 주님의 길을 걷는 백성들이 회복되고, 율법서와 예언서에서 묘사하는 삶을 실현해 나가는 그들의 삶이 이 땅의 백성들을 끌어당기는 자석이 될 것이다.요더, 1982:9를 보라

이러한 이미지들은 모두가 세상과 다른 공동체의 실존이 어떠한지를 가르치고 있다. 그것은 예언자적 비전을 가진 하나님의 회복된 백성이다. 하나님의 은혜의 토라성서적 사고에서 삶의 지침이 되었던 율법에 의해 정향된 삶의 질은 회복된 공동체에서 진실하게 살아가기 때문에 가능한 일이다. 하나님의 대조 공동체로서의 독특한 특성을 유지함으로써, 하나님의 백성들은 선교하는 백성이 된다. 예수는 팔복과 더욱 높은 정의를 가진 새로

운 메시아적 토라를 소유한 제자 공동체에게 열방을 제자로 삼으라는 책임감을 부여하셨다. 마태복음 5장 13-16절과 마태복음 28장 19-20절에 나타난 선교적 비전은 실제로는 상충되는 것이 아니다. 두 본문은 모두가 사람들에게 메시아 공동체라는 문맥 속에서 예수 그리스도의 주되심 아래로 돌아오는 것을 묘사하고 있다.

소금, 빛 그리고 산 위의 도시 이미지들은 하나님의 회복된 백성에 대한 예언자적 비전의 성서적 배경에서 기원한 것으로, 그들 가운데서 나타난 하나님의 의로운 통치는 자비로운 현실이다. 마태복음에서 이러한 이미지들을 예수께서 사용하신 것은 하나님의 통치가 메시아 공동체에서 현실화되기 시작했다는 것을 의미한다. 이것은 아직 완전하지는 않지만, 가시적이고 실체적이며 경험 가능한 것이다. 그리고 이러한 일은 모든 인류를 향한 구속의 결과이다.

마태복음 5장 13-16절

소금과 빛, 그리고 산 위의 도시 이미지에 대한 근본적 관계는 복수 대명사 "너희"의 반복적 사용에서 두드러진다. 불행히도, 영어 번역본은 이것이 불분명하다는 사실이다 이것은 팔복의 각 항에서도 전제되어 있지만 "마음이 가난한 사람[너희들]은 복이 있다." 등, 마지막에 이르러서야 분명해진다. 복수 대명사 "너희"는 마태복음 5장 11-12에서 여섯 번이나 등장하며, 그다음으로 이어지는 구절들에 나타난 소금, 빛과 도시 메타포를 소개하는 출발점이 된다. "너희"라는 단어에 방점을 두어야 한다. 이것이 예수께서 말씀하셨던 내용이다. "너희는 바로 팔복의 메시아 공동체다. 그래서 **너희**는 악한 사람들의 손에 박해를 받는 것이다. 정확히 **너희**다. 너희는 이 땅의 소금이다…. 너희는 세상의 빛이다."

고난과 증언이란 단어가 짝을 이루는 것은 놀라운 일이 아니다. 신약에서 똑같은 단어가 순교자와 증인에 적용된다. 고난과 증언은 하나님의 백성들 사이에서 동전의 양면과도 같다. 그들은 고난받는 주님 때문에 모이게 된 고난 받는 메시아 공동체로, 이 공동체가 이 세상의 한가운데서 소금과 빛, 그리고 산 위의 도시다.

우리는 종종 마태복음 5장 13-14절의 주동사가 명령문이 아니라 직설법이란 사실을 간과한다. 예수는 제자들에게 소금과 빛이 되라고 명령하지 않으신다. 그는 단지 팔복이 설명하는 고난 받는 공동체는, 메시아적 선교의 본질에 의해 소금과 빛, 그리고 산 위의 도시라고 선언하고 있다. 산상수훈에서 묘사된 영적 가치와 하나님 나라의 원천이 없으면 소금과 빛, 산 위의 도시가 되는 방법은 존재하지 않는다.

하나님의 은혜로 우리가 팔복에서 설명하는 공동체를 이룬다면 우리의 존재와 선포가 하나님 나라의 실체를 전달해줄 것이다. 우리가 산상수훈에서 말하는 대로, 하나님의 성령의 능력으로 살아간다면 이런 일은 일어날 수 있다. 그러한 공동체는 사회의 인간관계에 맛을 내고, 정화하며, 그들을 깨우칠 것이다. 그러나 이러한 공동체를 이루지 못한다면, 그리고 우리의 사역이 예수의 가르침과 일치하지 않는다면, 우리는 실패하고 말 것이다. 우리가 아무리 열심히 노력한다 할지라도 우리의 짠맛을 잃어버려 아무 쓸데가 없게 될 것이며, 빛은 가려지고 어두워질 것이고, 도시는 사람들의 눈에서 감추어질 것이다.

메시아 공동체의 선교적 비전에 대한 예수의 주장은 또한 그 시대의 에세네파의 전략에 대한 반응이기도 하다.Bonnard:96을 보라 그들은 유대 광야에서 공동체를 이루어 매력적일 만큼 진실하게 살아갔다. 그들은 야훼의 통치가 이루어지는, 다가오는 주의 날을 대망하면서 도덕적으로뿐만 아니라 종교적으로도 순수한 삶에 헌신했다. 하지만, 예수의 말씀은 "주님의 성전이 서 있는 산이…. 모든 언덕보다 높이 솟을 것이니"라는 예언자적 비전사2:2과 일맥상통한 것으로, 이것은 에세네파의 자기중심적인 내세 지향성과는 정반대의 모습이다.

메시아 공동체는 가시적 방식으로 임하는 새 시대의 회복된 삶을 기대한다. 또한 "열방을 위해서"도 마찬가지다. 다시 말해, 하나님 백성의 선교적 과제는 하나님의 나라와 구원을 구체적으로, 그리고 가시적으로 대망하는 것이라고 예수는 바라보았다. 하나님의 구원 역사에 부응하는 삶과 사역이야말로 하나님께서 인간 역사에 개입하고 계시며, 메시아를 통해 세상을 회복하고 계심을 보여주는 가장 확실한 분명한 증언이다. 그분의 우주적 통치가 개막되었다. 따라서 하나님의 통치를 언어로 선포할 뿐만 아니라 회복된 하나님의 백성의 존재being와 행함doing에 의해 우리는 이 세상에서 구원 사역의 도구가 되는 것이다.

하나님의 백성이 이 세상에서 살아가고 선교를 수행할 때 오직 두 가지 선택안만 있을 뿐이라는 주장은 거짓이다. 즉 우리가 전도하려면 이 세상에 존재해야 한다는 이유로 이 사회의 가치관에 순응해야 한다는 주장과, 이 세상으로부터 물러나 지리적, 영적인 고립된 삶을 살아감으로써 세상과 전혀 다른 삶을 살아가야 한다는 주장은 모두 거짓이다. 예수께서 자신의 공동체를 위해 구상했던 대안은, 팔복에 토대를 두고 하나님과 다른 사람들과 함께 어우러지는 회복된 공동체의 삶이었다. 우리는 이 세상 한가운데서 하나님의 통치를 받으며 급진적인 삶을 살아가고 증언하도록 부름 받은 존재들이다.

마태복음 5:17-20

이후 문단마5:17-20은 자기 백성의 삶을 위한 하나님의 자비로운 계획인 언약법과 메시아 선교와 그의 공동체 사이의 밀접한 관계를 보여준다. 이미 살펴보았듯이 예언자적 비전을 토대로 예수는 선교를 이해하였다. 수리는 반드시 이 비전을 율법의 기능을 하나님 백성의 선교와 연관지어 바라보아야 한다. 예언자들은 하나님께서 이방인들을 포함해 모든 사람에게 "주님의 길을 가르치실" 방법을 어렴풋이 바라보았다.^{사2:3-4} 그들은 "주님의 가르침과 말씀"이 어떻게 이 땅의 백성들 사이에서 샬롬을 실현할지를 보았다.^{미4:2-3} 히브리 성서에서 토라는 법령이라기보다는 안내 혹은 교훈을 의미했다. 다시 말하면, 하나님의 언약법은 하나님의 회복된 공동체의 선교에서 중요한 역할을 하고 있다고 예언자들은 바라본 것이다.

예언자들은 하나님의 회복된 백성이 전달할 선교적 메시지는 시온에서 나오는 그분의 율법이었다.^{사2:3; 미 4:2} 메시아 공동체에게 주어진 선교는 구체적인 윤리적 내용이 없는 신비적 형태의 무정형적 메시지가 아니다. 우리의 기분을 좀 더 유쾌하게 해주는 메시지도 아니었다. 이것들은 모두 선교에 대한 오해에서 나온 부작용이었다. 정반대로 그것은 도래한 하나님 나라를 선포하는 것이다. 하나님의 통치를 인정하는 나라를 선포하는 것이다. 또한, 예수를 주님으로 예배하고, 모든 사람이 그에게 복종하는 나라요, 상호 간의 관계가 자기 백성을 향한 하나님의 언약 계획에 부응하는 나라, 장차 모든 영광중에 나타날 나라를 선포하는 것이다.

개신교는 경건주의와 부흥운동을 유산으로 물려받으면서 선교에 대한 시각이 희미해졌다. 우리 복음주의자들은 복음 전도가 성서의 율법과 연관성이 있다고 말하기 어려운 시대를 살고 있다. 우리는 일반적으로 율법을 율법주의라고 바라볼 뿐만 아니라, 진정한 복음전도의 치명적인 적이라고만 생각한다. 실존주의의 영향을 받아 언약법의 기능을 부정적인 시각으로 바라보았던 것이다.

하지만, 예수는, 자신의 메시아 선교가 하나님의 백성들을 실질적이면서도 합법적인 언약법의 권위와 무관한 것이라는 개념을 거부하였다. 정반대로 하나님은 그에게 "율법과 예언자들의 말"에 "완전함을 더함으로써" 그것들을 완성하라고 명하셨다.마5:17 마태복음은 메시아 예수를 새로운 모세로 묘사하였다.Jeremias, 1967b:867-873 그분은 최종적인 율법수여자이시다. 예수에게 언약법의 범주는 그가 선포했던 "하나님 나라의 복음"의 원산지이자 동질적인 것이다.

예수는 하나님의 율법을 자기 백성의 생명을 구원하는 하나님 계획의 표현이라고 이해했다. 그는 자신의 가르침을 율법의 대체물로 제시한 것이 아니라, 하나님 언약의 절정 혹은 만개한 꽃으로 제시했다. 산상수훈에서 등장하는 예시마5:21-48로부터 우리는 예수께서 율법을 급진적인 것으로 만들고 있다는 사실을 주목해야 한다. 그는 율법의 뿌리가 하나님의 의도에서 시작하고 있다고 보았다. 이런 의미에서 우리가 사용하는 "급진적"radical이란 단어는 "뿌리"를 뜻하는 라틴어 래딕스radix에서 기원하는 것이다.

마태복음 5장 21-48절에 열거된 예시들로 판단하건대, 예수께서 당대 유대인들보다 더 진지하게 언약법을 받아들였다고 말할 수 있을 것이다. 그는 율법의 일반적인 이해를 근원적인 의도에 호소함으로써 율법의 핵심 정신이 무엇인지 간파하였고, 그것을 심화시켰다. 이러한 예수의 행동은 마지막 때가 이르면 하나님의 율법을 확실하고도 최종적으로 해석할 수 있다고 보았던 예언자적 비전과 일치했다. 렘31:31이하; 겔36:26이하; 사2:3; Bonnard:99 마태는 예수를 율법을 [다른 무언가로] 대체하려고 했던 자가 아니라, 과거에 언약법에서 표현된 자기 백성을 향한 하나님의 구원 계획을 성취하는 자로 인식하였다.

예수는 자신의 공동체에게 이처럼 도전하였다. "너희의 의가 율법학자들과 바리새파 사람들의 의보다 낫지 않으면, 너희는 하늘나라에 들어가지 못할 것이다."마5:20 이것은 단순히 율법학자들과 바리새파 사람들의 율법주의에 대한 영적인 삶을 살도록 동기부여했던 것이 아니다. 이 구절은 근본적인 의미에서 당대 유대교적 선교 행위에 대해 통렬한 비판을 가하는 것이다.

그들이 선교 열정이 빠져 있던 반면 예수의 제자들은 열정적으로 선교적 사명을 감당했기 때문에 율법학자들과 바리새파 사람들을 비난했던 것이 아니다. 이 본문에서, 예수는 그들의 율법주의가 메시아 공동체의 정신과 반대되기 때문에 그들을 비난한 것도 아니다. 복음전도자들에게 이것은 주객이 전도된 것처럼 보일 수 있다는 점에서, 예수는 유대교의 선교에서 윤리적 내용이 빠져 있던 것을 비판했던 것이다. 자신들의 구원뿐만 아니라 다른 사람들에 대한 선교를 위해서 메시아 공동체는 율법학자들과 바리새파 사람들의 의로움을 능가해야만 한다.

랍비들의 선교 방식

1세기 유대교의 선교 활동의 범위는 대단히 인상적이었다. 아울러 그들의 선교적 노력은 상당히 성공적이었던 것도 분명하다. 회심자들 혹은 개종자들과 신-경외자God-fearer들의 숫자는 흩어진 유대인들 사이에서 괄목할 만한 성장을 이루었다. 유대교로의 개종은 다음 세 가지 이유 중 하나였으며, 그 때문에 디아스포라 유대인들의 숫자가 매우 높았던 것으로 보인다.Hegermann: 307-308을 보라, 58)

유대교의 선교 활동은 여러 면에서 주목할 만했다. (1) 그들은 한 분이신 참 하나님을 선포했다. 그들의 예배는 제국에 만연했던 수많은 이교도 제사와 완전히 달랐다. (2) 그들은 하나님의 율법에 대한 복종만이 참된 영성으로의 길이라 생각해서, 그것을 선포하였다. 이것은 그 당시 교양 있는 이교도들에게는 대단히 가증스러운 것이었다. (3) 그들은 인류의 소망이

---

58) 제시된 다른 두 가지 이유는 대가족으로 구성된 유대인들과 상대적으로 호의적인 사회적 상황 때문이었다. 이것은 1세기 당시 디아스포라로 흩어져 살던 유대인의 숫자가 대략 4~6백만 정도인 반면 팔레스타인에서 거주하던 유대인의 숫자가 2백만 이하로 추정된다.

한 분되신 참 하나님을 신실하게 예배하고 율법을 열정적으로 준수할 때만 희망이 있다고 확신했다. 외견상으로는 칭찬할만한 선교 활동이었던 점에서 볼 때 예수의 통렬한 비난은 더욱 주목할 만하다. "율법학자들과 바리새파 사람들아! 위선자들아! 너희에게 화가 있다! 너희는 개종자 한 사람을 만들려고 바다와 육지를 두루 다니다가, 하나가 생기면, 그를 너희보다 배나 더 못된 지옥의 자식으로 만들어 버리기 때문이다."마23:15

마태복음의 증기로부터 판단컨대, 예수께서 이렇듯 피를 토하듯 그들을 비난했던 이유는, 여러 가지가 있겠지만, 적어도 두 가지가 주된 이유였을 것이다. 첫째, 유대 선교사들의 설교에 경건의 실천이 빠져 있었다는 점이다. 예수는 이러한 사실을 통렬하게 비판하였다. "그러므로 그들이 너희에게 말하는 것은 무엇이든지 다 행하고 지켜라. 그러나 그들의 행실은 따르지 말아라. 그들은 말만 하고, 행하지는 않는다."마23:3

두 번째 이유는 그들이 율법을 적당하게 실용적으로 만들려는 의도 때문이었다. 이러한 행위로 그들은 약속의 교훈을 재구성함으로써, 그 당시 사람들이 좀 더 쉽게 율법에 접근할 수 있게 하였다. 그런 변형의 한 가지 사례는, 율법의 가르침에 따라 노부모를 봉양하기 위해 재정을 사용하는 대신 종교적 목적으로 재정을 기부해도 된다는 조항에 나타나 있다.막7:9-13 또 다른 예는 이혼과 재혼에 대한 관대한 조항으로, 이것은 하나님의 언약 내용보다는 사회적 정황의 필요성 때문에 만든 것이었다.막10:2-9 또 다른 예로는, 율법이 하나님의 백성들이 상호 간에 신실하고도 진실한 관계를 보호하기 위해 의도된 것이지만, 그들은 미묘한 차이로 법적 책임이 누구에게 있는지 결정하기 위해 맹세를 이용했다.마23:16-22

따라서 1세기 당시 메시아 선교와 랍비 선교의 차이점은, 복음과 율법이라는 개신교의 전통적인 해석으로는 제대로 설명될 수 없다. 그것은 오히려 어떻게 언약법이 하나님 백성의 삶과 선교를 형성하는지 의문만 자아낼 뿐이다. 근본적으로 언약법의 진정한 의미가 무엇인지를 분별해야 하며, 이것을 실천하고 받아들이는 것이 무슨 의미인지를 진지하게 숙고해야 한다. 모세의 언약 조항들을 해석하고 적용하는 데 있어서 랍비들과 예수는 정반대였다. 율법학자들과 바리새인들이 율법을 궤변적으로 해석함으로써 율법 준수를 보다 일반화시키고 접근이 쉽게 만든 반면, 예수는 하나님의 의도가 무엇인지 파악하고, 언약법의 규범들을 철저하게 지켜야 한다고 주장했다. 이 일을 위해 예수는 율법의 본뜻을 제대로 이해함으로써 하나님의 구원 계획 속으로 더욱 깊이 파고들어 갔다. 랍비들이 했던 일 자체가 아니라, 진실함과 도덕적 진지함이 빠져 있었기 때문에, 예수께서 랍비들의 선교 방식에 비난을 퍼부은 것이다.

여기에서 우리는 전통적인 행함에 의한 구원과 믿음에 의한 구원 논쟁의 유령에 홀려서는 안 된다. 예수께서 주장하신 윤리적 진지함은 마태복음의 문맥에 비추어 보면, 하나님의 자비로운 용서와 사랑, 그리고 성령의 새롭게 하는 능력이 전제되어 있다. 산상수훈의 배경에서 소금과 빛, 그리고 산 위의 도시란 상징은 교회가 얼마나 중요한지를 말해 준다. 진실로 성령과 하나님 나라의 가치를 구현하는 공동체만이 주변 세계에 하나님 나라의 복음을 선포할 위치에 서 있는 것이다. 예수에 의하면, 선행은 메시아 공동체의 특징으로, 이러한 복음을 전할 때 하나님께 영광을 돌릴 수 있는 것이다.^{마5:16} 따라서 예수는, 하나님의 백성을 살리기 위한 하나님의 의도를 보여주는 명령을 "완화하려는" 바리새파 사람들의 경향을 거부하신 것이다. 그는 개종자들이 하나님 나라에 들어가기를 기대한다면, 하나님 나라의 선교사들의 의가 율법학자들과 바리새파 사람들의 의를 능가해야 한다고 주장했다.

개신교 유산

개신교 종교개혁이 남긴 영적 유산은 은혜로 받는 구원에 관한 성서적 관점을 회복했다는 점이다. 따라서 그것은 그 이전의 행위 구원이라는 해로운 사상을 교정하기 위해 사용되었다. 복음서 메시지의 중요한 부분은 하나님께서는 인간의 공로에 대한 반응으로서가 아니라 사랑 때문에 우리와 같은 회개한 죄인을 받아 주시고 용서하셨다는 것이며, 이것이 복음이다. 하지만, 행위를 배제한 채 믿음으로만 구원을 얻을 수 있다는 개신교의 전형적인 해석은 예수의 관점에서 평가할 때 2% 부족한 것이다.

복음주의 그리스도인으로서, 우리는 율법이 아닌 은혜 때문에 살고 있다는 점만을 선포하는데 급급한 것은 아닐까. 더욱이 우리는 새로운 언약이 제공하는 구원은 모세 언약 아래 있던 하나님의 백성들이 경험했던 것보다 훨씬 탁월하다고 믿는다. 하지만, 우리의 삶과 증언을 특징짓는 구원에 대한 구체적 표현과, 예수께서 메시아 공동체에서 급진적으로 표현하셨던, 산상수훈과 언약적 율법에 복종하는 삶을 비교할 필요가 있다. 그렇게 하면 우리는 뭔가 잘못 가고 있음을 인정하게 될 것이다. 믿음으로만 구원받는다는 개신교 교리만을 일방적으로 강조했던 경향은 중요한 신경계를 단절시켜 우리로 하여금 현실보다는 신비적인 내용에 집중하게 하였다.

옛 언약 아래 있는 하나님의 백성들이 누릴 구원의 구체적인 사회적 본질은 십계명, 안식년과 희년법과 예언자들의 메시지에 잘 나타나 있다. 하지만, 예수의 성육신 이후, 새로운 언약 안에 있는 구원은 다음 두 가지 이유로 옛 언약 아래 있는 자들이 경험했던 것보다 탁월하다. 즉 메시아께서 몸소 오셨다는 것과 그의 영이 그의 공동체 안에 거하신다는 사실이다. 예수께서 희년 해방과 회복이라는 용어로 선포한 메시아의 구원눅4:18-19은 옛 언약 아래 있던 구원 경험보다 윤리적인 내용과 영적 동기 면에서 너욱 풍성하다.

여기에서 우리는 기독교 교회의 선교 역사를 점검해 볼 필요가 있다. 주목할 만한 몇 가지 사실을 제외하면, 구원에 관한 구체적 경험의, 샬롬, 성도의 교제 등과 같은은 대체로 옛 언약의 조항에서 제시하는 경험보다 빈약해졌다. 이것은 교회와 교회의 선교적 과업을 1세기 유대교가 보여주었던 것과 비슷하게 만들고 말았다. 우리는 산상수훈에서 제시하는 메시아께서 회복하신 공동체에 미치지 못하는 것이다.

예수께서는 언약법과 메시아 공동체의 관계를 산상수훈에 나타난 소금과 빛, 그리고 산 위의 도시라는 선교적 이미지를 사용해서 우리를 도전하신다. 그는 우리 시대의 복음전도자들이 복음을 전할 때, 선교를 새롭고도 보다 통찰력 있는 시각을 가지도록 요청한다. 마태복음에서 예수께서 상기시켜 주고 계신 것처럼, 교회의 선교적 과제는 교회를 하나님의 통치를 받는 진정한 백성으로 갱신하는 것이며, "모든 민족을 제자로"마28:19 삼는 것이다.

11장 · 신령한 집

신령한 집 이미지는 교회의 구조와 선교를 우리들의 이해를 강화시켜 준다.벧전2:5; 참조. 엡2:22 이와 관련된 이미지로는 "하나님의 건물"고전3:9, "하나님의 성전"고전3:16-17; 벧전4:17; 엡2:21, "하나님의 가족"엡2:19; 벧전4:17; 딤전3:15, "믿음의 식구들"갈6:10, "하나님의 집안"히3:2-6; 10:21, 그리고 성령의 처소고전3:16; 참조. 6:19 등이 포함된다. 그 외에도 오이코도메오oikodomeō:마16:18; 막14:58, 에게이로egeirō:요2:19 등이 있다. 물론 이들 이미지 자체가 본문에는 나타나 있는 것은 아니다.

"집"오이코스, oikos이란 용어는 구약성서에서는 다양한 의미로 사용된다. 여기에는 "가족" 또는 "민족"예.창7:1과 "왕조"삼하7:11; 왕상2:24가 포함된다. 하지만, 더욱 중요한 사실은 이 용어가 하나님의 백성에 대한 메타포로 사용된다는 점이다.신12:7 그리고 그것은 70인역에서 지성소를 나타내는 용어로 쓰인다는 사실이다.Michel 1967b:120 그러한 용례는 신약에서도 이어진다. 신약성서에는 신성하거나 교회와 같은 건축물을 "하나님의 집"이라 부르지 않는다.Michel 1967b:121 기독교 공동체 그 자체가 "하나님의 집"딤전3:15; 히3:6; 벧전4:17, "신령한 집"벧전2:5, 그리고 "하나님의 성전"고전3:16 17;

고전6:16으로 불리고 있다. "집"과 "성전"이라는 은유적 용어를 기독교 공동체를 위한 이미지로 사용하는데, 이는 그 단어의 문자적 의미를 넘어서서 더욱 중요한 의미가 있다.

교회에서 "건덕"edification:*oikodomeō*/*oikodomē*이라는 용어는 주로 그리스도인들의 내면적인 종교생활을 의미하게 되었지만, 본래 신약에서는 기독교 공동체의 본질을 이해하기 위한 중요한 용어였다. 교회에 관한 바울의 핵심 관점은 건덕이라고 부르는 상호 간의 세워줌이란 개념으로 나타난다.살전5:11

이 이미지를 기독교가 사용한 것은 구약, 그중에서도 특히 예언자 예레미야에게서 그 뿌리를 찾을 수 있다. "세우는 것"과 "파괴하는 것"은 예레미야서 전체에 흐르는 두 주제다.렘1:10; 12:14,17; 31:27,28 이들 본문에서 포로 이후 이스라엘을 새로운 공동체로 세우는 것이 하나님의 계획임이 분명하게 나타난다.렘31:27-28 하나님의 세우는 사역은 그분의 통치를 받고 살아가는 백성의 회복과 직접적으로 관련되어 있다.

> 나 주 이스라엘의 하나님이 말한다. 내가 이곳에서 바빌로니아 사람의 땅으로 내쫓은 유다의 포로들을 이 좋은 무화과처럼 잘 돌보아 주겠다. 내가 그들을 지켜보면서 잘 되게 하고, 다시 이 땅으로 데려오겠다. 내가 그들을 세우고 헐지 않겠으며, 내가 그들을 심고 뽑지 않겠다. 이제는 내가 그들에게 나를 그들의 주로 알아볼 수 있는 마음을 주겠다. 그러면 그들이 온전한 마음으로 나에게 돌아와서 나의 백성이 되고, 나는 그들의 하나님이 될 것이다.렘24:5-7

바울은 자신의 소명을 예레미야의 부르심에 비추어 이해했다.롬1:1-7; 갈1:15; 렘1:5 그는 예언자적 비전에 맞추어, "넘어뜨리라고 주신 것이 아니라 세우라고"고후13:10; 참조. 10:8; 렘1:4-10 주님께서 주신 권위로서 자신의 선교사역을 이해했다. 사도 바울의 선교사역은 메시아 공동체, 회복된 하나님 백성의 덕을 함양edification하는 것, 또는 세워줌upbuilding으로 이루어졌다. 이 메타포에 의해 그는 새로운 공동체의 기초를 놓는 일과 그들에게 계속해서 덕을 세우는 일을 구분하였다. 그의 과제는 기초메시아를 놓는 것이었고, 그 위에 다른 사람이 건물을 세울 것이다.고전3:6,10; 롬15:20 건덕은 본질적으로 메시아 백성을 회복하는 것이다.

하나님의 새로운 메시아 백성에게 덕을 세운다는 바울의 개념은, 하나님의 참된 백성을 모으고 회복하려는 예수의 비전과 일맥상통한다. 바울이 예레미야에게서 모델을 취했던 반면, 예수께서는 그의 관점을 주로 에스겔서에서 끌어왔다. "내가 여러 민족 속에서 너희를 데리고 나오며, 너희가 흩어져 살던 그 모든 나라에서 너희를 모아 올 때…. [내 이름을 위하여]…. 이방 사람들이 보는 앞에서 너희를 통하여 나의 거룩함을 드러낼 것이다."겔20:41-44 "내 거룩한 이름을 회복시키려고 해서다…. 내가 너희를 이방 민족들 가운데서 데리고 나아오며, 그 여러 나라에서 너희를 모아다가 너희의 나라로 데리고 들어가겠다…. 너희에게 새로운 마음을 주고 너희 속에 새로운 영을 넣어 주며…. 너희는 내 백성이 되고, 나는 너희의 하나님이 될 것이다."겔36:22-28

예수와 바울은 하나님께서 의의 통치 아래서 회복하신, 새로운 하나님의 백성을 모으고 세우는 일을 수행하였다. 같은 비전을 가지고, 예수께서는 이스라엘 백성을 모으려고 떠나셨다.마12:30; 23:37 바울의 역할은 하나님의 새로운 신령한 집을 세우는 일, 즉 이방인들을 믿음으로 인도하는 것이었다.롬14:20; 15:18; 고전서3:8

구약적인 배경을 이해한다면, 건덕이란 주로 더욱 성숙하고 영적인 사람을 만들려고 도움을 주는 것을 의미하는 것이 아니다. 오히려 기독교 공동체를 회복된 하나님의 백성으로 세우는 것이 건덕의 목적이다. 하나님의 신령한 집인 교회를 세우는 것은 바울의 사상과 사역에서 일차적 목적이었다. 바울은 공동체 내의 모든 구성원이 서로 책임을 공유하는 것을 공동체의 덕을 세우는 일이라고 말했다.고전14:3-5,12,26; 엡4:12,16,29; 살전5:11

이러한 이미지에 의하면, 교회는 하나님의 현존을 증언하는 역할뿐만 아니라 하나님의 영의 창조적 활동의 대상이다. 교회는 성령의 구원 능력과 현존을 보여주는 표지이자 도구다. 교회는 살아계신 하나님의 성전이다. 이 메타포를 사용하는 신약성서 구절에 의하면, 교회는 그리스도와 성령의 활동하시는 하나님의 건물이다. 교회의 영적 범위와 선교는 집 이미지를 가진 세 개의 대표적인 본문에서 특히 두드러진다.고전3:16-7; 벧전2:4-7; 엡2:17-22; 벧전2:4-7

고린도전서 3장 9-17절에서 바울은 고린도 지역에서 구체적인 기독교 공동체가 "하나님의 건물", "하나님의 성전", 그리고 하나님의 성령이 거하시는 처소라고 선포했다. 바울이 단일 구절에서 하나의 이미지에서 다른 이미지로 이동한 것, 즉 "하나님의 밭"에서 "하나님의 건물"로 이동한 것은 두 메타포가 전해주는 메시지가 같다는 것을 보여준다. 둘 다 기독교 공동체를 하나의 과정으로 보는 것이다. 심고 물을 주고 기르는 일련의 과정을 통해 교회가 완성되어 간다는 개념은 밭이라는 메타포에서 절정에 달한다.고전3:6-8 건물의 이미지는 또한 일련의 하위 이미지를 포함한다.

건물을 짓는 모든 과정은 예수 그리스도를 기초로 한다.3:11 건축 과정과 반드시 필요한 기초와 그 기초 위에서 일꾼들이 세우는 것 사이의 결정적인 관계에 초점이 맞추어져 있다.Minear, 1960:49-50 완성된 집에는 다양한 재료가 포함하는데 "금, 은, 보석, 나무, 풀, 짚"고전3:12과 같은 건축 재료는 사실상 주된 관심 사항이 아니다. 하나님과 그의 "은사를 받은" 일꾼들이 건축해나가는 계속적인 과정에 관심의 초점을 맞추어야 한다. "그날"이 이르러야 건축가들의 진정한 업적이 드러날 것이다.3:13.

우리의 관심의 초점은 "여러분은 하나님의 건물입니다."와 이러한 말씀이 나오게 된 과정에 맞추어야 한다. 헬라어 신약성서에서 "건물"이라는 용어는 다른 본문에서는 "건덕"으로 번역하고 있다.고전14:3,5,17,26; 엡4:12,16,29 거의 모든 영어권 독자들이 이러한 용어 간의 관계를 제대로 파악하지 못하겠지만, 성서적 관점에서 하나님의 백성들은 하나님의 건물을 세우는 일을 통해 건물로 세워진다. 하나님의 백성들을 세우는 일이 곧 교회를 건축하는 것이다.살전5:11; 골2:7 교회에 이 용어를 적용하는 주요 신약 구절들은 또한 교회의 본질을 하나님께서 주시는 은혜라고 강조한다.고전14; 엡4장

그 이미지는 근본적으로 하나님께서 주시는 은혜와 관련되어 있다. 바울은 의식적으로 자신이 하나님께서 주시는 은혜를 따라 "하나님의 건축"에 참여하고 있다고 기술했다. 하나님은 카리스*charis*라는 의미의 은혜를 그에게 주셨다.고전3:10 하나님의 백성들은 "신령한 집"벧전2:5; 참조.엡2:22이며, "성령의 거하시는 처소"고전3:16; 참조.6:19다. "하나님의 가족" 안에서 목회란 어떤 형태이든 상관없이, 교회를 세우는 것을 궁극의 목표로 하는 은혜의 선물이다.엡4:7-12 이 구절은 회중의 안녕을 위해서 개인의 성숙이 중요하다고 말하려는 것이 아니다. 오히려 이 구절은 하나님의 건물의 모든 부분이 사랑과 상호 책임의 띠로 연결될 때 나타나는 사회적, 공동체적 차원에 관해 언급하고 있다.

모든 영적인 은사들은 건덕의 목적을 위해 계획되고 분배된 것이다. 예를 들어 예언고전14:3, 방언과 방언 통역14:5, "성령의 나타나심"14:12; RSV 및 공동체의 예배를 강화시키는 영적 은사14:26 등이다. 이글의 문맥은 또한 사랑이 가장 훌륭한 은사 또는 모든 신자가 은사를 행하기 위한 "방식"이라는 내용이 언급되고 있는 부분이다.고전13상 사랑은 기독교 공동체에

매우 근본이라 할 수 있는 결속력을 제공해 준다. 이것은 사용된 이미지가 건축 중인 건물에 관한 것이거나 자라나는 몸에 관한 것이거나 상관없이 모두에게 사실이다.^{고전8:1; 엡4:16; 참조.2:21}

하나님의 은혜의 과정을 통해 하나님의 백성은 "신령한 집으로 세워"진다.^{벧전2:5}는 표현은 교회의 정체성을 이해하는 데 기본적이다. 그것들은 실제로 기독교 공동체를 정의하고 있다. 교회는 사람들이 그리스도에 대한 관계 안에서 서로 세워나가는 곳에서 존재한다.^{Minear1960:164-165 참조} 교회의 정체성을 이해하는데 있어서 건물 이미지는 화려한 건축이 아니다. 오히려 그것은 인간적으로 불확실한 과정으로, 그들의 공동생활에서 성령의 은사가 하나님의 백성을 세워나간다.

이것은 건물 이미지가 신약에서 첫선을 보이는 곳에서 찾아볼 수 있는 개념이다.^{고전3:9,16-17} 건물의 비유는 우리로 하여금 위대해져야 한다거나 교회는 이상적이어야 한다는 것 등을 요구하지 않는다. 그것은 당파, 다툼, 자기 중심주의로 범벅된 고린도교회에 적용된다. 바울이 "하나님의 건물", "하나님의 성전"이라 부른 것은 이러한 지역 모임을 일컫는 것이었다. 그 비유는 이미 완성된 건물이 아닌 성령의 건축 활동이라는 은혜로운 과정을 통해 "하나님의 성전"이 되어가라는 초대다. "여러분은 하나님의 성전이며, 하나님의 성령이 여러분 안에 거하신다는 것을 알지 못합니까?" 라는 구절은 사실에 대한 진술이 아니라 경고성 발언이다. 고린도교인들의 분열 현상과 특정 사도들의 논쟁을 일삼는 행동은 고린도 지역의 "하나님의 건물"을 파괴하는 위협이 되었다.^{고전3:16-17,19}

비록 진실한 교회는 눈으로는 볼 수 없더라도 "하나님의 성전"이나 "성령의 거하시는 처소"라는 메타포를 교회의 영성화로 이해해서는 안 된다. 고린도의 "성령의 거하시는 처소"는 매우 가시적 존재였다.[59] 교회의 영

---

59) 동일한 구체적으로 눈에 보이는 존재란 벧전2:5에서 기술된 "신령한 집"이라고 주장할 수

성은 그 안에 계시는 하나님의 성령의 임재에 기반을 둔다. 비록 성령이 인간 공동체에 의해 사로잡혀 있는 것은 아니지만, 하나님의 영은 분명히 여기 교회 안에 계신다. 기독교 공동체는 하나님 나라를 대망해야 한다. 하나님의 영은 교회에 생명을 부여하는 영이시다. 교회의 영성은 모든 인간 집단 사이에서 교회 공동체가 완전히 다른 영인 하나님의 영에 의해 교회의 삶과 선교사역을 수행하라는 영감을 받는다는 것을 의미한다.

1세기 유대교와 헬레니즘의 배경에서 고린도 교회 성도들은 이러한 바울의 비유를 잘 이해했다. 그리스인들에게는 "성전"*naos*이라는 용어는 "신들의 거처"Michel, 1967a:880라는 의미가 있다. 그러나 헬레니즘 세계에서의 종교적이고 도덕적인 철학자들 가운데에서 신은 돌로 만든 건물Barrett: 90이 아닌 인간의 마음속에 거처를 만드셨다는 개념도 있었다. 구약에서 근거를 주로 찾는 유대인들에게는 성소와 훗날의 성전은 그의 백성들과 하나님과의 특별한 만남의 장소가 되었다. 또한, 유대교인들의 묵시문학은 마지막 날에 세워질 새로운, 혹은 갱신된 성전에 대한 개념을 보여주었다. 사28:16-17; 에녹91:13; 희년서1:17; Barrett:90

그러나 성서적 이미지는 고린도 교회 성도들이 가지는 헬레니즘이나 유대교적 뿌리를 뛰어넘는다. 바울은 오직 단 한 번만 그리스도인 개개인을 하나님의 영이 거하시는 성전으로 보았다.고전6:19 그 외에는, 그의 강조점은 메시아 공동체, 즉 하나님의 성전으로서의 교회, 하나님의 성령이 거하시는 처소에 있었다.고전3:16-17; 고후6:16; 엡2:19; 참조.고전6:19 교회는 "손으로 만들어지지 않은" 종말론적 성전이다. 그리고 성령은 하나님 백성 안에 하나님께서 거하신다는 표지 또는 양태다.

"하나님의 성전"이 근본적으로 사회적인 특징을 가지고 있기 때문에, 관계성은 중요한 요소가 된다. 하나님의 일꾼들 간의 다툼이나 하나님의

있다.

백성들의 분열은 하나님의 성전에 대한 공격을 뜻한다. 하나님의 백성들 사이에서 파벌을 형성하는 것은 하나님의 성령을 쫓아내는 행위에 불과하다. 그러한 행위는 하나님의 성전을 파괴하는 문제일 뿐만 아니라, 회중을 파괴하는 행위요, 구성원들의 자기 파괴 행위에 해당한다. 참다운 영성은 "몸을 분별하는 것", 다시 말해 다른 성도들과의 관계성을 의미한다.^{고전 11:29} 이것은 성령의 은사를 통해 서로 세워주는 것이요, 섬김의 최고의 방법인 사랑을 통해 서로 결합하는 것을 뜻한다.

그리스도의 구원 사역 위에 세워지다

에베소서 2장 19-22절에 보면 백성과 가족의 이미지는 그리스도의 구원사역으로 말미암아 출현한 새로운 공동체를 묘사하기 위한 건물-성전 메타포와 함께 사용되었다. 먼저 이방인들이 하나님의 백성으로서 받아들여졌고, 하나님의 가족의 구성원이 되었다.^{2:19} 그 후 그들은 유대인들과 함께, "성전…. 하나님이 성령으로 거하실 처소"를 건축하기 위한 건축 재료가 된다.^{2:20-22; NRSV와 참조하라} 이것은 성령이 교회에 수여하신 사도들과 예언자들의 사역을 통해 발생한다.^{2:20-22}

에베소서 2장의 건물-성전 이미지가 등장하는 문맥에서, 건물을 세우는 일은 그리스도의 구원 사역의 핵심 결과임을 보여준다. 이 구절에서 우리는 신약성서의 속죄 이미지가 최고도로 응축된 것을 알 수 있다.⁶⁰⁾ 건물-성전 모티프는 백성과 가족의 이미지와 더불어 그리스도의 구원 사역이 가져 온 결과를 설명해 준다.

구체적인 지역 공동체를 암시하는 고린도전서에서의 건물 메타포와 반대로, 여기에서는 우주적 차원의 의미를 전달해 주고 있다. 에베소서의 앞

---

60) 대속적 고난(엡2:14,17), 순교자 모티프(2:14; 3:1), 갈등-승리 모티프(1:21; 2:14,16; 6:12), 희생제물 이미지(1:7; 2:13; 5:2), 속죄 모티프(2:14,18), 구속 모티프(1:7; 4:30), 화해(2:16), 칭의(2:10; 4:24; 6:14), 양자-가족 이미지(1:5; 2:19; 5:1), 원형 이미지(1:10; 2:1, 5,6, 10, 15, 16; 3:16-17; 4:13, 20, 24; 5:18).

부분에서 바울은 네 번이나 "신비"1:9; 3:3,4,9; 참조. 골1:26-27에 관해 언급한다. 일반적으로 1세기 당시 이 신비라는 용어는 특정 영역에 헌신한 일부 특권층에게만 전해지는 은밀한 비밀과 관련이 있다. 반대로 바울은 예수 그리스도께서 계시하셨기 때문에 신비는 공개된 비밀이 되었다고 말한다.

그리스도가 오시기 전까지, 실제로 인간은 인류를 향한 하나님의 구원 계획을 알 수 없었다는 의미에서 신비였다. 하지만, 하나님께서 보내신 메시아의 선교 사역을 통해 인간이 상상할 수 없던 비밀이 밝히 드러났다. "이방 사람들이 복음을 통하여 그리스도 예수 안에서 유대 사람들과 공동 상속자가 되고, 함께 한 몸이 되고"엡3:6 하나님은 이방인들을 그의 집으로 끌어들이기로 하셨고, 예수 그리스도를 통해 그의 계획을 실천하셨다. 엡1:10; 3:9 하나님은 우주적 차원의 "거룩한 성전", 즉 "성령으로 거하실 처소"를 건축하고 계신다. 통일의 비밀은 구원을 베푸신 머릿돌[61] 되신 예수 그리스도와, 사도들과 예언자들이 이어받아 계속 세우는 사역이다.엡2:17-20

다음에 나오는 세 가지 용어, 즉 "시민", "서로 연결되어서", 그리고 "함께 세워져서"엡2:19; 21-22가 이러한 새로운 창조에서 유대인과 이방인들 간의 사귐을 강조한다.[62] "성도들과 함께 시민"이 된다는 것은 구원 역사에 참여하는 것을 의미한다. 하나님의 고대 언약 백성 이야기는 이제 교회의 이야기가 되었다. "하나님 가족 구성원들"은 더는 국외자가 아니라 하나님 가족 구성원이 되었다. 그 가족 안에서 메시아의 아버지는 우리의 아버지이시고, 유대인들과 이방인들을 포함한 모든 사람이 형제이고 자매

---

61) 한스 큉(1967a:171)은 "모퉁잇돌" 보다 "머릿돌"이 더 나은 번역이라고 주장하였다. 또한 예레미아스를 참조하라(1967a:275).
62) 다음의 헬라어 단어는 이 관계성을 보다 명확하게 해준다: *sumpolitai, sunarmologoumenē* 와 *sunoikodomeisthe*

다. 유대인과 이방인들은 함께 하나님의 거룩한 성전, 즉 그의 신령한 처소가 되었다.

비록 교회에 관한 비전이 우주적 차원을 전해주고 있을지라도, 하나님께서 건축하신 이 성전의 영성은 이상적이거나, 보이지 않는 것이라거나, 추상적이라고 생각해서는 안 된다. 그것은 그리스도에 의해 서로 화해하고 하나님의 은혜*charis*의 선물, 즉 사도들과 예언자들의 사역에 의해 세워진 사람들처럼 가시적이고 구체적이다. 이 본문에서 강조점은 건물이 아니라 하나님께서 자신의 백성들에게 은혜로 주신 일꾼들을 사용해서 성전을 지으신 과정 자체에 있다. "서로 연결되어서"*sunarmologoumenē* 거룩한 성전으로 자라가는 과정을 설명하기 위해 사용한 용어는 에베소서 4장 16절에서는 구성원들이 "서로 연결되어" 있는 몸의 이미지와 관련지어 사용하고 있다.

건물 이미지는 하나님의 은혜를 받은 교회 구조를 강조한다. 건물 전체 구조는 살아계신 그리스도 안에서, 그리고 그의 성령 안에서 "서로 연결되어" 있다. 교회 안에 현존하시는 성령께서 교회의 생명력을 유지하고 선교를 지향하도록 한다. 그리스도의 영이 현존하시기에 유대인과 이방인들, 심지어 다양한, 서로 적대감이 있는 민족들과 사람들의 끊임없는 화해를 가능하게 한다. 교회 안에서 멀리 떨어진 사람들과 가까이 있는 사람들 모두가 성령 덕분에 하나님께 나아갈 수 있게 되었다. 건물-성전 이미지는 교회의 영적인*pneumatic* 본질을 강조한다. 교회의 구조와 선교는 엄격한 교리와 합리적이거나 심리학적인 요소에 의해 결정되는 것이 아니다. 오히려 교회의 구조와 선교는, 때로 교회를 강화시키기 위해 이러한 요소들을 사용할지라도, 결단코 그것들에 얽매이지 않으시는 성령에 의해 결정된다.

베드로전서 2장 4-7절에서 그리스도는 "살아 있는 돌"이시며, "살아있는 돌과 같은 존재"인 그리스도인들이 "신령한 집"으로 통합되는 기초가 되신다. "너희 자신을 ~로 세움을 받는다."oikodomeisthe라는 동사는 직설적 표현이거나 명령형 동사다. 사실 직설적 표현 "여러분은 지어지고 있습니다."는 "여러분 자신을 신령한 집으로 지음 받으십시오"벧전2:5라는 명령형을 필수적으로 전제하고 있다. 이것은 그리스도와 믿는 자들 간의 관계를 그저 추상적인 교리로 설명한 것이 아니다. 그것은 "살아있는 돌"로서 "신령한 집"pneumatikos oikos으로 들어오라는 초대다.

버림받아 십자가에 못 박히신 예수님은 부활하셨고, 지금도 살아계신다. 그분 안에서 그리스도인들도 마찬가지로 새로운 삶으로 세움을 받고, "살아있는 돌들"이 된다. 살아계신 그리스도 위에 지어진 성도들은 "신령한 집"으로 세워진다. 이것은 단순한 추상적 개념이 아니다. 왜냐하면, 교회는 살아계신 그리스도의 영에 의해 활성화된 영적인 집이기 때문이다.

이 이미지는 하나님의 백성이 "살아있는 돌"에 연결되어 있음을 말해준다. "살아있는 돌"이란 유대교와 초기 기독교에서는 종말론적인 의미가 있었을 뿐만 아니라 메시아를 상징하는 것이었다.예레미아스, 1967a:271-280 그 비유는 장차 오실 메시아와 그가 새롭게 열게 될 종말론적 시대를 뜻한다. 그는 하나님께서 그의 나라를 세우실 주춧돌이다.사28:16 여기에서 "살아있는 돌"은 십자가에 매달리셨다가 부활하신 그리스도이시고, 하나님의 백성들은 부활하신 메시아에 연결된 사람들이다.

이러한 공동체에서 그리스도인들이 세움을 받는 것이다. 더욱 문자 그대로 말하자면, 베드로전서 2장 5절의 동사는 그리스도인들로 하여금 "계속해서 여러분 자신을 세워 가십시오"라고 요청한다. 이 문맥에서 그 진술은 영적 활동에 대한 격려다. "신령한 집" 또는 성전은 고대 이스라엘에게 있어서 주님의 영광이 나타나는 장소였다. 이것[신령한 집, 혹은 성전으로 세움 받는 것 - 역자주]이 기독교 공동체의 선교적 사명이 되었다.

신령한 집의 이미지는 "거룩한 제사장"이라는 비유와 더불어, 하나님의 백성들의 거룩한 특징을 강조한다. 그 이미지는 또한 예루살렘에 있는 성전과 제사장 계급 구조와 관련하여 교회의 역할을 설명한다. 그리스도의 사역 덕분에 신자들은 참된 성전, 즉 하나님의 영광이 머무는 성소가 되었다.

하나님의 백성들은 "예수 그리스도로 말미암아 하나님께서 기쁘게 받으실 신령한 제사를 드리는"벧전2:5 독특한 역할을 부여받았다. 이러한 희생 제사의 영성화는 이스라엘의 희생제사가 가시적이었고 물질적이었던 반면, 하나님의 새로운 백성의 희생제사는 비가시적이 되었다는 것을 의미하는 것이 아니다. 제사의식에서 삶으로 변화가 일어났다. 바울이 로마의 그리스도인들에게 주지한 바와 같이, "산 제물"은 하나님의 뜻과 성령에 따라 인생을 재정비하는 것을 의미한다.롬12장 히브리서 저자는 "하나님께 찬미의 제사…. 그의 이름을 고백하는 입술의 열매…. 선을 행함과 가진 것을 나눠주기…. 하나님께서는 이런 제사를 기뻐하십니다."라고 권면하고 있다.히13:15-16 이것이 진정한 성서적 영성이며, 하나님의 성령에 따라 사는 백성의 온전한 삶이다.

"신령한 집" 이미지는 교회가 그의 인생의 기초와 교회의 구조가 성령으로 공동체에 몸소 계시는 하나님의 능력으로 가능하다는 사실을 강조한다. 신약성서에서 교회는 카리스마 공동체다. 신령한 집-성전의 이미지가 우리에게 상기시키듯이, 교회는 영적인 은사를 통해 계속해서 세워져야 한다.

교회의 영적이고 카리스마적인 구조

건물-성전 이미지는 영적이고 카리스마적인 교회의 구조를 강조한다. 이러한 비유에 의하면, 초대교회는 그 자신을 제도적, 조직적으로 완성된 건축물로서가 아니라 카리스마적 건축가들에 의해 세워지는 영적 건물로 이해했다. 전통적으로, 교회는 교회의 사역을 장로presbuteros, 감독episcopos, 집사diaconos, 목사, 교사를 2~4세기에 발전한 제도적 차원으로 이해해왔다. 그러나 이것은 신약성서 본문에 대한 시대착오적 해석이다. 바울의 초기 저술에서 반영된 영적 은사에 관한 최초의 신약성서적 관점으로 교회의 사역을 이해하는 것이 더욱 적절할 것이다.

전통적으로 우리는 성령의 은사를 특별하고 깜짝 놀랄만한 것이며, 가끔씩만 일어나는 것이라는 생각했다. 방언과 귀신을 쫓아내는 일, 그리고 황홀하고도 극적인 은사들은 카리스마적 현상을 분류하는 기준이자 평가의 출발점으로 여겼다. 여기에서 특히 바울의 태도는 교훈적이다. 그가 진심으로 방언을 하나님의 은혜의 특별한 표지로 받아들이지만, 그는 특별한 성령의 은사를 상대화하는데 주저하지 않는다. 방언의 은사가 교회 회중에서 사용될 때, 공동체의 덕을 세우려면 방언을 통역해야 한다.^{고전1:14}

바울이 말한 바로는 은사를 사용하는 것은 자율에 맡긴 일이 아니다. 은사의 진정성과 유용성을 측정하기 위한 기준이 존재한다. 첫 번째 기준은 예수의 주인 되심lordship을 따라야 한다.^{고전12:3} 성령의 일하심을 통해서만 우리는 예수님을 주님으로 고백할 수 있고, 모든 생명이 그의 주님 되심에 복종할 수 있다. 하나님의 성령은 예수께서 구체적으로 주님으로 인정받고, 복종되는 교회에서 임재하시고 역사하신다.^{요일4:2-3} 성령의 은사의 유용성을 판단하는 두 번째 기준은 공동체에 덕을 세우느냐에 달렸다.^{고전14:3-5,12,19,26,31; 엡4:12} 이러한 이유 때문에, 형제애는 성령의 은사가 사용되는 곳에서 필수적일 수밖에 없다.^{고전13장; 엡4:2; 롬12:9-10} 물론 이러한 기준은 유용하나 특별히 언급되지 않은 것들뿐만 아니라 성서에 목록에 있는 것들^{고전12장; 롬12장; 엡4장}을 포함한 모든 카리스마적 은사의 모든 부분에 적용될 수 있다.

카리스마적 은사들은 회중딤전4:14; 딤후1:6 안에서 비로소 인식될 수 있고, 필요로 한다. 그러나 본질상 성령의 은사는 은사들을 제도화하는 노력을 보이는 즉시 거기에 저항하기 시작한다. 바울은 그의 초기 서신서에서 하나님의 영은 그의 백성들의 삶과 선교를 위해 그들에게 풍성하게 은사를 주실 때 자유로이 활동하신다는 것을 강조한다. 바울 서신서에서 순서에 관한 관심을 보이기는 하지만, 실제로 어떤 것도 은사의 순서가 정해져 있다고 말하지 않는다. 성령은 "원하시는 대로 각 사람에게 은사[은혜의 선물]를 나누어 주십니다."고전12:11; 참조,12:7,27; 롬12:3; 엡4:7 이러한 본문에서 우리는 보편성모든 하나님의 백성들이 은사를 받는다과 다양성성령은 그가 원하시는 대로 은사를 주신다을 만나게 된다. 어떤 은사는 지도력을 위한 것이고, 또 다른 것들은 보조적인 역할들을 감당한다. 어떤 은사는 언어에 주로 의존해야 하지만, 다른 은사는 행동에 의존한다. 그러나 이러한 모든 은사는 카리스마적이고, 모든 은사는 덕을 세우는 한 유용하다.요더, 『교회, 그 몸의 정치』를 참조하라

교회의 카리스마적 구조는 제도적으로 엄격하고, 계급적인 의미에서 교회의 삶과 선교의 순위를 매기려는 모든 시도에 저항한다. 한 사람은 한 가지 이상의 은사를 수행할 수 있다는 점에서 여러 은사를 가질 수 있다. 바울 자신이 이에 대한 모범 사례가 된다. 하나님의 성령께서 자유롭게, 보편적으로 주시는 행위는 기독교 공동체 내의 특정 그룹에게 그것들을 제한시키는 것을 불가능하게 만든다.고전12:29-30 관리하는 은사*kuberneseis*, 문자 그대로 해석하면 배를 항해할 능력는 고린도전서12장 28절에 있는 은사 목록에서 마지막에서 두 번째에 나온다. 공동체 안에서 어떠한 계급적 야망을 떨쳐 버려야 한다.

건물 이미지는 교회가 반드시 카리스마적인 공동체가 되어야 한다는

사실을 일깨워준다. 공동체 안에서 역사하시는 살아계시는 그리스도의 영은 다양한 형태와 보편적인 방법을 쓰는 교회에 그들의 삶과 선교사역에 필요한 성령의 은사를 선사한다. 교회는 그들의 사역이나 목회와 관련하여 카리스마적 공동체이다.고전12:4-5 그들의 인생이나 직업뿐만 아니라롬11:29; 고전 7:7,17, 성서적 관점에서 교회의 카리스마에 따른 질서는 여러 다른 은사를 가진 공동체를 하나로 만든다. 질서는 자유로운 환경에서 존중되어진다.고전12:4,7 무정부주의적 평등주의라는 양극단의 유혹은 카리스마 공동체에서 역사하시는 하나님의 성령의 초자연적 은사를 통해서 극복될 수 있다.

무너진 집

이렇게 교회를 하나님의 건물-성전, 즉 "성령의 거하시는 처소"로 보는 사도적 시각은 얼마 지나지 않아 인간의 능력이 불완전하기에 계속해서 유지될 수 없다는 것이 드러났다. 그러나 1세기 후반쯤 기록된 디다케 *Didache*는 여기에 포함되지 않는, 이례적인 모습이 등장한다. 여기서 우리는 사도, 예언자, 교사들의 카리스마적 사역을 발견할 수 있다. 물론 이것은 거짓 예언자들의 활동을 경고하기 위해 반드시 필요한 일이었다. 감독*episcopos*과 집사*diaconos*는 카리스마적 사역으로서 예언자와 교사들과 더불어 자리 매김하고 있다.디다케 11,13,15 그러나 교회 안의 긴장 관계의 압박 아래에서 교회지도자들은 상호복종과 다양성의 인정을 강조했던 바울의 권면으로부터 엉뚱한 곳으로 방향을 틀기 시작했다. 그들은 곧 주교에게 복종하라고 요청했던 것이다.안디옥의 이그나티우스, 에베소서 5.1-3; 서머나서 9.1-2; 트랄리스서 2.1; 3.1-3; 로마의 클레멘트, 제1클레멘트 40-42; 54; 60.2, 4

이러한 현상은 1세기 전환기에 나타난 교회의 특징이었다. 그 결과, 교회는 대체로, 은사에 따라카리스마적으로 세워지는edified 하나님의 건물로 바라보는 관점을 상실하고 말았다. 대신에 교회는 그 자신을 구원을 제공하는 기관이자, 건전한 교리의 보관소로 보았다. 두말할 것도 없이, 이 일로 인해 교회는 세상에서 하나님의 선교를 수행하는데 거의 불구자가 되고 말았다. 따라서 교회의 삶과 선교는 성령의 은사를 따라 살아계신 하나님의 성전이 되어 가는 과정 중에 서 있어야 한다.

12장 · 증언 공동체

신약성서에 나타난 교회는 자신을 증언 공동체로 바라보았다. 이것은 특히 사도행전에서 선명하게 드러나 있다.[63] 사도 공동체는 그들 가운데 계시는 그리스도의 실재와 하나님 나라의 도래를 증언하였다. 신약성서에서 마르투스martus:증인란 단어군은 전통적으로 교회의 정체성을 위한 이미지로서 별다른 주목을 받지 못하였다. 그러나 신약에서 제자공동체에 관한 언급과 더불어 이 메타포를 비교적 간헐적으로 사용한 것은 교회의 본질과 선교에 관한 성서적 이해를 위해 중요한 이미지다.[64]

간헐적이지만 지상명령에 관한 누가의 버전에서 예수는 제자들에게 온 세상에 이르기까지 그의 증인이 되라고 명하셨음을 언급하고 있다.눅 24:48; 행1:8 그러나 증인이 되라는 명령을 이해하기 위한 패러다임은 대체로 서구에서 교회 선교활동의 전성기에서 따온 것이었다. 우리는 이 시기에 증인과 순교의 의미와 경험은 일반 경험과 혼합되었음을 간과하는 경

---

63) 대표적인 본문으로는 누가복음 24:48; 사도행전 1:8; 2:32; 3:15; 5:32; 10:39, 41; 13:31; 22:15, 20; 26:16이 있다.
64) 신약성서에서 이러한 용어들이 은유적으로 사용된 빈도수는 대략 다음과 같다: 마르투스 (martus), 20회; 마르투레인(marturein), 60회; 마트투리아(marturia), 30회; 마르투리온(marturion), 15회.

향이 있다. 더욱이 북미의 복음주의자들 사이에서 증언이란 용어는 개인 전도 프로그램에 적용되었다. 이것은 전형적으로 마케팅의 심리학적 기법을 사용함으로써, 선교를 성서적 배경보다는 우리가 가진 이해에 더 많은 이바지를 해왔다.

서구 개신교의 특징인 만연한 개인주의를 고쳐보려는 많은 노력이 있었다. 그 중 프랑스 개신교 신학자인 수잔 드 디트리히Suzanne de Dietrich는 성서신학에서 대표적인 탁월한 학자였다. 그녀는 자신의 저서에서 하나님 백성의 소명 공동체적 본질을 "증언 공동체", 또는 증인공동체라고 강조하였다.13-20 그녀의 통찰력이 중요하긴 하지만, 실제로 그것은 교회의 복음전도에서 "모든 구성원"이 참여해야 한다는 주장으로 그치고 말았다.

증언의 중요성과 그것의 공동체적 특성에 대한 새로운 통찰력에도, 종종 교회는 이 이미지의 성서적 이해에 미치지 못하였다. 우리는 현실은 그렇지 못하면서 명목상으로만 "증언공동체"였다. 우리는 좀처럼 신약성서에 나타난 증인의 뿌리, 즉 "충성된 증인"이신 예수 그리스도 자신까지 파헤치려는 통찰력또는 용기을 갖지 못하였다. 진정한 증인-순교자라는 급진적 특성은 항상 특권, 권력과 부의 유혹에 빠진 교회에는 꿈도 꿀 수 없는 망상임을 입증할 뿐이었다.65)

만일 우리가 "증언공동체"로서 교회의 본질과 선교의 성서적 비전을 회복하려면 이에 대한 현대적 개념을 넘어서야 한다. 심지어 본래의 충성스러운 증인으로 온전히 돌아감으로써 선교에 대한 고전적 개념에도 의문을 던질 수 있어야 한다. 증인이 되라는 주님의 지상명령은 성서를 배경으로 한 예수 자신의 증언에 근거해서 이해해야 한다. 특히 이사야 40장 이하에 나오는 예언자적 비전에 따라 증인이란 단어는 신약성서 여러 곳에서 묘사되고

---

65) 후안 마테오스(1975:29-32)를 참조하라. 동일한 자료가 영어 번역인 [소저너스](*Sojourners*), 1977년 7월:12-13쪽에 나와 있다/

있으며, 특히 요한계시록에서 나오는 1세기 증언공동체를 입체적으로 묘사하는 장면에서 찾을 수 있다.

증인 이미지

마르투스^{martus}라는 단어군은 일반적으로 신약성서에서 "증인" 혹은 "증언"으로 번역되며, 확인 가능한 사실에 대한 증인이라는 기술적 용어로 사용되었다. 그러나 신약에서는 이러한 용어들의 의미는 일반적인 세속적 의미를 넘어선다. 그들은 자신들이 경험한 진실이나 사실들에 대한 증언을 표현하거나, 고백할 때, 그리고 최종적으로 이러한 현실을 증언한 결과로 고난이나 죽음을 언급할 때까지도 증언이라는 용어를 사용했다. 실제로 신약에서 이 이미지를 사용할 때 증언과 순교는 상호보완적으로 사용하고 있다.

요한계시록 1장 2,5,6절은 증인의 이미지가 다양한 의미가 있음을 몇 가지 명백한 예를 통해 보여준다. 또 요한은 "하나님의 말씀과 예수 그리스도의 증언^{marturia} 곧 자기가 본 것을 다 증언하였^{martureō}"다.$^{1:2}$ 요한은 그가 보고 경험한 것을 증언하였다. 즉 예수께서 하나님 나라를 열어놓으신 것과 그의 죽음과 부활을 증언하였다. 예수의 증언은 하나님 나라의 도래뿐만 아니라 하나님의 메시아로서 구원 사역에 충실하여 자기의 생명을 내어주셨다는 것을 포함한다. 이것은 5절에서 확실해진다. 그곳에서 예수 그리스도는 "신실한 증인"$^{ho\ martus\ ho\ pistos}$로 묘사되고 있다.

신약성서는 예수께서 그가 십자가에 매달려 돌아가시는 순간까지도 끝내 하나님 나라가 다가오는 것을 신실하게 증언하셨음을 보여준다. 예수는 이 용어가 보여주는 주된 의미에서 증인-순교자이시다. 증언-순교라는 용어로 그리스도 사역의 의미를 이해하는 것 이외에도, 신약 공동체는 이 이미지가 그 공동체의 삶과 선교사역을 이해하는데 유용하다는 것을 발견했다. 이 이미지의 근원은 구약에서 찾아볼 수 있다.

증인이미지에 대한 구약의 배경

구약의 헬라어 역본에서는 마르투스 단어군은 재판에서 사용하는 법정 용어로 널리 사용되었다. 이것은 또한 성서 이외의 분야에서 널리 사용된다. 그러나 이사야 40장 이하에서 우리는 그 용어가 새로운 의미로도 사용되는 것을 볼 수 있다. 이사야 43장 8-13절또한, 사4:21-29; 44:18-25도 참조에서 예언자 이사야는 야훼가 모든 나라 앞에서 법정에 오르신다고 묘사하고 있다. 이 재판에서 하느님만이 진정한 하나님이시고 이방인들의 신들은 진정한 신이 아니라는 것을 보여준다.

이것은 단순한 일신교와 다신교 간의 경쟁 그 이상을 뜻한다. 야훼만이 그의 백성을 구원할 수 있다. 그는 이방 나라들의 신들보다 더욱 강력하다. 더욱이 야훼의 능력은 이방인들이 섬기는 신들의 힘과는 차원이 다르다. 이방의 신들은 강압적으로 백성을 통제하려고 한다. 그와 반대로 야훼는 그의 백성을 구원하기 위해, 그가 세우신 언약에 따라 "새 일"을 행하실 것이다. 유배라는 쓰디쓴 경험에도 불구하고, 하나님의 백성들은 그의 구원 역사를 증언하도록 부름 받았다.

> 백성을 법정으로 데리고 나오너라.
> 눈이 있어도 눈이 먼 자요, 귀가 있어도 귀가 먹은 자다!
> 모든 열방과 뭇 민족들도 함께 재판정으로 나오너라.
> 그들의 신들 가운데서 어느 신이 미래를 예고할 수 있느냐?
> 그들 가운데서 누가 이제 곧 일어날 일을 예고할 수 있느냐?
> 그 신들이 증인들을 내세워서, 자신들의 옳음을 증언하게 하고,
> 사람들 앞에서 증언하게 하여서,

듣는 사람마다 '그것이 사실'이라고 말하게 하여 보아라.
주님께서 말씀하신다. "너희는 나의 증인이며, 내가 택한 나의 종이다.
이렇게 한 것은, 너희가 나를 믿게 하려는 것이고,
오직 나만이 하나님을 깨달아 알게 하려는 것이다.
나보다 먼저 지음을 받은 신이 있을 수 없고, 나 이후에도 있을 수 없다.
나 곧 내가 주이니, 나 말고는 어떤 구원자도 없다.
바로 내가 승리를 예고하였고, 너희를 구원하였고, 구원을 선언하였다.
이방인의 어떤 신도 이렇게 하지 못하였다.
이 일에는 너희가 나의 증인이다. 내가 하나님이다.
태초부터 내가 바로 하나님이다. 내가 장악하고 있는데, 빠져나갈 자가 누구냐?
내가 하는 일을, 누가 감히 돌이킬 수 있겠느냐?
너희는 떨지 말아라. 겁내지 말아라.
내가 예전부터 너희에게 이미 예고하여 주지 않았느냐?
나는 예고하였고, 너희는 이것을 증언할 나의 증인들이다.
나 밖에 다른 신이 또 있느냐? 다른 반석은 없다. 내가 전혀 아는 바 없다.
—사43:8-13; 44:8

이방 신에 대한 증인들과는 반대로, 이스라엘 백성은 3번이나 "너희는 나의 백성이다."라는 말을 들었다. 이스라엘 백성들은 여호와의 종으로 불렸다41:8,9; 43:10; 44:1-2,21는 것도 같은 맥락에서 이해해야 한다. 하나님의 종인 이스라엘 백성들은 온 나라에 여호와의 구원하심을 선포할 것이다. 그의 구원의 힘은 국가가 행하는 구원의 힘과는 매우 다르다. 이 구절에서 증인의 의미는 그 용어가 지닌 엄격한 법률 용어 같은 느낌이 아니다. 그것은 구원의 경험에 기초한 고백이라는 의미를 내뿜하고 있고, 여러

나라 가운데서 하나님의 증인 된 공동체가 행하는 사역이란 의미도 담고 있다. 이것은 단순히 언어로 무엇인가를 선포하는 그 이상의 의미가 있다. 이것은 살아계신 하나님을 선포하는 것이고, 그 하나님의 구원활동은 그의 행동과 이스라엘 백성들의 존재를 통해 드러난다.

증인과 종됨servanthood이라는 이 두 가지 주제는, 이사야서에 나오는 "종의 노래"에서 한층 더 강하게 나타나 있다.42:1-6; 49:1-6; 50:4-9:52:13-53:12 우선 종의 정체성은 하나님의 백성으로서의 이스라엘이다. 그리고 나서 이 노래는 "야훼의 종"이라 불리는 예언자적 인물에 초점을 맞추고 있다. 그는 하나님의 백성을 대표하며, 하나님의 뜻을 성취하는 자다. 대속적 고난은 그의 증언의 핵심 부분이다. 그의 증언은 특히 다음의 몇몇 구절에 잘 나와 있다.사42:4,6,49:1,6; 52:15; 53:11-12; 62:10, 참조. 9:2; 11:9 이 구절들은 예언자적 인물메시아적 인물은 자신의 증언 때문에 반드시 죽어야 한다고 말하고 있다. 후기 유대교와 초기 기독교의 발전을 고려해서 이사야의 위 구절들을 해석해야지, 그 이상으로 해석하려는 우를 범해서는 안 된다. 이사야 40장 이하에는 증인-순교자 비전이 시작되고 있는데, 이것은 이 세상에 하나님의 백성들이 수행해야 하는 예언자적 선교에서 없어서는 안 되는 부분이다.

예수: 증인-순교자의 원형

예수와 초대 교회는 예수의 메시아적 증인을 이사야 40장 이하에서 나타난 예언적 비전이라는 관점에서 해석했다. 예언자들의 증언에 대한 신약성서적 평가로 판단하건대, 예언자들의 예견된 운명은 순교였다.마 23:34-37과 평행구; 눅13:33 순교는 예언자적 소명의 필수 요소로 여겨졌다. 이러한 전통에서 예수께서는 그 자신과 그의 제자들을 자리매김하였다.마 5:11-12; 23:34 예수께서는 구원사를 아벨에서부터 스가랴에 이르는 증인-

순교자의 계보를 잇는 것이라고 말씀하셨다. 예수와 그를 따르는 제자들 또한 이 계보를 이어 증인-순교자가 될 것이다.^{마23:35} 예수는 박해를 받았고, 마찬가지로 그의 제자들도 이러한 고난을 당할 것이다.^{요15:20}

복음서들은 그것들 가운데에 파고들어온 하나님 나라를 신실하게 증언하신 예수의 이야기를 전해주고 있다. 예수께서는 처음부터 끝까지 폭력적 죽음의 가능성이 늘 그를 따라다녔다. 예수는 사형을 선고받을 수 있는 신성모독죄와 안식일을 범하였다고 고소를 당하셨다. 또한, 예수께서 반복해서 돌을 맞을 위기 상황에 처했음을 복음서는 전하고 있다.^{눅4:29; 요8:59; 10:31-36; 11:8} 예수께서 느끼는 이러한 위기 상황은 실제적인 것이었다.

종됨의 진정한 권위에 관한 예수님의 가르침은 사복음서 모두에 잘 나와 있다.^{마20:25-28; 막10:42-45; 눅22:24-27; 요13:12-16} 이 구절들에서 가장 명백한 것은 하나님의 백성들의 권위는 섬김에서 나온다는 것이다. 자기중심적인 이해관계가 제일이라는 생각을 버리고 다른 이들의 행복을 위해 사는 이들만이 진정한 권위를 발휘할 수 있다.

드물지만, 이 사회에서도 타인을 위해 희생한 이들의 예가 있다. 어떠한 통치자들은 자신의 직무를 수행할 때 공통의 선을 우선시하기도 한다. 그러나 결국에 가서는, 이들조차도 그들의 권력유지와 그들이 추진하는 복지를 위해서는 무력을 사용할 수 있다고 생각한다. 그러나 성서적인 기독교 공동체는 강제적 폭력에 대한 "정당한" 의존을 허용해서는 안 된다. 메시아 공동체의 권위는 합법적이고 정당하다는 이유만으로 그것을 강요하지는 않는다. 본질상 이러한 권위가 할 수 있는 것은 오직 정의라는 대의를 전하고, 극단적이면 그것을 위해 목숨을 던지는 것이다.

마태와 마가가 많은 사람을 위해 예수께서 자기 목숨을 희생하신 본문으로 복음서를 마무리하는 것은 결코 우연이 아니다. 예수께서는 하나님의 정의로운 통치를 바로 세우려고 폭력을 사용하려는 유혹에 저항하셨다. 심지어 개인적으로 자신의 이름을 알리기 위한 운동을 조직하지도 않으셨다.

예수님은 그야말로 증인이셨다. 그는 자기 제자들에게도 증인이 되라고 요구하셨다. 그의 목숨을 위협하는 폭력 앞에서 예수께서는 자신의 적들에게 똑같은 폭력으로 응수하지 않으시고, 오히려 그들이 자신을 죽이도록 내버려두셨다. 이러한 모순적인 권위는 약함에도 불구하고 이 세상에 존재하는 모든 종류의 권위를 송두리째 뒤집어엎는다. 그러나 제자들도 결국에는 깨달았듯이, 진정한 증언은 구체적으로 예수의 권위에 기초해야 한다. 예수께서 모범으로 보여주신 증인의 모습이 이 세상에서 선교적 과업을 수행하는 하나님 백성의 특징이 되어야 한다.

신약에 의하면, 예수의 이러한 모습은 초대교회가 증인마르투스을 증언하고 순교하는 모습으로 이해했던 원천이 되었다. 마태복음은 예수님의 가르침을 다섯 개의 강론으로 구성하였다. 그 중 두 번째의 강론은 그들 사역에서 증언-순교라는 분야뿐만 아니라 메시아적 공동체에서 증인의 의미를 이해하는 데 있어서도 중요한 열쇠가 된다. 초기공동체의 선교적 비전은 공동체가 그들 자신을 이해하는데 있어서 필수적인 요소였다. 마10:5-23 순교라는 주제가 마태복음에 녹아있는 것으로 판단하건대, 고난은 증인에게 있어서 빼놓을 수 없는 부분이다.10:18 예수께서 의회에 소환되셨듯이10:17 "총독들과 임금들 앞에 끌려나가서 그들…. 앞에서 증언" 10:18하셨던 것처럼, 열두 제자도 증인이 될 것이다.10:22,24-25,28,38

그런 의미에서 마태복음의 최초의 독자들은 증언 공동체였을 것이다. 마태는 예수를 따르는 자들이 또한 증인이요, 고백하는 자들이며, 순교자들임을 분명히 밝히고 있다.10:26-39 가장 심오한 단계에서 "증언 공동체"라는 호칭은 복음전도를 위한 전략이나 교회의 선교에 모든 구성원을 참여하게 하는 캠페인도 아니다. 그것은 첫째로 증인이자 순교자의 원형이신 예수 그리스도로부터 존재 이유를 찾는 공동체에 대한 서술이다. 증언에 대한 성서의 급진적인 이해의 힘과 전략적 가치를 평가절하해서는 안 된다. 고난받는 증인이야말로 제국의 박해를 무너뜨리고 로마 황제들을 주님이요 구세주께 무릎 꿇게 할 수 있다. 그의 이름 앞에 "하늘과 땅 위와 땅 아래 있는 모든 것이 예수의 이름 앞에 무릎을 꿇고, 모두가 예수 그리스도는 주님이시라고 고백하여, 하나님 아버지께 영광을 돌리게" 하실 것이다. 빌2:10-11

초대교회에서 증인의 개념

지상 명령에 대한 누가의 버전눅24:48; 행1:8은 증언의 개념을 예수의 생애, 죽음 그리고 부활에서 취하였고, 그것을 신앙고백 차원으로 통합하고 있다. 이 고백은 관찰 가능한 사실을 너머에 놓여 있고 예수의 중요성을 알게 된 증인들의 살아있는 경험을 포함한다. 사도행전은 관찰 가능한 사실에 대한 목격자의 증언에서 경험을 토대로 한 고백에 이르기까지 증언이 어떻게 발전했는지 보여준다.,

작가인 누가는 사도행전 후반부에서 바울과 스데반을 예수의 증인으로 다루고 있다.행22:15,20; 26:16 분명한 것은, 그 누구도 사도행전의 앞부분에 기록한 것과 같은 의미의 증인이 될 수는 없었을 것이다.1:22; 2:32; 3:15; 5:31; 10:39,41 스데반의 고난과 죽음은 그의 진지한 고백과 증언에 대한 최고의 증거다. 우리는 사도행전에서 증인의 의미가 어떤 식으로 옮겨가는지 볼 수 있다. 먼저 문자적인 의미로는, 성육신에 대한 목격자의 증언을 제시하고 있고1:22, 그다음으로는 부활하신 그리스도의 증인들의 경험을 토대로 한 고백적 증언을 담고 있으며22:15, 마지막으로 그 증언에 대한 최고의 표현으로서 고난과 죽음에 참여함으로 막을 내린다.

성육신 사건에 대한 증인 중 한 사람인 베드로는, 확장된 의미에서 증인이란 단어를 사용하고 있다. 그는 초대교회의 그의 동료들을 "같은 장로로서, 또한 그리스도의 고난의 증인이요 앞으로 나타날 영광을 함께 누릴 사람"벧전5:1으로서 자신의 동료들에게 말하고 있다. 확실히 베드로는 십자가 사건의 단순한 목격자 이상 것에 대해 언급하고 있다. 그가 말하는 증인이란 비슷한 이유로 비슷한 고난을 겪는 자를 말한다. 즉 하나님의 의로운 통치에 대한 신실한 증인이다. 증언이란 그리스도의 선교하심에 몸소 참가하고, "그리스도의 고난에 동참하는 것"이다.벧전4:13 그리스도의 이름을 전하는 자는, 그의 증인으로서, 그분의 이름을 위해 고난을 받을 준비가 된 자이다.행9:15-16 이러한 모티프는 초대교회에 널리 퍼져 있었다.고후1:5; 골1:24; 벧전2:21; 마10:38; 16:24 참조

실제로 예수는, 초대교회 전통이 인지하고 있던 것처럼, 우리를 위해 죽으셨다.고전15:3; 평행구 그러나 마태복음 10장 32-33절에 따르면, 예수는 또한 이 세상에서 예수를 고백하는 자들에게 어떻게 그분과 똑같이 고백해야 하는지, 그리고 필요하다면 어떻게 증인의 삶을 살다가 죽을 수 있는지를 보여 주려고 돌아가신 것이다. 이러한 생각은 결단코 마태복음에만 한정되지는 않는다. 빌립보서 2장 5-8절에 있는 바울의 조언은 다른 모든 것 가운데에서 증언을 위한 지침으로 쓰인다. 넓은 의미에서 그것은 증언이자 고난이다. 살아생전 바울은 늘 같은 생각을 하고 있었다. 그는 사람들에게 "내가 그리스도를 본받는 사람인 것과 같이, 여러분은 나를 본받는 사람이 되십시오"고전11:1라고 초청했다. 바울이 순교한 후 이 말은 독자들에게 그들의 모본으로서, 예수의 죽으심뿐만 아니라 바울과 사도들의 죽음을 생각하도록 고무시켰다. 영지주의자들의 영성화와는 정반대로 사도 교부들이그나티우스, 폴리캅, 이레니우스, 오리겐 등은 "그리스도 안에" 머물러 있는 것이란 그리스도처럼 죽을 준비가 되었다는 것을 의미하는 것이

라고 주장했다.

초대교회의 신약 성서적 증언

요한계시록에서는 예수를 "신실한 증인"으로 강조하고 있다.1:5; 3:14 하나님의 성품과 구원 계획에 대한 예수의 계시를 "예수그리스도의 증언"이라고 부르고 있으며1:2,9, 복종을 통해 사명을 성취하신 분으로 묘사하고 있다. 예수는 이방 나라들을 향해 하나님께서 선택하신 증인으로서, 심지어 피 흘리기까지 맡긴 선교적 사명에 대한 신실하심을 보여주셨다.1:5 버가모 지역에서 사탄의 왕좌에서 죽임을 당한 안디바 역시 예수와 똑같은 호칭인 "신실한 증인"2:13이라고 밝혔다. 예수께서 증인으로서 자신을 이해하셨듯이요18:37, 그는 죽기까지 자신의 선교적 사명을 신실하게 수행하셨다. 똑같은 호칭이 안디바에게 적용되었다는 사실로 미루어 볼 때, 십자가에 달리신 주님은 기독교적 증언의 모범이라는 것을 보여준다.

"예수의 증언마르투리아"으로 번역된 표현은 요한계시록의 두드러진 점이다. 이 표현은 총 여섯 번 등장1:2,9; 12:17; 19:10에 2회; 20:4; 참조 6:9하며, 계시록에서 사용된 이 용어의 의미가 지닌 실마리를 제공한다. 우리는 여기서 사용된 여격을 주격으로 이해해야 한다. 예수에 대한 증언이라기보다는 예수의 증언Jesus' testimony, 증인으로 이해해야 한다.Strathmann,1967b:500-501 이 구절 중 네 곳에서 "예수의 증언"과 더불어 "하나님의 말씀" 또는 "하나님의 계명"계1:2,9; 12:17; 20:4이라는 문구가 함께 등장한다. 다섯 번째 본문은 "하나님의 말씀 때문에"6:9 죽임당한 순교자들의 증언이 언급된다. 그것들은 하나의 똑같은 실재인 하나님의 구원 계시에 대한 보완적 표현이 분명하다. 따라서 "예수의 증언"이란 구절은 복음의 공식이 된다.

신약이 초기 저작에서 언급되고 있는 마르투스martus와 같은 계통의 단어들이 어떤 의미로 발전했는지를 살펴보면, 그 의미는 계시록에서 완성된 모습으로 나타난다. 예수님의 증언은 그의 고난과 연결된다. 사실에 대한 증명으로서의 증언의 의미와 그리고 경험된 실재에 대한 고백은, 궁극적으로 그들이 했던 증언에 충실함을 증명하는 고난과 죽음에서 절정에 이른다. 요한계시록은 "예수의 증언"에서 실마리를 찾는 책으로, 예수의 종들을 순교자로 이해하고 있다.

증언에 대한 이해는 특히 요한계시록 12장에서 묘사하는 우주적인 전쟁의 입체적인 장면에서 뚜렷이 나타난다. 사탄은 죽기까지 "어린 양이 흘린 피와 자기들이 증언한 말씀을 힘입어서"12:11 했던 증언에 의해 제압당한다. 원수는 특히 하나님의 백성들이 신실하게 순종하고 그들이 예수와 똑같은 증언을 하는 것 때문에 분개하였다.12:17 교회는 예수의 증언에 동참함으로써 "어린 양의 전쟁"에 참여한다. 죽음에 이르기까지 행하는 증언은 메시아나 일명 순교자들에게만 제한된 것이 아니다.12:11 오히려 이것은 전체 증언공동체의 의무이다.12:17 고난과 죽음은 "예수의 증언"의 필수적인 구성요소로 메시아 공동체의 모든 구성원은 잠재적인 참여자들이다.

요한계시록에서 마르투스martus 계통의 단어를 사용하는 것은 죽기까지 행했던 예수의 증언의 성서적 의미를 제시하고 증언공동체의 선교 개념을 명백히 보여주기 위함이다. 메시아께서 계시하신 구원 사역은 하나님의 원수의 손안에서 고난과 죽음에 이르는 순간까지라도 하나님 아버지께 신실할 것을 요구한다. 메시아 공동체는 사탄의 손아귀에 떨어진 세상에서 그분의 선교를 감당할 때 그들의 주님께 신실하라는 부름을 받았다. 이것은 고난과 심지어 죽음을 통해 자신의 믿음과 신앙고백을 증명하도록 요청한다.

희미해져 가는 이미지에서 찾을 수 있는 작은 희망

교회의 본질을 이해하는데 있어서 이러한 증인-순교자 공동체의 이미지의 근원은 신약성서와 예수 자신에게로 거슬러 올라간다. 목숨을 내놓는 것이야말로 생명을 얻을 수 있는 길이었다.마16:24이하 "그 이름"을 위하여 기쁨으로 고난에 참여해야 한다. 행5:41 바울은 그의 고난을 "그리스도의 남은 고난을 그의 몸 곧 교회를 위하여" 채워가는 것으로 보았다.골1:24 증언과 고난의 이러한 상호보완적인 속성은 바울의 선교를 이해하는데 있어서 근본 바탕이었다. 이러한 요소들은 요한계시록에서 절정에 이른다. 예수 그리스도는 죽임당한 어린양종이요, 신실한 증인이며, 순교자 공동체에서의 순교자의 원형이시다.계2:13

그러나 증언공동체의 이미지는 교회의 자기 이해에 있어서 상대적으로 제 역할을 감당하지 못했던 것이 사실이다. 최근에는 증언공동체의 이미지가 가끔은 교회의 성서신학과 복음전도 전략 표현 등에서 회복된 적도 있었다. 그러나 그 이미지는 증인-순교자에 대한 신약성서 이해의 깊이를 결여하고 있다.

그러나 이러한 현상은 교회의 역사를 되짚어 볼 때 하나도 이상할 것이 없다. 4세기 초반부터 기득권이 된 교회들은 상대적으로 권력과 부귀를 누려 왔다. 고난과 순교는 이례적인 것이 되고 말았다. 3 세기에 걸쳐 소수자로서 박해받아왔던 기독교 교회는, 4세기에 접어들면서 [소수자를] 박해하는 주류로 돌변했다. 그때부터 증인-순교자 이미지는 교회의 자기 이해에 부적절한 것으로 전락하였다. 초기의 신앙 고백자들confessor과 순교자들은 숭배의 대상이 되었고, 교회는 이 세상에서 지속적인 발전을 이어가려고 다른 이미지들을 모색하였다.

그러나 기득권 교회에 의해 박해를 받았던 급진적인 갱신 운동은 종종 자신들의 처지가 콘스탄틴 이전의 공동체와 유사하다는 사실을 발견하였다. 이러한 그룹에서 증인-순교자라는 주제는 또다시 그리스도의 사역이 지닌 의미와 증언공동체로서 교회의 본질과 선교의 의미를 이해하는데 유용하다는 것을 입증하였다. 이러한 공동체들은 초대 교회와 흡사한 증언과 고난을 특징으로 하는 순교사史를 만들어 냈다.

  사회의 지배적인 정신적 풍토는 성서보다 더 큰 영향력을 지니기 마련이다. 현시대의 풍토는 일반적으로 성서적 이미지 중에서 어떤 것이 교회의 자기 이해를 위해 의미가 있을지를 결정한다. 그러나 때로 교회는, 1세기 기독교 공동체처럼, 그 자신이 십자가 아래에서 살고 있다는 것을 발견하곤 한다. 그러면 증인-순교자 모티프는 교회의 생명력의 본질을 이해하고 세상에서 선교를 지향하는 데 있어서 강력한 이미지라는 것을 발견하게 될 것이다.

결론 • 교회는 선교다

변혁 공동체

변혁 공동체

교회는 하나님의 목적을 이해하고, 그것을 이해한 대로 살아감으로써, 이 세상에서 하나님의 선교를 이루어가는 공동체다. 이것은 콘스탄틴 전통과 상반된 존재방식이다. 신약 공동체는 하나님의 계획을 보여줌으로써 자신의 정체성을 확립해 나갔다. 바로 이 지점에서 교회의 정체성 이해와 선교에 대한 새로운 관점을 위해 규범이 될 만한 비전이 나오는 것이다. 교회가 성서적 이미지가 제시하는 교회의 본질과 선교에 대한 통찰력을 간과할 때, 교회의 자기 이해는 왜곡되고 이 세상에서 하나님의 선교 의도는 축소되고 만다.

이번 장에서는 지금까지 논의했던 성서적 이미지에 비추어 교회를 재조명해 보려고 한다. 이러한 이미지에는 하나님의 백성과 하나님의 본질적 선교 의도에 맞는 교회론에 관한 단서들이 들어 있다. 우리가 이러한 단서들을 따라가려면 더욱 견고하게 성서적인 교회의 비전에 토대를 둔 선교학을 구축해야 한다.

교회와 선교

고대 신앙고백creed에서 이스라엘은 하나님께서 본래 자기 백성이 아닌 자들을 자기 백성으로 만드셨다고 고백하고 있다.신26:5-6; 참조. 호2:23 이러한 독특한 백성됨이 이스라엘의 정체성을 형성하였고 선교 형태를 결정지었다. 때로 이스라엘은 열방 가운데서 신적인 원리에 따라 하나님의 대항 공동체로 살았다. 따라서 그러한 삶이 하나님의 구원 계획을 충실하게 반영했고, 순종을 통해 하나님의 선교를 수행해 나갔다. 그러나 이스라엘이 다른 나라들과 같이 되면서, 선교의 본질적인 특성을 부정함으로 실패에 이르고 말았다.

이스라엘은 하나님의 성품에 근거한 "사회적 성결"social holiness을 간직해야 했다.레19:2; 11:45 등 사회적 성결은 단순히 제의적인 것도, 신조적인 것도 아니었다. 그것은 근본적으로 의와 평화의 언약 관계에서 표현되었다. 이것이 구약의 고전적인 선교 본문의 핵심 요소들이다.사2:2-5; 미4:1-4 등

하나님은 한때 아브라함을 부르시는 장면창12:1-3과 출애굽-시내산 사건사43:15-21에서 자신의 성품을 보여 주셨고, 이 땅의 모든 백성 중에서 자신의 선교를 수행하기 위해 특별한 백성을 창조하셨다. 또한, 신약에서는 메시아 공동체, 즉 교회를 세우는 것을 새로운 창조로 바라보고 있다.갈6:15-16; 고후5:17 메시아의 형상을 회복한 이 새로운 인류는 창조세계 자체를 위해서도 그렇지만 모든 인류를 위한 하나님의 구원목적의 중추적인 자리를 차지하고 있다.엡3:3-11; 참조 골1:13-14 성서적 관점에서, 백성됨은 구원 공동체로서 교회의 자기 이해와 선교에 관한 관점에서 핵심적인 부분이다. 이러한 차원은 대체로 현대의 선교 정신에서 실종되었지만, 성서적 이해에서 그것의 중요성은 절대 과소평가해서는 안 되는 부분이다.

초대교회는 하나님의 백성이라는 구약의 이미지로부터 영감을 받아 선

교의 뿌리를 찾아냈다.^{벧전2:9-10} 백성 없이 존재한다는 것은 곧 하나님 없이 존재한다는 것과 같은 의미다. 하나님을 안다는 것은 백성, 즉 하나님의 거룩한 백성의 구성원이 된다는 의미다. 백성됨이란 선교의 본질적 매개이자 새로운 소식의 한 부분이다.

선교에 대한 성서적 비전은 하나님의 백성 안에 확고하게 뿌리내린 것으로, 교회를 선교에서 개인주의와 제도주의라는 이중적 딜레마로부터 자유롭게 해준다. 복음전도에서 교회는 이러한 유혹에 희생되기 십상이다. 왜냐하면, 백성됨의 의미는 매우 보잘 것이 없어 보이기 때문이다. 교회는 복음을 전할 때 단순히 추상적으로 영원한 진리를 전달하려고 노력하는 곳이 아니라, 공통의 구원 역사, 공통의 이야기가 있는 곳이다. 이러한 관점에서 구원은 비역사적인 것도 아니고 비도덕적일 수도 없다. 그것은 하나님의 가족에서 새로운 생명으로 이루어진 필수적이고 합리적인 것이기 때문이다.

구원의 표지로서의 교회

하나님의 백성이 가져야 할 목표는 이 땅의 모든 민족을 향한 복의 근원이 되는 것이었다.^{창12:1-3} 예언자들은 하나님의 구원 계획의 "영원한 표지"로 쓰임 받으려고 하나님 백성의 회복을 꿈꾸었다.^{사55:13} 이러한 이해를 바탕으로 신약성서는 교회의 정체성과 역할이 어떠해야 하는지를 감지했다.

그리스도의 주되심은 그의 주되심 아래 사는 고백공동체라는 문맥 속에서 선포되고 있다. 하나님 나라의 첫 열매로서 교회는 하나님의 통치 권세가 회복될 것을 믿고 증언해야 한다. 하나님 나라의 가치를 온몸으로 살아냄으로써, 교회는 하나님 나라가 실현되고 있음을 나타낸다. 새로운 창조물의 첫 열매는 교회 안에서 가시화되어야 한다. 이것이 바로 창조주의 형상 안에서 회복되고 있는 새로운 인류이다. 그저 살아있는 성령 공동체를 이루는 것이 바로 세상에서 하나님의 선교에 참여하는 일이다.

교회가 선포하는 복음의 신뢰성은 교회생활의 진정성과 직접 관련되어 있다. 불신자들은 18세기 동안 기독교국가체제에 대해 질문해 왔다, "교회가 구세주가 오신 이후로 실제로 아무것도 변한 것이 없으면서 어떻게 구속에 대해 말할 수 있는가?" 기독교 메시지의 구원 능력은 기독교 공동체의 실천을 통해서 설득력 있게 빛을 발하게 된다. 이것이 바로 초대교회의 특징이었다. 교회 전순역사에서, 그것이 바로 복음이 진리임을 가리키는 표시sign였다. 초대교회의 성장은 "바로 그 표시의 빛"에 기인하였다. 이것이 초대교회의 선교이론이었다. 그들은 이 비전을 하나님의 백성의 역사, 그리고 무엇보다도 메시아 자신에게서 찾아냈다. 콘스탄틴 시대 이전까지, 교회가 놀라운 성장세를 이어간 이유는 조직화한 선교보다는 이교도 사회의 한가운데서 구원의 대조공동체로서 역동성을 보여주었기 때문이었다.로핑크: 176-177

주 후 177년경에 저술활동을 한 그리스 변증가인 아테나고라스는 초기 기독교 선교의 성공 비결을 다음과 같이 보여주고 있다.

하지만, 당신은 우리 중에 무학자들과 수공업자들, 할머니들을 발견할 수 있을 것입니다. 그들은 우리의 교리의 장점을 말로써 입증할 수 없을지 몰라도, 행동으로 진리에 대한 신념을 보여주고 있습니다. 그들은 연설을 연습하지 않습니다. 다만, 선행을 보여줄 뿐입니다. 맞았을 때 맞받아치지 않습니다. 빼앗겨도 법원에 가지 않습니다. 그들은 달라고 하는 사람들에게 줍니다. 이웃을 자기 몸처럼 사랑합니다.아테나고라스: 134

하나님의 명예와 복음 메시지의 신뢰성은 초대교회가 보여준 실천으로 입증되었다. 바로 그러한 삶을 살아감으로써 교회는 하나님이 이 세상에서 영광을 받으시며, 현존하심을 드러내는 표지가 된 것이다. 초대교회는 자신을 하나님의 대조공동체로 보았으며, 그 자신을 은혜의 선물로 인식했다. 새로운 창조, 새로운 인류, 하나님의 가족, 모든 인류의 빛으로서의 산 위의 도시, 모든 인류를 위한 하나님의 계획의 살아 있는 증거와 같은 이미지로 자신의 정체성과 역할을 이해했고, 이 모든 것이 교회의 생명력의 강력한 상징이었다.

열두 명을 부르신 장면은 회복된 백성, 하나님의 구원 목적 속에서 하나님과 동행하는, 선교에 책임을 지닌 민족의 창조를 가리키는 상징적, 예언자적 행위였다. 이 백성은 열방 가운데서 하나님의 구원 표지가 되었다. 하나님의 백성이 성서적 비전에 따라 하나님의 구원 표시로서 빛을 발할 때, 열방이 구원의 비밀이 무엇인지를 배우러 모여들 것이다. 좋은 소식이란 하나님께서 원수를 사랑하시고 의로운 사람들에게만이 아니라 불의한 사람들에게도 사랑을 보여주신다는 사실이다. 그러한 소식은 하나님의 백성이 그렇게 살아갔기 때문에 신뢰할 만한 것이었다.^{아테나고라스:134}

가시적으로 드러나는 "산 위의 도시"^{마5:14}로서의 교회의 선교는 수차례 승리주의 이미지로 왜곡되었다. 때로 교회는 순수하게 자신을 하나님의 나라와 동일시하였다. 최근에는 교회가 사회로 흩어지고 녹고 그 속에 흡수되어야 한다는 반응들이 나타나고 있다. 하지만, 사회, 정치 구조 속에 스며들어야 한다고 주장하지만 제대로 사회 변혁에 이바지하지 못했던 것이 현실이다. 일반적으로 그리스도인들은 다른 사람들처럼 사회 구조 속에서 활동해 왔다. 교회의 소모성expendability은 그 증언이 주님의 뜻과 일치할 때에 합당한 희생이다. 그리스도는 교회가 세상 속에서 그리고 세상을 위해 그들과 다른, 대조 공동체가 되어야 한다고 요구하고 계시다.

교회의 선교에서 주된 이슈는 그것이 단순히 개인적인 활동에 관한 것이 아니라는 사실이다. 베드로전서 2장 9절에서 각 그리스도인의 사적인 성결이 나타나지 않는다. 모든 백성이 세상을 향해 하나님의 구원 계획을 증언해야 한다는 것이 이 본문의 요점이다. 구원 역사가 우리를 상기시켜 주듯이, 이 백성의 증언이 자신의 삶으로부터 나오는 것이기에, 어쩌면 그들은 소수자가 될 수밖에 없는지도 모른다. 원시교회는 세속화의 길보다는 예언자적 소수자로 남아있는 것을 선호함으로써 그리스도를 증언하였다. 하나님의 전략에서, 모든 창조물의 갱신은 이 "새로운 창조", 즉 회복된 하나님의 백성과 함께 시작하고 있다. 이 도시의 규모는 결정되어 있는 것은 아니다. 이 도시는 하나님의 구원 계획을 드러내도록 산 위에 세워져야 하며, 그곳에서 세상을 변화시킬 수 있는 빛이 되라는 것이다.

교회는 자신을 위해서가 아니라 세상을 위해 존재하기 때문에, 필연적으로 교회를 교회 되게 해야 한다. 교회는 세상과 같아서는 안 된다. 반드시 대조적 정체성을 보유해야 한다. 만일 교회가 이러한 독특성을 상실한다면 결국 사회를 변화시키는 힘을 상실하게 되고 마는 것이다. 그렇게 되면, 선교 활동이든 사회 활동이든 지속적으로 아무런 유익을 얻지 못할 것이다. 로핑크:146

3세기 초 오리겐은 교회에 참여하는 것이 사회를 섬기는 최선의 길이라고 믿었다. 이러한 교회의 비전의 핵심 요소는, 타자를 향해 어떠한 형태의 강제력이든, 그것을 휘두르고 싶은 욕구를 버려야 한다는 것이다. 메시아 공동체에서 다른 사람 위에 군림하는 것은 결코 있어서는 안 된다. 따라서 권세 마귀가 소유한 사회를 섬길 수 있는 최선의 길은 권력에 대한 갈증에서 해방된 대조공동체가 되는 일이다. 이 방법만이 마귀를 쫓아낼 수 있다. 오리겐은 다음과 같이 말했다.

> 우리는 하나님의 로고스가 창조하신 또 다른 종류의 도시가 존재한다는 사실을 알고 있습니다…. 우리는 권력을 사랑하는 사람들을 받아들이지 않습니다. 하지만, 너무 비천하기 때문에, 마지못해 서둘러 하나님의 교회

의 보편적 책임을 감당하는 사람들에게 압력을 가합니다…. 만일 그리스도인들이 이러한 책임[국가에 대한 봉사]을 회피한다면, 이것은 공공을 위한 봉사를 회피하려는 동기 때문이 아닙니다. 오히려 그들은 인간을 구원하도록 하나님의 교회에서 더 신성하고 반드시 필요한 일에 봉사하려고 자신을 지키려는 것입니다. 오리겐: 75

교회는 진지하게 "거룩한 민족이요 하나님의 소유가 된 백성"이 되라는 부르심을 받아들이는 것이 세상을 최고로 섬기는 방법이다. 벧전2:9-10 콘스탄틴 시대 이후 그리스도인들은 세상이 원하는 대로 사회 질서에 대한 책임을 받아들이도록 부름 받았다고 생각했다. 당시 그리스도인들이 종종 어느 정도 필요한 만큼 봉사를 했음은 의심의 여지가 없다. 신약과 초대교회는 기독교 선교의 핵심이 다음과 같은 부분으로 이루어져 있는지를 질문했다. "그리스도인들이 사회에 제공할 수 있는 가장 중요하고도 대체불가능한 봉사는, 그들이 참된 교회가 되어야 한다는 단순한 사실이다." 로핑크: 168

예언자적 갱신과 선교

성서에서 선교가 이루어지는 상황에서 갈등conflict이 발생했다. 사실, 하나님의 백성의 참된 급진적 갱신은 갈등이 없이는 불가능하다. 기형적 구조를 보존하는데 급급한 권력은 변화를 거부한다. 이스라엘의 정체성과 역할에 대한 가장 명확한 성서적 설명은 종교 권력과 정치적 기득권 세력과 갈등하는 예언자적, 제사장들의 개혁적인 저술들에 등장한다. 예수께서 말씀하신 복음에 관한 비유들은 본질적으로 갈등에 관한 것들이다.Glen 요한복음에서 예수와 유대인들의 갈등은 1세기 말 회당과의 갈등에 처해 있던 공동체를 반영하고 있다. 바울의 선교와 신학은 유대교 지지

자들과의 충돌에서 나온 결과물이었다. 그리고 계시록은 악의 권세들과의 도덕적 갈등에 처해 있던 순교자인 교회가 승리했다는 증언을 축하하는 내용이다.

구약의 예언자들은 야훼께서 자기 백성 가운데 함께 하시지 않는 것 때문에 비통해했다. 마치 하나님께서 성소에서 쫓겨나고 자신의 거룩한 도성을 어쩔 수 없이 버려야 했던 것처럼 말이다. 겔 8:6,12; 11:23 예레미야는 이스라엘의 소망과 구원자가 그 땅에서 희귀해졌다는 사실을 통탄해하고 있다. 렘14:8 예언자들은 이스라엘의 본질 회복이 아브라함과 모세 언약에 표현된 하나님의 의도라고 예언했다. 하나님의 목적은 하나님 백성의 생존에 필수적인 요소이며, 열방을 향한 하나님의 구원 선교에 참여하는 데 있어서 중요한 부분이다.

예수는 선교의 회복을 하나님 백성의 급진적 회복과 연결했다. 언약 율법을 성서적 기능으로까지 회복하려는 예수의 관심은 유대인들의 광범위한 선교 활동뿐만 아니라 그들의 율법주의와도 갈등을 빚었다. 예수와 원시 공동체는 자신들을 예언자적 전통 속에서 바라보았다. 그들은 하나님 백성의 급진적 갱신이 반드시 필요하다고 주장하다가 기득권 세력에 의해 핍박을 받았던 사람들과 같은 길을 걷게 되었다. 그들은 하나님의 백성이 하나님께서 계획하신 정체성과 역할을 회복하기를 원했다.

교회는 하나님 백성의 급진적 갱신과 선교에 대한 신실함이 어떤 관계인지 이해하는데 어려움을 겪어 왔다. 교회의 급진적 갱신에 대한 그들의 요청에서 가장 강력한 목소리를 내는 사람들은 종종 선교에 대한 함축적 의미를 이해하지 못한다. 그것은 마치 교회가 단순히 자신을 위해 갱신되어야 한다는 것처럼 이해하기 때문이다.

반면 선교 활동을 늘려야 한다고 적극적으로 지지하는 수많은 사람은, 교회의 급진적 갱신이 선교적 과업과 연관되어 있음을 인지하지 못한다.

그들은 계속해서 참된 복음을 전하는데 걸림돌이 되었던 프로그램과 그에 따른 활동을 늘리고, 그에 헌신하라고 요구하고 있다.

그 결과 급진 기독교 공동체는 내향적이자 자기중심적인 성향을 띠게 된 것인지도 모른다. 또한, 선교 기획은 전달하는 메시지의 진정성을 찾기보다는, 더욱 효율적인 선교 전략을 찾는 일에만 몰두하는 기독교 활동가들에게 일임된 것은 아닐까. 하지만, 세상은 투명하고 타협하지 않으며 왜곡되지 않은 구원의 말씀을 기다리고 있다. 로잔복음주의대회가 우리 모두를 상기시켜 주는 바와 같이, 교회는 "이 세상으로 하여금 그분의 목소리를 듣게 하라"고 요청받고 있다.^{저자 강조}

해방과 선교

출애굽-해방 모티프는 교회에 대한 수많은 이미지 속에서 나타나 있다. 하나님의 백성을 성서의 출애굽-시내산 구원 경험과 분리하는 것은 상상할 수 없는 일이다. 이스라엘의 백성됨이란 개념은 이집트로부터의 구원 사건 속에서 그 뿌리를 찾을 수 있다.^{출6:6-7상} 교회는 모든 형태의 노예 상태로부터 해방되는 것이 구원이라고 이해했으며, 이것이 하나님 백성의 구성 요소를 위한 패러다임이 되었다.

시내산에서 이스라엘은 "이제 너희가 정말로 나의 말을 듣고, 내가 세워준 언약을 지키면, 너희는 모든 민족 가운데서 나의 보물이 될 것이다. 온 세상이 다 나의 것이다. 그러므로 너희는 내가 선택한 백성이 되고, 너희의 나라는 나를 섬기는 제사장 나라가 되고, 너희는 거룩한 민족이 될 것이다."^{출19:5-6상}라는 약속을 들었다. 이집트로부터의 해방은 마음껏 하나님의 자비로운 언약 아래에서 의와 평화의 관계를 경험할 수 있게 되었다는 사실을 의미했다. 이스라엘은 이집트의 속박으로부터 구원받았다. 이 구원은 자신의 힘이 아니라 모든 민족을 구원하려는 하나님의 목적의 일부분이었다. 한마디로 해방은 선교를 위해 존재한다.

이스라엘은 군주 정치 아래서 또 다른 형태의 노예 상태로부터 고난을 받고 있음을 알게 되었고, 예언자들은 광야로 돌아가라고 요구하였다. 그들은 새로운 해방, 즉 하나님의 구원 계획을 수행하기 위해 준비된 백성의 회복을 원했다. 이스라엘의 불신앙이 출애굽-시내산 해방 경험을 무효로 했을 때, 예언자들은 "그들의 마음에" 새겨진 하나님의 율법을 담은 새로운 언약에 대해 이야기하기 시작했다. 새 언약은 이스라엘을 하나님의 통치를 받는 백성으로 회복시켜줄 것이다.렘31:31-33 새롭게 갱신된 백성은 새 언약의 예언자적 환상에 대한 주변 문맥에 널리 퍼져 있다.

목자와 양떼 이미지에는 하나님 백성의 역사적 출애굽 해방이 선교에 대한 부르심과 연관되어 나타나 있다. 이 이미지는 악의 권력이 가하는 모든 형태의 억압으로부터의 해방을 노래하고 있다. 그것은 회복된 메시아 공동체에 대해 이야기하고 있다. 이 공동체 속에서 노예상태였던 백성이 자유를 되찾고, 쫓겨난 자들이 완전한 백성이 된다. 출애굽기에서 노예였던 히브리인들이 백성이 되었다. 메시아적 구원이라는 새로운 출애굽에서 증오의 대상이었던 사마리아인들과 이스라엘의 쫓겨난 자들이 하나님의 양떼공동체 속에서 구원을 발견하였다.

이집트의 속박으로부터의 출구문자적으로는 ex-hodos는 메시아가 제시한 구원의 새로운 길hodos을 위한 기본적인 패러다임이 되었다. 이 이미지는 이 시대의 경제-정치적 억압을 받는 그리스도인들, 특히 신식민주의적 제국주의의 착취에 종속된 제3세계 국가에 사는 그리스도인들에게 강력한 메시지를 전달하고 있다. 그 이전 세기에 이 이미지는 술의 노예로 있던 많은 사람의 경험과 산업혁명 때문에 그들을 종속시켰던 끔찍한 근로 조건으로부터 탈출과 연결 지으려고 사용되었다.

이 이미지는 또한 해방의 근원 되시는 하나님의 성령을 설명할 수 있다.

그는 우리 세대에서 약물 의존 때문에 고통을 겪는 사람들을 위해 헌신하는 하나님의 백성 가운데서 나타나신다. 사람들이 악의 권력에 대한 노예로부터 해방되는 곳마다 출애굽-해방 메타포는 교회의 상상력을 불러일으키며, 교회의 생명력과 선교를 이해하도록 도와준다. 하지만, 교회가 신학적 추상성과 교리적 논쟁의 빈곤 속으로 떨어질 때 그 이미지는 매력을 상실할 수밖에 없으며, 예수의 시대에 그랬던 것처럼, 회의의 대상으로 전락하고 말 것이다.

이러한 성서적 패러다임은 계속해서 교회가 모든 종류의 악의 권력에 의해 노예화된 세상에서 변혁의 주체가 되어야 한다는 부르심을 상기시켜 준다. 교회의 선교는 용기를 내어 악의 권력을 향해 그 이름을 지어주는 것이며, 예수 그리스도의 권력으로 그것들을 축출하는 것이다. 많은 경우 귀신 들림은 개인적인 것이며, 따라서 회중들은 그리스도의 이름으로 악한 영들을 쫓아낼 수 있을 것이다. 교회는 억눌린 자들에게 하나님의 가족 안에서 안전한 거처를 마련해줄 수 있다. 그곳은 악한 권력이 훼파되는 곳이다.

또 다른 경우에서는 귀신 들림은 구조적인 것으로서, 이것은 사회 속의 집단에 말할 수 없는 고통과 모든 백성이 억압당하는 원인이 된다. 여기서 또한 하나님 백성의 선교는 민족주의, 인종주의, 군사주의, 물질주의, 성차별, 쾌락주의*hedonism*, 전체주의, 착취와 같은 마귀의 이름을 명명하는 것이다. 신자들은 하나님께 울부짖어야 한다. 그분은 억압받는 사람들을 구원하시며, 그들을 피난처 공동체로 영접하시는 분이다. 그곳에서 이러한 마귀들은 이미 쫓겨났고, 사람들은 마음껏 하나님만을 예배할 수 있다.

총체적^{Wholistic} 선교

신약성서에서 교회의 정체성과 역할을 설명하기 위해 사용된 이미지들은 교회에 대한 우리의 비전을 풍요롭게 한다. 그것들은 복음을 이해하는 데 있어서 중요성을 부여해 준다. 또한, 이러한 이미지들은 구원에 대한 보다 완전한$^{full-orbed}$ 이해를 반영해 준다. 아울러 이 세상에서 하나님의 구원 선교의 더 총체적인 비전을 갖추도록 해준다.

예언자들은 언약적 정의와 샬롬으로 특징되는 하나님 백성의 삶을 선교라고 바라보았다. 모든 민족이 이스라엘의 하나님을 예배하기 위해 모여들 것이라니, 얼마나 매력적인 비전인가! 예수와 초기 기독교 공동체는 이 비전을 수용 발전시켰다. 회복된 공동체의 삶은 인류가 "하늘에 계신 [그들의] 아버지께 영광을 돌리게"$^{마5:16}$하도록 촉구한다. 이것은 정의와 평화의 구체적 관계로 특징되는 새로운 인류의 창조와 관련된다.$^{엡2:14-16}$ 참된 선교는 샬롬의 새로운 사회 질서 속에서 흘러나온다. 이것은 물질주의와 종교적 배타주의, 민족주의와 개인주의라는 사람들을 질식하게 하는 우상숭배로부터 해방된 새로운 종류의 인류를 만들어 낸다.

하나님 나라의 우선성을 인식하고 있을 때 교회의 생명력과 선교에서 총체성에 이바지할 수 있다. "먼저 하나님의 나라와 하나님의 의를 구하라"는 것은 다른 어떤 것보다 하나님의 통치에 최우선적 관심을 두라는 것을 뜻한다. 하나님 나라에 우선순위를 두는 것이야말로 교회유지라는 사소한 관심으로부터 교회를 구원해낼 수 있을 것이다. 복음 선포, 사회봉사, 교회 개척, 교회 성장과 같은 선교의 올바른 측면이 교회의 유일한 관심을 차지하지는 않을 것이다. 교회의 선교는 하나님의 선교만큼 심오하고도 광범위하며, 하나님의 구원 계획만큼 원대한 것이다. 하나님의 의로운 뜻과 통치의 모든 측면은 예수께서 그것들을 우리에게 알려 주신 것처럼, 선교적 교회가 관심을 둬야 할 합당한 측면이다.

가족 이미지는 구원을 일차적 혹은 내면적이거나 영적인 차원으로만 해석하려는 경향으로부터 우리를 해방해 준다. 진정한 선교는 사회적이면서 영적인 총체성으로 이어진다. 이것은 하나님의 가족household 안에 속한 형제자매는 물론이고 아버지와의 회복된 관계성을 의미한다. 하나님의 가족으로서의 고귀한 삶이 이 땅의 다른 모든 가족을 구원하고 치유하는 중요한 수단이 된다. 가족 메타포는 특히 교회의 특징을 이루는 생명력과 선교의 진실성을 명확하게 만들어 준다. 아버지 집에서 살아가는 것이 곧 선교요 선교의 목표다.

삶과 증언의 일치행동과 말의 일치야말로 진실로 구원을 선포하는 복음 전도를 쉽게 해준다.

> 세계 모든 사람에게 온전한 복음을 전하는 일은 예수의 공동체에 주어진 그분의 명령이다. 우리의 전도가 태도와 행동으로만 이루어질 때가 있다. 언어만을 필요로 할 때도 있다. 하지만, 우리는 그 둘 사이의 쐐기를 제거하기 위한 시도를 악마적인 것으로 거부해야 한다. 인간은 자신들이 귀 기울일 때 볼 수 있으며, 따라서 그들이 보는 것은 그들이 듣는 것과 일치해야 한다. 발설된 말과 하나님의 백성들의 삶에서 구현된 말 사이에는 성서적인 이분법이란 존재하지 않는다. 로잔

우리는 종종 화해 사역과 정의와 평화 사역은 사회적 활동 영역에 속한 것으로 생각해 왔다. 교회의 선교는 말로써 좋은 소식 혹은 복음을 나누는 것이라고 주장하는 사람도 있다. 하지만, 진정한 선교란 평화를 만드는 사람이 곧 복음전도자이며, 이것이야말로 진짜 선교임을 신약성서는 상기시켜 주고 있다. 우리가 실제로 총체적 복음을 나누기를 원하는가? 그렇다면, 복음전도자들이여, 평화를 만드는 사람이 되라.

선교는 십자가의 모습이다

교회의 선교는 야훼의 종에 관한 예언자적 환상에서 나타나 있다. 하나님의 종인 이스라엘은 민족들에 대한 증인이었으며, 그들 가운데서 일하시는 야훼의 구원 행위에 대한 증인이었다. 하나님 백성의 선포는 하나님께서 약속하신 은혜의 경험에 근거한 것이었다. 이사야의 '종의 노래'는 증인과 종됨이라는 이중 모티프를 보여준다. 타자를 위한 고난 또는 대신 받는 고난vicarious suffering은 증인이 갖추어야 할 필수 요소다. 이것이 하나님 백성의 선교를 증인-순교자로 이해하는 뿌리다.

예수는 증인-순교자의 원조original였다.계1:5; 3:14 그는 또한 증인-순교자 공동체의 원형prototype이었다. 증인 공동체로서의 교회 이미지는 신약 전반에 걸쳐 스며들어 있다. 이것이 바로 초기 기독교가 복음서에서 제시된 선교를 어떻게 이해했는지 보여주는 핵심이다.참조. 마10장; 막10:42-45 증인 공동체는 또한 요한계시록에 나타난 교회의 증언을 이해하기 위한 열쇠다. 이것은 바울의 기본적 확신의 기저에 깔렸던 선교적 비전과 같다. 즉 그리스도인은 그리스도의 고난에 참여하는 사람들이며, 그리스도의 고난에 참여할 때 타자를 위해 유익을 끼치는 자가 될 수 있다는 사실이다.

교회의 이야기는 복음을 증언할 때 대신 받는 고통이 보여주는 힘의 이야기다. 기독교 교회가 억압받는 사람뿐만 아니라 억압하는 사람을 위해 기꺼이 고난을 감수하는 곳에서는 하나님의 구원 계획이 아주 설득력 있게 전달됐다. 예수 안에서 그들은 타자를 위한 고난이 갖는 힘을 경험함으로 원수들과 화해를 이루었다.롬5:10 또한, 교회 안에서 하나님의 원수에 대한 승리는 대리 고통을 통해 성취되었다.계12:11 이것은 얼마 지나지 않아 "순교자들의 피가 교회의 씨앗이다."라는 말로 기록되었다.참조. 터툴리안: 55, 60 교회의 경험우리 세대를 포함해에서 그리스도인들의 고난을 통한 증언은 하나님의 사랑을 전해주는 엄청난 저력을 지니고 있다.

그리스도인들은 인류를 향한 하나님의 구원 사역의 핵심에 십자가가 놓여 있다는 사실을 감사함으로 고백한다. 분명히 십자가는 독특한 것이지만, 그렇다고 우연한 것이 아니었다. 십자가는 우리의 구원을 위해 필수적이다. 또한, 하나님의 선교를 지속시키는 데 있어서도 핵심적이다. 갈보리 사건은 하나님의 선교가 십자가 형태를 취해야 할까라는 의문을 제거시켜 준다. 인간으로서 개인의 고난을 회피하려는 유혹은 압도적이다. 교회의 선교를 위해 권력을 사용하려는 유혹은 거의 저항할 수 없다. 따라서 기독교국가체제는 예수의 죽음이 가진 의미를 제의와 도그마의 영역으로 전락시켰고, 그렇게 함으로써 대신 받는 고통의 지속적인 구원 효과를 부정하였다. 물질의 시대이자 영적 위기의 시대에 기독교국가체제는 원수의 피를 흘림으로 자신을 "구원하라"는 유혹을 받아왔다.

선교는 성령의 은사다

세상 속에서, 그리고 창조와 새로운 창조 속에서 일하시는 하나님의 활동은 성령에 의존한, 본질적으로 영적pneumatic인 것이다. 또한, 하나님의 선교에 대한 교회의 참여는 성령의 능력으로, 그의 은혜의 선물에 따라 영적이면서 동시에 은사이다. 고대의 하나님의 백성들은 이집트에 머무는 동안에도 생존할 수 있었으며 동시대의 군주의 압력에서도 살아남을 수 있었다. 왜냐하면, 카리스마적 원리, 즉 하나님의 은혜를 의지했기 때문이다. 하나님의 은혜로 말미암아 살고자 하며 생존하고자 하는 백성들, 그들의 성품에서 하나님의 성령의 직인stamp을 간직하고 사는 사람들은 본질상 효과적인 증언의 삶을 살 수 있을 것이다.

사람들이 "신령한 집으로 세워지"벧전 2:5; 개역개정는 은사의 과정은 교회의 자기 이해에 있어서 필수적이며, 그 과정이 실제로 기독교 공동체를 성의한다. 교회는 사람들이 상호 간에 살아계신 그리스도와의 공통의 관계 속에서 상호 간에 덕을 끼치는 곳에서 존재한다.

어떤 선교 전략은 교회에 덕을 끼치는 과정과 세상에서 하나님의 선교에 참여하는 방법 사이를 깔끔하게 구분한다. 하지만, 그러한 전략가들은 신약 교회의 영적-은사적 비전을 간과한 셈이다. 교회의 덕을 위해 성령이 교회에 주시는 은사를 말하는 구절들은 양육과 복음전도, 건덕edification과 선교를 깔끔하게 구분하지 않는다. 진정한 양육 공동체가 진정한 복음전도 공동체이며, 실제로 덕을 끼치는 사람들이 하나님의 선교에 효과적으로 참여하게 된다. 교회의 구조와 선교는 엄격한 교리나 예식, 합리성과 사회학, 심리학적 사고에 의해 결정되지 않는다. 오히려 구조를 사용하지만, 그것들에 얽매이기를 거부하시는 하나님의 영의 역동적인 임재에 의해 결정된다.

교회의 삶과 선교를 계급적, 제도적 심지어 논리적 의미로 줄 세우려는 시도는 종종 교회의 영적-은사적 구조의 본질을 부정하려는 시도다. 선교는 종종 제도화되어 왔다. 왜냐하면, 선교적 교회의 영적-은사적 특성은 지나치게 모호하거나 지나치게 인간적이어서 유지되기가 불가능해 보였기 때문이다. 신약은 교회의 생명과 선교를 위해 하나님의 성령께만 의존하는 공동체를 꿈꾸었다. 교회는 종종 교회의 생명력롬11:29; 고전7:7,17과 선교고전12:4-5; 참조. 엡4:11를 위해 하나님의 성령께서 주시는 은사에 의존하지 않았다. 이러한 현상은 종종 교회를 하나님의 백성들의 삶과 선교를 증진시키는 데 전혀 도움이 되지 않는 관리 기법이나 심리학적, 사회학적 전략, 실용적 활동 등에 지나치게 의존하게 하였다.

사도들의 가난함

예수의 선교는 본질적으로 "가난한 사람들과 지체에 장애가 있는 사람들과 눈먼 사람들과 다리 저는 사람들"에게 향했다. 이 모티프는 예수의 사역을 기록하는 복음서 전체에 흐르고 있다. 이미 똑같은 주제가 구약에도 나타나 있다. 야훼께서 몸소 고아와 나그네, 가난한 사람들과 과부들, 어떤 이유에서 고대 이스라엘에서 재산을 몰수당하고 희생자가 된 모든 사람을 돌보시는 보호자로 등장했다.

신구약에서 가난한 사람들과 억압받는 사람들에 대한 관심은 가난했던 하나님의 백성이 품고 있었던 비전이었다. 구약성서에 전반적으로 흐르는 한 가지 견해는 이스라엘을 "모든 민족 가운데서 수가 가장 적은 민족" 신7:7, 야훼께서 함께 하시는 "나그네이며…. 임시 거주자"레25:23, "곤고하고 가난한 백성"습3:12; 개역 개정, 하나님의 "고난을 받는 그 사람들"문자적으로는 '가난한 사람들', 사49:13로 그리고 있다는 사실이다. 복음서에 메시아 공동체는 가난한 사람들과 동일시되고 있으며, 서신서에서 이 용어는 기독교 교회에 적용되고 있다.

특히 그리스도의 성육신으로 사도들의 가난은 교회의 삶과 선교의 본질로 깊이 뿌리내리고 있다. 초대교회는 예수에게서 이러한 비전을 포착했다. 특별히 온유함, 겸손, 자비는 신자들 사이에 두드러진 점이었다. 당연히, 공동체의 경제적 실천이 효과적인 복음 증언과 밀접한 관계를 맺었던 것이다.마5:13-16; 행2:42-44,47b; 4:32-33; 5:12-14; 6:7

그러나 콘스탄틴 체제로의 전환 이후 이러한 비전은 교회에서 미미하게, 그리고 간헐적으로만 명맥을 유지해 나갔다. 교회가 권력, 특권, 부를 누리는 동안 선교는 오로지 탁발수도원에서만 맡겼다. 발도파와 프란체스코회 선교사들은 참된 복음을 전하려고 자발적으로 사도의 가난을 취하였을 뿐이다.

예수와 초대 교회에 따르면, 복음은 가난한 사람의of 교회가난한 교회란 의미-역자주에 의해 가난한 사람들에게서[0] 전해진다. 하나님 백성의 선교 경험

변혁 공동체 · 269

이 이러한 사실을 증명한다. 복음은 약함과 비천함, 단순한 삶을 살아가는 사람들로부터 권력, 특권과 부를 향해 유혹을 받는 사람들에게 가장 분명하고도 신뢰성 있게 전달된다.

현대 선교 운동은 북반구의 제국주의적 권력 확장 시기에 일어났다. 따라서 일반적으로 개신교 선교사들이 제3세계에서 보여주는 이미지를 효과적으로 떨쳐내지 못하였다. 그들은 종종 부와 권력의 대리인으로 비쳤다. 성서적 메타포에 충실하려면 이러한 이미지를 전복시켜야만 한다. 성육신을 부정하면서 어찌 하나님의 선교를 제대로 수행할 수 있겠는가. 감히 상상이 안 된다. 앞으로 수년 동안 선교가 직면할 가장 큰 도전은 현대 서구사회의 기계 장치나, 더욱 많아지고 발전하는 전자 기술도, 선교 기획에 더 열정적으로 참여하는 것도 아닐 것이다. 오히려 선교는 예수 그리스도의 복음을 진실하게 전하려면 그리스도처럼 연약해지고, 사도들처럼 가난해져야 한다.

선교와 종말론

성서적인 종말론의 핵심은 교회가 선교하는 하나님의 백성이라는 자기 이해라 할 수 있겠다. "미래의 견인"이 현재의 교회의 형태를 결정짓는다. 하나님의 나라는 이미 우리 가운데 도래하였다. 그리스도 안에서 역사의 목표가 드러났으며, 교회의 생명력과 선교를 의미와 소망으로 충만케 하였다. 종말에 대한 성서적 비전은 소망이 메시아 예수와 친밀하고도 구체적으로 연관되어야 한다고 요구한다. 이러한 연관성이 사라지는 곳에서 종말론은 먼 과거의 황금기를 회복하려고 꿈을 꾸는 복고주의archaism가 되거나 과거가 잊히고 유토피아적 미래를 꿈꾸는 미래주의, 또는 또 다른 세상으로 도피함으로 구원을 추구하는 현실도피가 될 수 있다.Bosch: 235

교회가 하나님 나라의 표징을 읽고 하나님의 통치를 꿈꿀 때, "이 악한 세대"갈1:4에서의 삶에 길들 위험이 항상 뒤따른다. 하나님 나라의 표징을 읽을 때 우리는 그리스도 안에서 급진적으로 도래하는 하나님 나라를 생동감 있게 기대함으로써 우리 생각을 교정해 나가야 한다. 교회가 새로운 질서를 제대로 경험해야 이 땅에 소망을 충분히 제공할 수 있다.

만일 우리가 종말론적 준거틀에서 교회의 삶과 선교를 설정하려면 이러한 소망 가운데서 살면서 증언해야 한다. 이러한 기독교적 소망이 교회에 영감을 불어넣고, 그 세상에 대한 기대의 원천을 제공한다. 아주 자주 이러한 소망은 불완전할 뿐만 아니라 쉽게 왜곡됐다. 때로 그리스도인들은 새 하늘만을 찾아왔다. 낙관주의 시대를 살아가던 다른 신자들은 새 땅만을 찾았다. 신약의 교회는 새 하늘과 새 땅에 대한 확고한 소망 속에서 선교를 수행했는데 말이다.계21:1

신약은 "거룩한 도성 새 예루살렘이…. 하나님께로부터 하늘에서 내려오는 것"계21:2에 대한 환상으로 마무리된다. 하나님은 "모든 것을 새롭게"계21:5 하고 계신다. 인간이 만든 도성인 바벨론과 대조되는 새로운 창조는 하나님의 선물이다. 이러한 확신은 외견상 압도적으로 우세한 적들에 맞서 하나님의 백성이 선교에 임하도록 지속적으로 격려해 준다. 선교하는 하나님의 공동체는 그리스도께 대한 복종과 신뢰를 연습해야 하며 하나님께서 완성하실 새로운 창조를 기대해야 한다. 그리스도인들은 하나님의 미래를 바라보면서 현재를 살아가야 한다.

결론

자기 백성에 대한 하나님의 의로운 통치를 회복하려 했던 메시아 운동은 "이방 사람의 갈릴리"에서 시작되었다. 지리적·사회적 주변부인 이곳으로부터 유대교의 중심인 예루살렘으로 이동했다. 원시 교회에서 사도들이 감당한 선교는 로마 제국의 동쪽 끝 자락의 팔레스타인에서 시작되었다. 그곳으로부터 동쪽, 남쪽, 북쪽과 서쪽으로 이동해 제국의 중심인 로마로 뻗어나갔다.

그러나 그 이후로 선교의 주된 흐름은, 그전까지와는 정반대로, 제국의 권력의 중심부로부터 외부의 식민지로 흐르기 시작했다. 이것은 필연적으로 선교가 가난한 사람들과 억압받는 사람들에게 부자들과 세상의 중심 권력자들이 행하는 것을 뜻하게 되었다. 이것은 1세기 사도적 교회에 사회학적, 선교학적인 역전 현상이 발생한 것을 나타낸다. 이 과정에서 초대 교회의 선교적 상상력을 불러일으켰던 메타포는 대부분 부적절한 것으로 전락하고 말았다.

교회가 제국의 기득권자가 된 이래 교회 안에서는 신약의 순례자 이미지를 더는 말할 수 없게 되었다. 사실 이러한 변화 속에서 기독교 초기 의미인 파로이코스*paroikos*; 일시 체류자, 외국인는 "교구민"*parishioner*이 됨으로써 새로운 상황에 적응하였다. 초기 기독교 공동체가 사도직을 수행하도록 상상력을 불러일으켰던 새로운 질서 이미지는 이제 상상력을 잃고 말았다. 신약의 새로운 창조와 새로운 인류 비전은 역사 저 너머의 다가올 세상으로 강등되고 말았다. 저 멀리서부터 미래의 견인은 진정한 선교적 생명력의 원천을 거의 상실했다. 백성*peoplehood* 이미지는 교회가 더는 거룩한 백성, 즉 하나님의 대조 공동체를 유지하지 못했기 때문에 그 유용성이 약화하였다. 변혁 이미지 또한 교회가 대체로 하나님의 성령을 의존하는 증언순교 공동체가 되는 것을 중단했기 때문에 상징이 갖는 힘을 상실했다.

심지어 교회는 지난 18세기 동안 제도화된 형태로 선교를 독점해 왔다. 하나님의 백성은 사도로서의 자격을 제대로 갖추지 못한 채 교회의 일부 부서만이 선교에 참여하면서, 그리고 그것을 성서적 이미지에 비추어 판단해 보지도 않은 채, 교회의 선교를 감당해야 한다는 부담감을 안고 살아왔다. 전통적으로 교회는 참된 사도직에 참여할 자격을 박탈했던 권력과 부는, 공식적으로 선교를 수행하도록 부르심 받은 일부 사람들에게 집중되었다. 선교가 권력과 특권의 중심으로부터 흐를 때와, 연약한 사회 주변부로부터 전해질 때, 복음은 다르게 전달된다. 다양한 이미지는 교회의 자기 이해를 표현한다. 정치적, 사법적, 유기적, 해부학적 상업적 이미지는 부유하고 강력한 교회라는 자기 이해를 반영하는데 보다 유용했음이 드러났다.

교회의 이야기는 대체로 자기 백성의 불신앙 가운데서 일하시는 신실한 하나님에 관한 이야기다. 이 시대가 겪는 선교의 위기는, 현대의 선교활동을 둘러싼 모순들에서 벗어날 출구를 가리키는 희망의 표징일지도 모른다. 북반구 교회의 선교 독점 현상은 붕괴하고 있다. 하나님의 성령은 선교 명령에 대한 불순종했던 교회를 하나님의 뜻에 복종하도록 하실 수 있으셨다. 얄궂게도, 북반구 교회들이 선교적 노력을 기울였음에도 기독교 영향력과 실질적인 선교의 중심이 후기 기독교 유럽그리고 북미으로부터 제3세계로 이동하였다. 삶과 선교의 상호의존 관계는 전 세계 교회의 특징을 이루기 시작했다. 하나님은 우리 한가운데서 새로운 것을 창조하고 계신다.

그들의 특정한 경험과 비전으로부터 제3세계 교회들은 갱신을 통해 교회의 본질과 선교를 풍요롭게 이해할 수 있도록 보장해 달라고 요청하고 있다. 불안정한 인류의 순례 이미지가 전하는 위로comfort, 이 세상을 거슬러 살아야 한다는 새로운 하나님의 질서가 주는 도전, 백성 이미지가 지닌 소중한 가치, 변혁 이미지가 가지는 영적 권력 등은 모두가 인간적으로 연약하고 고난받는 교회, 십자가 아래서도 주님을 신뢰하면서 삶으로 증언하는 교회에 영감과 용기를 불어넣어 준다.

참고문헌

⟨ 약어 ⟩

ANF   *The Ante-Nicene Fathers.* 10 vols. Ed. A. Roberts, J. Doanaldson, et al. New York: Christian Literature Co., 1885-1887; vol. 9, 1896-97, Repr., New York: Chrrles Scribner's Sons, various dates.

TDNT   *Theological Dictionary of the New Testament.* 10 vols. Ed. G. Friedrich and G. Kittel. Trans. G. W. Bromiley. Grand rapids, Eerdmans, 1964-76

⟨ 참고문헌 ⟩

Athenagoras. "A Plea for the Christians", In *ANF*, vol.2.

Augustine: **1886**. *City of God. In Nicene and Post-Nicene Fathers of the Christian Church*, vol. 2. Ed. Philip Schaff. New York: Charles Scribner's Sons. Repr., Grand Rapids: Eerdmans, 1956.

Augustine: **1979**. "Soliloquies." In Augustine: *Earlier Writings*. Library of Christian Classics, vol. 6. Ed. John H. S. Burleigh. Philadelphia: Westminster.

Bammel, Ernst, et al. *"ptōkos*, et al." In *TDNT*, vol. 6.

Banks, Robert. *Paul's Idea of Community: The Early House Churches in Their Historical Setting*. Grand Rapids: Eerdmans, 1980.

Barth, Markus. *Ephesians: Introduction, Translation, and Commentary on Chapters 1-3*. Anchor Bible. Garden City, N.Y.: Doubleday, 1974.

Barrett, C. K. *A Commentary on the First Epistle to the Corinthians*. New York: Harper & Row, 1968.

Bauer, Walter. *A Greek-English Lexicon of the New Testament and Other Early Christian Literature*. Trans. and adapt. William F. Arndt and F. Wilbur Gingrich. Chicago: Univ. of Chicago. 1979.

Behm, Johannes. "Kainos, Et al." In *TDNT*, vol. 3.

Bettenson, Henry, ed. *Documents of the Christian Church*. London: Ox-ford Univ. Press, 1967.
Boismard, M., ed., et al. *Biblia de Jerusalén*. Bilbao:Desclée y Brouwer, 1984.
Bonnard, Pierre. *Evangelio Segun San Mateo*. Madrid: Ediciones Christiandad, 1976.
Bosch, David. *Witness to the World: The Christian Mission in Theological Persperctive*. London: Marshall, Morgan and Scott, 1980.
Catholic Institute for International Relations. *The Road to Damascus: Kairos and Conversion*. London: Catholic Institute for International Relations; Washington: Center for Concern, 1989
Chilton, Bruce. *The Kingdom of God in the Teaching of Jesus*. Philadelphia: Fortress, 1984.
Clement. "The First Epistle of Clement to the Corinthians." Trans. John Keith. In *ANF*, vol. 9.
Craigie, P. C. *The Book of Deuteronomy*. London: Hodder and Stoughton, 1976.
De Dietrich, Suzanne. *The Witnessing Community: The Biblical Record of God's Purposes*. Philadelphia: Westminster, 1958.
De Vaux, Roland, ed., et al. *Biblia de Jerusalén. Bilbao: Desclée y Brouwer*, 1984.
Driver, John: *Understanding the Atonement for the Mission of the Church*. Scottdale, Pa.:Herald Press, 1986.
Driver, John: **1993a**. "The Kingdom of God: Goal of Messianic Mission." In *The Transfiguration of Mission*. Ed. Wilbert R. Shenk. Scottdale, Pa.:Herald Press.
Driver, Jhon: **1993b**. "The Kingdom of God: A Key to Understanding Mission." In *Mission Focus*, vol. 1. Ed. Wilbert R. Shenk. Elkhart, Ind.:Mission Focus.
Eichrodt, Walter. *Theology of the Old Testament*. Vol. 2. Philadelphia: Westminster, 1967.
Eusebius. *Ecclesiastical History*. Trans. C. F. Cruse, London: Henry G. Bohn, n.d. Grand Rapids: Baker Book House, 1962.
Fitzmyer, Joseph A.: **1968a**. "The Letter to the Galatians." In T*he Jerome Biblical Commentary*. Ed. Raymond E. Brown, Joseph A. Fitzmyer, and Roland E. Murphy. Englewood Cliffs, N.J.:Prentice-Hall, 1968.
Fitzmyer, Joseph a.: **1968b**. "The Letter to the Romans." In T*he Jerome Biblical Commentary*. Ed. R. E. Brown et al. Englewood Cliffs, N.J.: Prentice-Hall, 1968.
Foerster, Werner. "*Ktizō*, et al." In *TDNT*, vol. 3.
Fox, Robin Lane. *Pagans and Christians*. New York: Alfred A. Knopf, 1987.
Glen, J. Stanley. *The Parables of Conflict in Luke*. Philadelphia: Westminster, 1962.
Gonzalez, Justo L. *A History of Christian Thought*. Vol.2. Nashville: Abingdon, 1971.
Grundmann, Walter. "Tapeinos, et al." In *TDNT*, vol. 8.
Hauck, Friedrich, et al. "Ptokos, et al." In *TDNT*, vol. 6.
Hegermann, Harald. "El Judaísmo Helenístico." In *El Mundo del Nuevo Testamento*. Ed. Johannes Leipoldt and Walter Grundmann. Madrid: Ediciones Cristiandad, 1973.
Hooker, Morna D. "Interchange and Suffering." In *Suffering and Martyrdom in the New Testament*. Ed. William Horburg and Brain McNeil. Cambridge:

Cambridge Univ. Press, 1981.
Jeremias, Joachim: **1964**. "Adam." In *TDNT*, vol. 1.
Jeremias, Joachim: **1967a**. "Lithos, et al." In *TDNT*, vol. 4.
Jeremias, Joachim: **1967b**. "Mouses." In *TDNT*. vol. 4.
Jeremias, Joachim: **1968**. "Poimen, et al." In *TDNT*, vol. 6.
Jeremias, Joachim: **1969**. *Jerusalem in the Time of Jesus*. Philadelphia: Fortress.
Jeremias, Joachim: **1971**. *New Testament Theology*. New York: Charles Scribner's Sons.
Justin Martyr: **1885a**. *The First Apology*. In *ANF*, vol. 1.
Justin Martyr: **1885b**. *Dialogue with Trypho*. In *ANF*, vol. 1.
Küng, Hans: **1967**. *The Church*. NewYork: Sheed and Ward.
Küng, Hans: **1976**. *On Being a Christian*. Garden City, N.Y.:Doubleday.
"**Lausanne**, Response to." Unpublished typescript. n.d.
Lohfink, Gerhard. *Jesus and Community: The Social Dimensions of Christian Faith*. Trans. John P. Galvin. Philadelphia: Fortress, 1984.
Mateos, Juan: **1984**. *Nueva Biblia Española*. Madrid: Ediciones Cristiandad.
Mckensie, John L. "Aspects of Old Testament Thought." In T*he Jerome Biblical Commentary*. Ed. R. E. Brown et al. Englewood Cliffs, N.J.:Prentice-Hall. 1968.
Michel, Otto: **1967a**. "Naos." In *TDNT*, vol. 4.
Michel, Otto: **1967b**. "Oikos, et al." In *TDNT*, vol. 5.
Minear, Paul S.: **1960**. *Images of the Church in the New Testament*. Philadelphia: Westminster.
Minear, Paul S.: **1997**. "The Salt of the Earth." *Interpretation* (Jan.):31-41.
Michaelis, Wilhelm. "Hodos,et al." In *TDNT*, vol. 5.
Minear, Roland E, "Salmos." In *Comentario Biblico "San Jeronimo"* Vol. 2. Madrid: Ediciones Cristiandad, 1971.
Origen. Contra Celsum. In *ANF*, vol. 4.
Pelikan, Jaroslav. *The Christian Tradition: The Emergence of the Catholic Tradition* (100-600). Chicago: Univ. of Chicago Press, 1971.
Pikaza, Javier, and Francisco de la Calle. *Teología de los Evangelios de Jesus*. Salamanca: Ediciones Sígueme, 1977.
Polycarp. "The Epistle to the Philippians." In *The Apostolic Fathers*, vol. 1. Trans. K. Lake. Cambridge, Mass.: Harvard Univ. Press, 1912.
Quadratus? "The Epistle to Diognetus." Trans. James A. Kleist. *In Ancient Christian Writers*, no. 6. Ed. by Johannes Quasten and Joseph C. Plumpe. New York: Newman Press, 1948.
Reicke, Bo. "Pro." In *TDNT*, vol. 6.
Schlier, Heinrich. "Hairesis, et al." In *TDNT*, vol. 1.
Schmidt, Karl Ludwig: **1964**. "Diaspora." In *TDNT*, vol. 2.
Schmidt, Karl Ludwig, and Martin Anton Schmidt: 1967. "*Paroikos*, et al." In *TDNT*, Vol. 5.
Smyrna, Church of. "The Martyrdom of Polycarp." In *The Apostolic Fathers*, vol. 2. Trans. K Lake. Cambridge, Mass.: Harvard Univ. Press, 1913.
Strathmann, Hermann: **1967a**. "Laos." In *TDNT*, vol. 4.

Strathmann, Hermann: **1967b**. "Martus, et al." In *TDNT*, vol. 4.
Tertullian. Apologeticum. *ANF*, vol. 3.
Thayer, Joseph Henry. *A Greek-English Lexicon of the New Testament*. Chicago: American Book Company, 1889.
Vawter, Bruce. "Evangelio segun San Juan." In *Comentario Biblico "San Jeronimo."* Vol. 4. Madrid: Ediciones Cristiandad, 1972.
***Westminster** Study Bible*. New York:Wm. Collins Sons, 1965.
Yoder, John H.:**1980**. "The Apostle's Apology Revisited." In *The New Way of Jesus*. Ed. William Klassen. Newton, Kans: Faith & Life Press.
Yoder, John H.: **1982**. "The Prophet (Is. 2:1-4; Mi. 4:1-4)." *Chruch and Peace* 6.1 (Dec.).
Yoder, John H.: 「교회, 그 몸의 정치」 (대장간, 2011)
Yoder, John H.: 「예수의 정치학」 (IVP)
Zorrilla, Hugo. *La Fiesta de Liberación de los Oprimidos: Relectura de Jn. 7.1-10.21*. San José, Costa Rica: Ediciones SEBILA, 1981

존 드라이버의 저서(영문)

Community and Commitment (Mission forum series)(1976)
Christian mission and social justice (Missionary studies)(1978)
Becoming God's community (The foundation series for adults)(1981)
Images of the Church in Mission(1997)
Kingdom Citizens(1998)
Radical Faith: An Alternative History of the Christian Church(1999)
Understanding the Atonement for the Mission of the Church(2005)
How Christians Made Peace with War: Early Christian Understandings of War(2007)